剛剛好的般若

作者　□輝法師

PRAJNA

THE DIAMOND PRAJNA PARAMITA SUTRA 好好讀金剛經

all conditioned dharmas are like a dream, an illusion, a bubble, a shadow, like dew or a flash of lightning, thus we shall perceive them.

PRAJNA 好好讀金剛經

剛剛好的般若

Secrets of the Diamond Sutra: Unlocking the Moment of Truth in Life

Amidst the relentless hustle and bustle of our daily lives in this vast world, many seek the path to inner peace, wisdom, and enlightenment. If you are in search of profound truths about life, then Master Jianhui's "Just Right Prajna – A Deep Dive into the Diamond Sutra " is the wisdom guide you've been waiting for. Like many of us, I had recited the Diamond Prajna Paramita Sutra numerous times, yet its profundity remained elusive. It wasn't until I joined the team of "Bao Yan International Buddhist Studies Institute, Translation Academy" in October 2022 that I realized the multitude of English translations of the Diamond Prajna Paramita Sutra by Western scholars, which was truly remarkable! This opportunity also allowed me to engage in discussions with venerable masters and fellow practitioners, as we conscientiously translated Master Jianhui's Chinese teachings into English (an ongoing endeavor), providing a unique connection to the moment of truth in life.

The Diamond Sutra is at the heart of profound Buddhist teachings, and this new book,"Just Right Prajna - A Deep Dive into the Diamond Sutra", we would use "this book" instead of this long name. This book bridges the gap between antiquity and the present, helping us understand how these teachingsenrich our contemporary life.Master Jianhui presents one of Buddhism's most precious scriptures, the "Diamond Prajna Paramita Sutra," with a fresh and lively perspective. The book refines this ancient scripture into plain and comprehensible language, offering us a roadmap to understand its profound doctrines for self-interest and altruism.

Clear and Understandable: A prominent feature of this book is Master Jianhui's ability to explain complex Buddhist concepts in layman's terms. Whether you are an experienced Buddhist

practitioner or entirely new to this subject, the clarity of this book ensures that you can keep good pace and deepen your experience and understanding.

Practical Application:
This book not only explains the concepts of the Diamond Sutra but also offers practical insights and guidance on how to apply these teachings to our everyday life. You will discover how to utilize the wisdom of the Diamond Sutra to navigate the complexities of the workplace, enhance interpersonal communication, and find strength in tranquility and progress amid life's challenges.

A Personal Journey:
Master Jianhui leads readers on a journey of discovery, delving into the cosmic worldview woven through time and space within the Diamond Sutra. This imbues the book with a sense of stability, compassion, and humanity, making it even more appealing and persuasive.

Ancient Wisdom in a Modern Context:
Even though the Diamond Sutra has a history spanning several millennia, the wisdom it contains remains exceedingly rich and diverse even in today's context. This book bridges the gap between antiquity and the present, helping us understand how these teachings enrich our contemporary life.

If you aspire to expand your spiritual and intellectual horizons, delve into the wisdom and philosophy of Buddhist, or simply find more serenity and deeper sense of reality in your everyday life, this book is a must-read. Master Jianhui presents the timeless wisdom of the Diamond Sutra in a unique and lively manner, suitable for anyone on the path of mindful exploration. Why not embark on this mind-enlightening adventure? Why not explore the transformative power of the Diamond Sutra through this outstanding book? Your journey to the "Just Right" Prajna may be closer than you imagine!

處在日常生活忙碌不已的三千大千世界中，許多人都在尋找內心的平靜、智慧和紓解

之道。如果您正在尋求、探索深刻的人生真理，那麼見輝師父的《剛剛好的般若－好好讀金剛經》正是您一直在等待的智慧指南。筆者和大家有一樣的經驗：念誦過無數次的《金剛般若波羅蜜經》，依舊似懂非懂，直到 2022 年 10 月加入「寶嚴國際佛學研修院譯經院」團隊後，讀到西方學者們多種《金剛般若波羅蜜經》的英譯版本，真是令人嘆為觀止！更有機會與高手雲集的師父及師兄們討論師父的《金剛經》開示，一字一句將見輝師父的中文開示譯成英文（進行中），才有機會連結生命的關鍵時刻。

　　《金剛經》是甚深法門的核心，見輝師父的《剛剛好的般若－好好讀金剛經》以清新活潑的視角呈現了佛學中最珍貴的經文之一《金剛般若波羅蜜經》，並以一種現代生活能夠理解和應用的方式呈現。《剛剛好的般若－好好讀金剛經》一書將古老的經文提煉成通俗易懂的語言，為您提供了體解深刻教義、自利利他的路線圖。

　　明晰易懂：《剛剛好的般若－好好讀金剛經》一書最顯著的特點是見輝師父以通俗語言解釋複雜的佛學概念。無論您是經驗豐富的佛學修行者，還是對這一主題完全陌生的初學者，本書的清晰度確保您跟好、跟上並加深您的體驗與理解。

　　實際應用：《剛剛好的般若－好好讀金剛經》見輝師父不僅僅解釋《金剛經》的概念，本書還提供了如何將經典教義應用於日常生活的見解和指導。您將發現如何運用《金剛經》的心性智慧來面對詭譎多變的職場，增強人際溝通自利利他、在生活的挑戰中找到寧靜與前進的力量。

　　個人之旅：見輝師父帶領讀者踏上發現之旅，並深入研究《金剛經》時間與空間交織的宇宙觀，為本書增添了安定、慈悲與智慧人性的氛圍，使其更具吸引力與說服力。

　　現代的古老智慧：《金剛經》有著數千年的歷史，它所蘊含的智慧在今天依舊豐

富多元。《剛剛好的般若－好好讀金剛經》彌合了古老和現代間的鴻溝，幫助您了解佛學教義，並豐富您的現代生活。

　　如果您希望擴展自己的靈魂與精神視野，深入了解佛學的智慧哲理，或僅僅是在日常生活中尋得平靜和生命實像，《剛剛好的般若－好好讀金剛經》是一本必讀之作。師父以獨特而易懂的活潑視角呈現了《金剛經》的永恆智慧，適用於任何探索追求智慧覺照之人。何不踏上這個啟發不生不滅的心智冒險之旅？何不通過一本優秀的書籍探索《金剛經》的改變力量？您通往「剛剛好的」般若之路可能比您想像的更近！

· 菩薩戒弟子法譯
· 寶嚴國際佛學研修譯經院　院長
· 逢甲大學外國語文學系　教授

推薦序・蔡培村

　　人從出生到終老，皆是透過學習，學會如何生活，學會如何專業精進，學會如何成就自己。但是，此一漫長歲月中，總會有「不確定」的問題存在，時而愉快，時而歡樂。亦會有煩惱和憂慮、挫折與困難、失落與悲傷的時候，甚至有妄念產生等現象。所以人云：習佛，不是要遇見佛，而是要看見自己本來面目。若是能覺察自己存在這個世間的許多不確定性，能夠透過學習了解自性和不確定的因素與其關連，才能建立正確的信念，去了解、去修行，在淡然、自在、踐行中獲得領悟，修得「智慧」，亦即所謂的「般若」。

　　王國維在《人間詞話》中提起追逐學問亦曾如此，他曾言：「昨夜西風凋碧樹，獨上高樓，望盡天涯路。衣帶漸寬終不悔，為伊消得人憔悴。眾裡尋他千百度，驀然回首，那人卻在燈火闌珊處。」最後一句話，引自宋代詞人辛棄疾《青玉案・元夕》之詞，比喻人生中尋找所要，原來「它」就在身邊，而「它」可能是真理，亦可能是自然存在的「道」，「道」在自身當中。人如同了解自己後，再努力去踐行，才會領悟到生命不確定的因素。所以，這句話也提醒我們，人生必須要修行，修行如果從佛法來講，人皆有自性，就是發菩提心，來修得成佛，都有這種存在的可能性。所以，在我們生命的歷程，如果能夠修佛讓生命發展能夠透過覺察、了解、踐行，來領悟生命發展歷程的各種問題，然後一一處理，讓你有個平靜、快樂的生活，我想是人所期待的。

　　禪宗五祖傳衣缽時有個典故，弟子神秀曾經提：「身是菩提樹，心如明鏡台，時時勤拂拭，莫使惹塵埃。」而當時惠能回應一段話：「菩提本無樹，明鏡亦非台，本

來無一物，何處惹塵埃。」這二者境界不同，所以五祖才會把衣鉢傳給惠能成為禪宗的六祖。色即是空，空即是色，空是一種智慧的代表，也是修佛人、或信仰佛的人必須了悟、追求的目標。

我信佛，但我不是佛弟子，習佛又缺乏毅力恆心，《金剛經》是學佛者最常閱讀之書，亦是許多大師譯著解析之書，修行者若能領悟其中之奧妙，在日常中運用實踐，必能參悟般若，亦即智慧，讓自性成佛，也就是說能在平凡人中，成就自己，利益眾生。我與見輝師父亦師非師，所謂聞道有先後，曾經在社會科學教育領域引導見輝法師完成博士論文。但見輝法師習佛二十載，早年在高雄創立圓道禪院講誦佛經，後在寶嚴禪寺以網路的方式講誦許多佛教經典。偶爾我會聽其解析經書的奧妙，從最早的華嚴經、楞嚴經…等等，敬佩不已，經典裡蘊藏人生道理是非常奧妙的，此次他把《金剛經》用自己的領悟，分段分章節解析，並且引了一些典故和故事來串連。並用比較深入淺出的解法，最主要是讓一般喜歡看佛書或佛弟子能夠快速了解，能夠把這些妙法，轉化為人生處事的道理，變成靈性學習的動力。我雖沒有完全閱讀完這本新書的內涵，但是從整個結構了解，可以知道他的用心，也期待這本書能像我這樣信佛或學佛的人，能夠比較快速的了解這些佛言妙語，進行信解行證。

《金剛經》說：「一切有為法，如夢幻泡影，如露亦如電，應作如是觀。」假如我們每一個人「應無所住，而生其心」，用一片誠心去看見輝法師的《金剛經》，把他當作生活經典來看，應會充滿法喜，希望大家能夠從中奉行，得到許多領悟，從而獲得智慧。

簡介
・前高雄師範大學校長
・前監察委員

推薦序・許南榮

　　書寫金剛塔盛會我只經歷一回，即不支倒地，原來眼力已「老邁」，如何攝納那蠅頭小字？下筆即起煩惱，難難難！自認從此絕緣矣。萬想不到，見輝師父伸出援手，見死相救，付囑我作序一文，用以增長經義，努力受用。如今勉力寫畢，當時時謹記「心無罣礙」，當處處謹記「不驚、不怖、不畏。」

　　《金剛經》開始於佛陀敘事破題：開始即已結束；而結束時才開始！

　　只因《金剛經》經文一開展，佛陀即架勢宏偉：「領眾、食時、著衣、持缽、入城、次第乞食、還至本處。收衣缽、洗足已、敷座而坐。」佛陀不說一法，無法可說！活著這件事，真美！

　　接下來，為了如何以「般若自性過生活」，佛陀開始用心良苦、苦口婆心地在《金剛經》中，要言不斷地以精彩絕倫的論理說法，從第三分發大願、第四分立大行、到「如理實見分第五分」證大果：佛告須菩提：「凡所有相，皆是虛妄，若見諸相非相，即見如來。開始，先對持戒修福的佛弟子，能對《金剛經》中的經文字句生起信心！於是，行行復行行，「行一切世間法時，以一個出世間的、出離的超然心態來修行」。總之，見輝師父續佛慧命，如此開示：「我們都把過去放下，未來也放下，乃至於現在也放下，就專注在當下，沒有雜念，沒有妄念，這個就是〈還至本處〉。」正是：「就用當下這一念無念的心、無住的心把自己過去的習慣放下，把所有的萬緣都放下，就在當下，安住在每一刻…」

綜觀此書的殊勝有下列三大點：

一、金剛要義在於「要放下，不執著」，然而面對世俗塵境，又如何「事非頓除，因次第盡」？而「剛剛好」書寫金剛經塔應聲出世，本書「剛剛好的般若--好好讀《金剛經》」即是見輝師父講述，針對修行人如何書寫金剛經塔的修行法門。「透過寫《金剛經》來修煉自己的心，面對這一部經，我們在寫每一筆每一劃時要全神貫注，只有當下，放下過去，放下未來，放下現在的分別念，自然而然就會回到當下圓滿究竟的金剛般若之心。」

二、在於見輝師父針對經中的每一法語金句，先條理分明地詳加論理，接著重演佛經說法記載、更善用古今中外歷史典故、乃至公案，娓娓道來，呈現出對經文的理解，具有畫龍點睛的妙解。

三、佛陀在第五分後，陸續提出一偉大的命題：『說是A，即非A，是名A。』這論說曠世古今，來勢洶洶，令人無法抵擋！誰又能來破解？

對此，依據見輝師父在〈依法出生分〉第八「所謂佛法者，即非佛法。」中，提到：「很多人學佛後覺得自己很懂佛法，就看不起其他不學佛或尚未學佛的人，這其實是不明白什麼是佛而產生的錯誤見解，在佛陀的心中每一個生都可以成佛，因為眾生本來就是佛，只是眾生自己不知道。」如此，撥雲見月的說明，相信已可饒益眾生了。

行文至此理當收筆，此書當中法味亦如人飲水，終需各自努力。佛子啊！懇請務必將此「剛剛好的般若－好好讀金剛經」成為您我生命中最終慰藉；在生命的幽黯溝渠中，當您我低頭思索此書的美好，然後抬頭一望，哇！今夜星光燦爛！

簡介
・菩薩戒弟子
・台北醫學大學醫療副院長

推薦序・法印

　　三十年前在妙境長老座下聽講心經與《金剛經》時，講到「無住生心」、「非法、非非法」、一合相及其他經文，師父的開示聽了三遍，總覺得邏輯前後矛盾，無法理解。多年後皈依見輝法師，聽到師父以禪宗心法及楞嚴經的角度來講《金剛經》，終於可以了解心的體相用。

　　師父以六祖大師因金剛開悟的因緣為楔子，以禪宗祖師開悟的故事來講解心的體悟，以「人走茶涼」及一些生活上的故事來講闡述「云何應住、云何降伏其心」、「無我相、無人相、無眾生相、無壽者相」的道理。從這些平常經常會發生的事情，配合經文的信、解、行、證及寫金剛塔的過程，讓我們知道如何讓金剛經用在每天的生活當中，平常心是道，讓佛法生活化。

　　師父的《金剛經》寫禪開示，每一集都是我從錄音檔整理成文字稿，再給後製菩薩做成影片，每一集開示都是師父的苦口婆心的諄諄教誨，要我們發菩提心，以願導行，以行滿願；尤其在知見不生分第三十一的開示中，了解到原來次次呼喚須菩提，就是佛陀要我們喚起自己的自性，至此內心非常的感動，久久無法平復。

　　佛陀在《楞嚴經》以第二月的觀念來破妄顯真，在《華嚴經》講修行的目標及次第，如何發菩提心以願導行；在《金剛經》教導我們平常心是道，對境練心。願大家從這本書得到佛陀的身、口、意真義，發菩提心，以願導行，以行滿願，將佛法應用在日常生活而事事無礙。

簡介
- 菩薩戒弟子
- 寶嚴國際佛學研修院全球執行長
- 美國 See's Candy 亞洲總代理董事

推薦序 · 徐嘉宏

《金剛經》是一部修「智慧」的經書，智慧如何取~
《金剛經》是一部修「法相」的經書，法相如何識~
《金剛經》是一部修「福德」的經書，福德如何修~
千里之行始於足下，當下起心動念修「般若」~
寫之誦之，修大般若心門，入「心境神會」之~

這本書不是一部文言文的佛教經書，而似一本白話小說，又或可說是一部幫助在學業、工作、健康或各面向生活中的我們，當面臨混沌之境時，需要尋求「般若」解惑的心靈工具書。

上見下輝法師，用心地透過誦經、聞經、寫經方式，以平常心、淺顯易懂的詞句，及經典故事的引用，鉅細靡遺的闡述《金剛般若波羅蜜經》（簡稱《金剛經》）的「般若（智慧）」，適合一般大眾讀之。筆者建議，第一次讀本書的大眾，不要先讀經文，而是先從各分的「故事」讀起，將有助快速理解經文涵義。

剛剛好的活在當下：「過去心不可得，現在心不可得，未來心不可得。」
般若的破妄虛空：「凡所有相，皆是虛妄，若見諸相非相，即見如來。」
多讀《金剛經》悟其：「應無所住而生其心」、「無所從來，亦無所去」
觀自在，心體悟，萬丈高樓平地起，金剛經塔長存其心。

簡介
· 菩薩戒弟子
· 典石聯合建築師事務所所長

推薦序・江季澄

　　如果按照我們的原來思惟模式，生命力會帶著我們走向一個什麼樣的世界？答案是輪迴的結果。所有的眾生無始以來，不斷的在輪迴的系統中，難以跳脫出來，但是佛陀在三千年前菩提樹下領悟實相的道理，這個領悟終止了輪迴，更可以解決所有人的輪迴，這個道理是什麼？

~ 見輝法師 ~

　　佛陀講《金剛經》是針對已經發菩提心的人講的。所以，才稱此人為善男子或善女人。

　　發菩提心，是發了一個要成佛的心，不只要自己解脫，還希望所有一切有緣無緣的眾生都能夠得到究竟的解。這部經典是須菩提為已發菩提心的善男子、善女人而請法的一部經。

　　末學以前還不是佛教徒時就聽一些朋友說，念《金剛經》有大利益，能得名得利。所以，每天就拼命的念，希望事業有所成就。經過那幾年的「努力」念讀，少說也有500部以上，從念一部《金剛經》要費時40分起到現在的15分鐘。老實講，我一點也「不相應」佛陀所講的內容的精義。老是覺得在讀一部「無字天書」。為了了解經典精義，也發了不少時間去看了其他大師及知名法師的講解，卻也都是「不知所云」。我心裡知道，我一定有個地方還沒準備好。後來，遇見見輝師父，才知道那個沒有準備好的是：沒有發菩提心。

　　發菩提心，是能讀懂佛教經典書籍最為關鍵所在。後來，研讀《華嚴經》及《楞嚴經》時，都可以秒懂佛陀的智慧及精義，實在是得助於已發「菩提心」。

其實，在《華嚴經》、《楞嚴經》及《金剛經》中的佛陀都是叫我們找「心」。《華嚴經》叫菩薩找心；《楞嚴經》叫阿難找心；《金剛經》叫須菩提找心。為什麼找心那麼重要？因為，每一位智者在修道的過程中一定會面臨到心不安的問題！那個不安的心有如海潮一般，遇到外界的擾動，就會起陣陣的波浪，更甚者，起海嘯。不安定的心，令人生非常煩惱，非常痛苦，非常不堪？如果，找不到心的安定處，不知如何降伏那不安定的心，人無異處在地獄之中，一點沒有幸福快樂可言。如何解脫？見輝師父開示說：唯一的辦法就是要找到自己的心，才能夠找到安心之法。

心到底是什麼？

心又到底在哪裡？

三千年前，在印度北方的恆河邊舍衛國祇樹給孤獨園樹下，佛陀回答須菩提提問的兩個問題：「云何應住？云何降伏其心？」

這一段讓須菩提涕淚悲泣的對話內容因緣際會來到了中國，在姚秦時代，由來自龜茲的三藏法師鳩摩羅什翻譯成 5180 個字的《金剛般若波羅蜜經》，流傳至今。今天，見輝師父又把這偉大的經典翻譯成人人看得懂的白話文，書名叫「剛剛好的般若－好好讀金剛經」，實在是具有時代意義。

我們帶著疑問來到世間，尋尋覓覓、忙忙碌碌，一天又一天無知地過著，等到要離開時的時候還是帶著滿腹的疑問，不知人生與內心要歸向何方？亦不知生命的真相究竟是怎麼一回事？這本書「剛剛好的般若」給了我們要的答案。

| 簡介 | · 菩薩戒弟子 |
| | · 季澄室內設計工程有限公司設計師 |

推薦序・林欣亞

　　《金剛經》或許是現代人對於佛教經典較常聽到的一部經典。舉我為例，在我未學佛之前，除了《般若波羅蜜多心經》、《地藏菩薩本願經》、《阿彌陀經》、《法華經》、《觀世音菩薩普門品》等之外，聽過且留有印象的就是《金剛經》。特別是名字非常的特別。為什麼叫做《金剛經》呢？ 直到學了佛，讀誦過《金剛經》與聽完師父的講解後，才明白「金剛」的意義與殊勝。

　　「金剛」代表著無堅不摧，在這部經典，就是代表著最圓滿的智慧，並依循這樣的智慧來過生活、做工作、理事情、處人際。讓自己更踏實安穩且沒有煩惱的生活外，也能夠幫助到別人，讓別人因為我而更好、更有力量並脫離困苦，實現所謂的自助助他、自利利人，進而讓整個社會甚至整個世界更好、更和諧、更圓融。

　　過去我是一位很虔誠的道教徒。在我小時候家裡就祀奉道教的神祇，有神壇讓神明降乩來辦事情。在成長與社會化的過程中，隨著心中的慾望不斷的長養，不管是追求功名、財富、姻緣、或是健康，在面對未知的未來以及不可掌握的不確定性下，慣性的就會點著三炷香，虔誠的向神明們祈求著更多的想望。然而每一次不管是求什麼，有一點我總是會向神明提到的，就是我希望我能夠變得更有智慧。因為在讀書的過程中，我知道智慧才能夠讓我的想法更前瞻、判斷更準確、關係應對更圓滿、情緒掌控更從容，進而得到功名財富與一個美好的人生。

　　從 18 歲求到 26 歲，從 26 求到 34 歲。雖然周遭環境不斷在改變，但遇到的困境，卻像輪迴一樣不斷的重演。發現的當下卻也無能為力，鬱鬱寡歡，只能再到廟宇前向神明祈求著智慧的獲得。直到遇到職涯上最大的挑戰與壓迫，發現已經在控制不住自

己情緒的臨界點上，在向外求助的過程中，找到並閱讀了《釋迦牟尼佛傳》，就此開始接觸並學習佛法。收尋著傳記中所提到的破魔大典《大佛頂首楞嚴經》，在網路上開始觀看見輝法師的開示視頻，從《楞嚴經》到《六祖壇經》，再從《六祖壇經》到《金剛經》。並在不斷的學習下，我終於知道真正的「智慧」到底是什麼。

　　飽讀詩書是智慧？ 閱人無數是智慧？ 才智聰明是智慧？一般我們所認為的智慧，是建立在「我」的頭腦、「我」的經驗、「我」的才智。其實《金剛經》所講的「智慧」恰好相反。是建立在「無我」。沒有了「我」的屏障，我們才能夠看的夠透徹、判的更精準、理的更圓融、過的更快樂。當我們能夠達到真正的「無我」，智慧就會是般若。

　　非常推薦這一本由見輝法師所撰寫的「剛剛好的般若－好好讀金剛經」。在這本書中，詳細的架構出《金剛經》的義理與內涵。從大綱到字字句句，搭配著「公案」，也就是小故事，清楚闡述出《金剛經》的「般若」與「菩提」，並含藏了許多佛教的道理，不管是「因果」、「緣起」、「空」…，讓我們能夠學習到佛法的精要並實踐之。誠摯的邀請各位大眾一同來窺視書中的奧秘，並練習在我們的日常生活中，讓我們的人生有更多的精彩與翻轉，在平凡中創造不凡！

 簡介
・菩薩戒弟子
・台灣德奈澈貿易股份有限公司
・國家地理服飾總經理

推薦序・黃健予

　　這些年寫了書、改編電視劇、入圍金鐘獎、走過紅毯、做了 90 幾場演講，每件事情好像都在跟老天搶時間，也總在隨順與掙扎之間擺盪；數年之後再回望，這一切又好像註定是為了跟生命中許多一期一會的朋友遇見，跟他們道愛、道謝、道歉，甚至預先道別，不管緣深緣淺，最後終究各自離去。

　　所以我對《金剛經》說的「微塵眾」特別有感觸，　生命中的人來來去去，碎為微塵的眾生，各有各自的因果，也各了各自的冤業。所有的人像微塵一樣飄，在風裡轉，不知道我們會跟誰碰面，哪一天又離開

　　於是當我讀到見輝師父的書稿「剛剛好的般若－好好讀金剛經」不禁連夜拜讀，讚歎見輝師父筆下詮釋《金剛經》的般若智慧，重現《金剛經》的另一種樣貌，有種古人「我注六經，六經注我」的恢宏，讀完之後稍稍能理解見輝師父用「剛剛好的般若」來注釋《金剛經》的微笑拈花之妙，這也剛好相應了最近見輝師父常講的一句話：

　　我們能控制何時生病、何時老去、何時死亡嗎？

　　其實我們無法。

　　既然無法控制，倒不如活在當下，隨順因緣，

　　因為一切都剛剛好。

　　因為我們各自背負著不同的宿命悲劇，如果說《金剛經》讓我們在宿命前懂得謙卑與通透，多看一次，就越懂得生命的不忍與空性，於是透過見輝師父細細品來，透過經文注釋與歷史故事，「剛剛好的般若－好好讀金剛經」成了一本通透人心的寶典，可秉燭夜讀，也可逐篇隨緣，猶如一壺溫熱清茶，可飲風霜，也可溫喉，因為隨順自如，

所以一切都剛剛好。

　　如果你在找一本如何自度修行的書，我相信，有朝一日，這本「剛剛好的般若－好好讀金剛經」在度人之際，也一定能帶上你。

簡介

・菩薩戒弟子
・振興醫院第 461 號換心人
・作家、勵志演說者，作品改編成電視迷你劇集，並入圍 2023 金鐘獎
　迷你劇集最佳男主角與最佳女配角獎
・東方經緯數據顧問有限公司　董事長

推薦序・陳正欣

　　開始讀《金剛經》是因為父親，就在 2016 年底，父親最後的一個月 ...
面對逐漸消瘦的父親，心中滿滿的不捨！當下的我也正處於事業上的低潮，心裡總覺
得沒有好的事業成績單，給老爸一個交待…

　　輕輕的告訴爸爸，請他不要擔心，不要罣礙，自己會撐下去，也會好好努力。只
是沒想到，父親卻是這樣的回答「正欣，這已經不是我所要關心的了……」。

　　我突然愣住了，由於父母的期待，工作與事業不就是他們對我最大的關心嗎？此
時此刻，我很想知道老爸的心裡想的是什麼？

　　「爸，那您現在最關心的是什麼？」

　　「我在想，走了以後，能否去阿彌陀佛的地方？.」老爸停了幾秒如是回答。
頓時，我默默的流下眼淚 ...

　　於是，我答應爸爸，每天讀《金剛經》給他，因為這是父親最喜歡的經典。每天
至少讀一品，就從「如是我聞」開始。父子倆從此有了對話的主題，也讓我在父親最
後那一個月，享受到難忘的父子之情。對於經典，我沒有父親的熟捻，讀經時，常會
用自己以為是的理解跟父親分享，甚至憑藉對現代物理，以及量子力學的知識，分享
我所謂體會的道理，尤其對「空」的想法。

　　當然，面對父親時而提出的「質疑」，我也只能笑笑，告訴他，等我谷歌一下，
再回答他。就這樣，我拜讀了南懷瑾的「《金剛經》在說什麼」，也從 YouTube 上跟
著祖師大德們學習《金剛經》。

　　沒多久，父親走了，《金剛經》也沒有念完整給父親，心中留下是一絲絲的遺憾…

然而，我對於《金剛經》的內容，始終是那樣的一知半解，直到遇見 見輝法師，開始跟師父學習《華嚴經》、《楞嚴經》與《金剛經》，就從「如是我聞」開始。

　　跟著師父學習《金剛經》，是在金剛經寫禪，寫禪前，師父的開示讓我突然明白，原來是我錯誤理解了學習佛法的態度與方法！

　　如是我聞，把自我的意識放下，佛陀怎麼說，就用心聽聞，當下，就在法會上。就在見輝師父的引導、開示下，靜靜的凝聽，那顆浮動心也逐漸平靜下來。師父說「狂心頓歇，歇即菩提」。

　　雖然，我的金剛經寫禪總是斷斷續續，但是聽著師父的開示與《金剛經》的讀誦已經是我學習佛法的定課。朋友都說，這兩年我改變了很多，其實自己也是這麼覺得，而最大的改變是在「心」態！

　　最近，師父的「剛剛好的般若－好好讀金剛經」終於要出書了，身為弟子的我，衷心向各位有緣的讀者鄭重推薦此書。

　　就從「如是我聞」開始，萬緣放下，隨著經典，一品一品，順順的、好好的讀，師父所說的法，還有裡面的故事，會讓您有如身在法會中...

　　《金剛經》裡，須菩提問佛陀「善男子、善女子，發阿耨多羅三藐三菩提心，云何應住，云何降伏其心？」

　　佛陀回答「應如是住，如是降伏其心。」

　　相信您一定也可以找到屬於自己的「心鑰」與解答。祝福您！

簡介
・菩薩戒弟子
・芬蘭商 奇錯奈米有限公司　總經理

推薦序・施邦欣

　　這本「剛剛好的般若－好好讀金剛經」的特色在於每一段經文的說明都引用了大量的禪宗公案或佛教故事來作為舉例，讀起來就像在看故事小品一樣，完全沒有負擔，甚至不會覺得師父在講《金剛經》，但不知不覺《金剛經》的法義就深入心中，回頭再去看經文時，忽然發現以前不清楚的地方清楚了，不明白的地方明白了。一切就是這麼自然的發生了，這就是見輝法師說法獨到之處。

　　佛法不是在講一個道理，而是透過各種方法讓我們能見生命與世界的本質實相。佛陀提醒我們，當我們認為我們「已經」「理解了」或「看見了」什麼的時候，這個「所理解」和「所看見」的本質是「空」的，這個「空」不是「不存在」或「沒有」的意思，而是它是「相對的」或「虛妄的」。虛妄之處在於我們往往會忽略裡面其實有個「我」也就是「能理解」和「能看見」的前提存在。就像我們用肉眼看人，看到的就是一個血肉之軀的樣子，但若我們換成用Ｘ光來看，那麼我們看到的就是一副骷髏人骨。但我們常常會忘記我們能觀察的那個「我」或「方法」而把「我所看見」的當作真實。因為忽略了「我」或「方法」是會變的。這就是認假為真，攀緣虛妄顛倒之處。

　　須菩提問如來：「發阿耨多羅三藐三菩提心，云何應住？云何降伏其心」。佛陀說「應無所住而生其心」這個無所住之心就是菩提心，也就是「覺」。降伏的方法就能照見「能所」的生滅背後的「覺」。因為「我」和「方法」都是可以變化的。一切可能性都在「覺」中。一切法都是佛法。

　　所以佛陀說，「須菩提！汝勿謂如來作是念，我當有所說法。莫作是念，何以故？若有人言如來有所說法，即為謗佛，不能解我所說故。須菩提！說法者無法可說，是

名說法。」如來「所」說之法，都有當時對應的「能」說之機緣對象。對象機緣改變，所說之法也是需要調整。

　　曾有一時，大家覺得牛頓力學就是真理，但愛因斯坦看到了牛頓力學解決方案，背後所執的框架是時間和空間的獨立性。把時間和空間的獨立性破除，在光速的絕對性上統一，就產生了狹義相對論。然後把時空的非獨立性用一般性的數學描述出來就是廣義相對論。這就是「覺」的妙用。

　　真心祝願大家都有剛剛好的般若，要好好讀《金剛經》。若有人能受持、讀誦、廣為人說，如來悉知是人，悉見是人，皆得成就不可量、不可稱、無有邊、不可思議功德。如是人等，即為荷擔如來阿耨多羅三藐三菩提。

簡介
・三寶弟子
・聯發科技　軟體架構研發主管

推薦序・筠綠

在這個資訊多元、快速傳播，社會進步、生活水準提升，且大多數的人類都是自主、平等的時代，人們越來越習慣積極爭取自我的權益，也更善於自我表現。「自我」觀念更是主導了現代生活的各個面向，大家喜歡「做自己」，不管是生活方式、興趣嗜好、職業選擇，甚至是創意發想、進修學習，都越來越依自己的喜好或夢想來規劃。

而《金剛經》，距今至少一千多年，依然有著很大的影響力，是屬於大乘佛教般若部經典之一。主要談論的是到達彼岸的智慧，以及空性與不執著的境界與方法。

從一般的理解上，「自我」與「無我」是二個反方向的概念，似乎無法同時存在，所以對於現代人來說，感覺《金剛經》會更難真正去實踐或修習。但實際上，並非如此，真正的般若智慧所傳達的「無我」，並不會跟「自我」有衝突，因為二者是不同層次的概念，且當智慧具足時，不管是自我或無我，都會是最適當的樣子。

見輝法師的新書《剛剛好的般若－好好讀金剛經》，此書的特色是將《金剛經》的高深哲理，訴諸於淺顯易懂的文字，旁徵博引各種典籍，以流暢與生活化的書寫方式，且不失整體高層次的水準，引導讀者容易進入佛陀的教法，能夠釋疑大眾對於《金剛經》的疑惑，也讓大眾對《金剛經》有更深入的理解，是相當讓人耳目一新的書籍。而此書的內容，能貼切的落實在每個人的生活裡，對於各方面的處事態度，以及心念轉化、消除煩惱，有非常大的助益。

「剛剛好」，是高段的智慧，只有中道才是正道，才能適當拿捏既是「自我」又能「無我」。在八字五行的領域裡，最理想的狀態是「調和」，既不能太過、也不能不及，五行之間的相生相剋搭配，能夠互相平衡，才不會出現無法處理的弊病。中道

的概念亦在陰陽五行生剋的理論之中，扮演最重要的角色。

　　從命理角度來說，人們無法改變既定的命盤組合，也不能拋棄自己的生辰八字，的確是相對比較有侷限的領域。而相較於佛法，是一門究竟法，真正能夠解決所有的問題，一點都不誇大，不過它需要有人幫忙引領進門，也有它基本的修學次第。

　　這是一本人人都需要的好書，不管是不是佛教徒，都該擁有般若智慧，先不論到不到彼岸，至少都能向上提升，且更會處理面對問題，一步一步終究能到達目的。就像種田，播下種子之後，只要適時地灌溉、除草與施肥，種子自然會發芽成長、開花、結果。

　　相信許多人對於《金剛經》早已有一定的認識，也或許並沒有較深入的理解，都很建議來閱讀此書。無論您是否聽過見輝法師的說法，從此書裡絕對能夠體會到師父的用心與專業，也絕對能獲益良多。讓我們一起來增長般若智慧，消除煩惱、向上提升，進而改變人生。

 簡介

・菩薩戒弟子
・八字命理師

金剛經教人好好生活，佛陀如是。

金剛經使人涕淚悲泣，須菩提如是；

金剛經使人改變生命，六祖大師如是；

好好讀金剛經

般若就是剛剛好。

如是我修。

如是我思，

如是我聞，

一切如是就會剛剛好——

剛剛好，是如是——

剛剛好的般若

不生亦不滅，

不垢亦不淨，

不增亦不減。

於意云何？

與久別的本來面目重逢。
聽聞佛陀聲聲喚「須菩提」，
隨文入座於金剛會，
禮請大德，

見輝

金剛經　法東流

東晉十六國時期
鳩摩羅什
龜茲→長安逍遙園
譯《金剛經》

天竺，舍衛國，祇樹給孤獨園
須菩提千古一問：
云何應住？云何降伏其心？
佛陀為其解答。
《金剛經》應世而有。

佛陀

須菩提

鳩摩羅什

五祖弘忍

惠能

寶嚴禪寺

唐高宗年間
五祖弘忍
湖北黃梅，東山寺
弘《金剛經》

唐高宗年間
惠能
嶺南新州
聞《金剛經》「應無所住而生其心」
走上修行路
成為六祖，改寫中國禪宗史

二十一世紀
寶嚴禪寺
雲端，實體
千人寫經，百萬造塔
行《金剛經》

楔子。

與《金剛經》相遇的六祖與佛子

生命的每一場相逢絕非偶然。

一千多年前的唐朝，嶺南新州有一位盧姓青年，孤兒寡母相依為命，以砍柴為生，一日送柴到客店，見到一位客人正在誦經，一句「應無所住而生其心」的經文如雷貫耳，敲醒青年沉睡多年的覺性，粉碎青年對於生命的疑惑。於是，這一介嶺南樵夫在安置並拜別老母親之後，日夜馬不停蹄地趕路，一個月後，來到湖北蘄州黃梅縣東禪寺，頂禮當代大力弘揚禪宗普勸僧俗誦持《金剛經》的弘忍大師，大師見到這位青年，問：「你從哪裡來，欲求何物？」青年說：「弟子是嶺南新州百姓，遠來禮師，惟求作佛，不求餘物。」

八個月後，這位盧行者寫出：「菩提本無樹，明鏡亦非臺。本來無一物，何處惹塵埃？」的千古名偈，之後某日夜半，五祖以袈裟遮圍，在方丈室為其講授《金剛經》，至「應無所住而生其心」時，徹悟一切萬法不離自性的實相之理，得到衣缽真傳，成為禪宗六祖惠能大師。

《金剛經》改變了六祖，而六祖大師則改寫了中國禪宗史。

六祖在遠赴黃梅禮師之時只有一個想法：「惟求作佛，不求餘物。」試問，一千多年後的諸位佛子，你從何方來？懷著什麼期待寫這一部經塔？是否和六祖有著同樣

的祈求？惟求作佛，不求餘物。

這不是一堂書法課，也不是一堂藝術課，這是一堂流浪在此界他方的佛子找回本來面目的開悟之旅。

般若要義傳東土，姚秦時代羅什譯

三千年前，在印度北方的恆河邊舍衛國祇樹給孤獨園的樹下，佛陀回答須菩提提問的兩個問題：「云何應住？云何降伏其心？」

這一段讓須菩提涕淚悲泣的對話內容因緣際會來到了中國，在姚秦時代，由來自龜茲的三藏法師鳩摩羅什翻譯成 5180 個字的《金剛般若波羅蜜經》，流傳至今。

《金剛般若波羅蜜經》，簡稱《金剛經》，為佛教般若部的總綱，此經出自六百卷《大般若經》的第 577 卷，可以說是佛陀談論般若實相經典的總結經卷。

經以二大問為綱，明究竟實相

云何應住？云何降伏其心？二大提問提綱挈領，指出般若智慧的理論與修證要領。

須菩提説：「希有世尊，佛説如是甚深經典，我從昔來所得慧眼，未曾得聞如是之經。」須菩提是佛陀解空第一的弟子，也是《金剛經》的當機眾，以須菩提的慧眼也表示「未曾得聞」，可知這部經的道理是稀有難得甚深微妙的，它究竟要解決什麼問題？

　　順治皇帝讚僧歌：「未曾生我誰是我？生我之時我是誰？長大成人方是我，合眼朦朧又是誰？」

　　我們帶著疑問來到世間，尋尋覓覓、忙忙碌碌，一天又一天無知地過著，等到要離開的時候還是帶著滿腹的疑問，不知人生與內心要歸向何方？亦不知生命的真相究竟是怎麼一回事？

　　六祖大師：「善知識！若欲入甚深法界及般若三昧者，須修般若行。持誦《金剛般若波羅蜜經》，即得見性。」

　　什麼是般若行？

　　「一切處所，一切時中，念念不愚，常行智慧，即是般若行。」
　　從佛陀、須菩提、五祖、六祖的言論可知，許多解開生命疑問的答案隱藏在這部殊勝的經典裡。

以金剛為喻，顯心之體相用

　　《金剛經》，金剛是譬喻，它譬喻的是般若心如金剛般堅固、光明且猛利。從心的本體來講，這是世界上最堅固的金剛不壞之體，如果我們了解心的本體，就能百毒不侵、邪魔不擾，在生活中遇到任何的境界都不會畏懼，皆可以迎刃而解。

　　心有體相用，除了心的本體外，「其相最明」，它所展現出來的功能相狀就是智慧，所以修煉金剛經之後，會越來越自信，越來越智慧，甚至連相貌都會改變，而且「其用最利」，可以運用在生活任何層面上。

　　般若行的實踐是在一切處所及一切時中，既然如此，哪一個時候不是修行之處？哪一個因緣不是展現智慧妙用？這就是般若的好處和用途，《金剛經》說出了心與智慧的究竟真相。

　　有人說不可以隨便誦念《金剛經》，認為誦《金剛經》會落入「空」，這其實是對於「空」的誤解，因此《金剛經》由解空第一的須菩提問般若深意，「實相是無相，又無不相」。當須菩提了解《金剛經》內容後，涕淚悲泣說：「佛說的甚深之經，我從昔來，未曾得聞。」一位解空第一的弟子，可以講出如此深刻的話並且涕淚悲泣，所以不要小看這部經，也不要等閒視之，這可能是破迷開悟的契機。當有了慎重的心、尊重的心、準備開悟的心，寫經就可以透過文字起觀照。

打造自性之金剛經塔

這不是一堂書法課，也不是一堂藝術課！

在浩瀚無垠的宇宙中，為何此時此刻你我與《金剛經》相遇？如何明瞭生命意義？又如何契入真理實相？就從今天開始，一筆一劃地親手打造出生命中獨一無二的《金剛般若波羅蜜經》塔，進入內在的般若實相裡。

這一系列 24 堂寫禪課程，依據《金剛經》理論與修證步驟設計而成，課程的目的是透過書寫、受持、讀誦《金剛般若波羅蜜經》修煉般若智慧，稱為般若禪觀，每一堂課分為三節，半個小時讀誦靜心，半個小時聽聞講解，一個半小時書寫金剛經塔。

這系列課程圓滿時，累計誦持 48 部金剛經，聽聞一部完整的《金剛經》，而且完成一部金剛經塔。發心憶持、背誦《金剛經》，讓般若的智慧在八識田中成為生生世世不壞的金剛種子。

人人化身為須菩提

大夢幾時醒，幸遇明師，慧炬頓驅長夜暗，
覺來當下是，不從外得，衣珠原屬自家珍。
你從何方來？你想求什麼？

或許是想要寫一幅金剛塔做為家裡鎮宅之寶；或許是閒來無事，寫寫書法怡情養性；又或許是因為身為佛弟子，不好意思拒絕師父的邀約，所以來護持佛法。不管是哪一種初發心，隨著不同的想法、不同的發心、不同的動機來參加這一堂課，來書寫這一部經，那麼要在這裡面明白什麼？「須菩提，如汝所說，如來善護念諸菩薩，善付囑諸菩薩。」佛陀在《金剛經》裡，對著須菩提諄諄教誨，所以希望參加這部經寫作的我們，萬緣放下進入寫經的狀態，讓自己化身為想明白般若智慧的須菩提，一邊寫著這部經，一邊聽著佛陀的開導，隨文入觀，這一部經完成之後，生命就會產生完全不一樣的開悟境界。

什麼是般若？般若就是智慧，如果有智慧，就能明白世間一切現象入甚深法界。《六祖壇經》：「欲入甚深法界，需修般若行。」什麼叫做般若行？就是「一切處所，一切時中，念念不愚，常行智慧，即是般若行。」所以來修行、寫金剛塔，就是希望能夠念念不愚、常行智慧，成為一個有智慧的行者。

千人寫經百萬造塔

每一堂課進行的程序為誦經、聞經、寫經。透過誦經讓自己的心可以憶持經典；透過聽聞《金剛經》的說明，對自己所誦的經，收穫不一樣的見解跟體悟；透過靜心書寫經塔，明白自己的心，領悟般若自性。

般若有三種，從文字般若起了觀照般若，觀照之心照見五蘊皆空，照破自心當中的妄想煩惱，轉煩惱破無明時，清淨自性會現前，就契入實相般若的境界，書寫、受持、讀誦

都是方便法門，透過這些方法啟發般若自性。

「寫經」是透過書寫來練心，毋須在意寫得好看或不好看，好不好看是個人的見解，要注意的是，書寫每一個字、每一筆、每一劃時，是否能夠安住在當下？知道自己的心在哪裡？

眼睛看著經、耳朵聽著經、心裡面念著經，全身心都收攝在寫經的過程，因此，這一幅金剛經塔就是個人心路歷程的展現。

首先要先建立正確的心態，不要重寫，不要因為寫錯了就要求換一張重寫，如果有這種怕寫錯的心態就要特別提高警覺，以小心翼翼、戰戰兢兢、如臨深淵、如履薄冰的心態來下筆，一定會寫出一部非常殊勝的金剛經塔。

所以，不要著急，照著進度走，不要心有罣礙跟人比較，按照自己的速度進入寫經的狀態，把心態調好比較重要。

六祖大師：「菩提自性，本來清淨。但用此心，直了成佛。」希望大家能夠發心，但用此心，直了成佛，這也就是為什麼《金剛經》裡面講：「當來之世，若有善男子，善女人，能於此經受持讀誦，為人解說，以佛智慧，悉知是人，悉見是人，皆得成就無量無邊功德。」希望大眾一起發心，成就千人寫經、百萬造塔的這一份功德。

　　假使在這個世界上，有百萬部的金剛經塔流通於世，這就是經典所說的：「在在處處，若有此經，一切世間天人、阿修羅所應供養，當知此處，即為是塔，皆應恭敬，作禮圍繞，以諸華香而散其處。」這是一部非常殊勝的經，是天龍八部，世間天人、阿修羅所應供養護持的一部經，希望大眾一起來發心，成就自己生命中的金剛經塔。

溫故知新

問題 1. 《金剛經》的金剛是甚麼意思？

問題 2. 六祖大師「欲入甚深法界，須修般若行」。甚麼是般若？甚麼是般若行？

問題 3. 六祖大師原本只是個砍柴青年，因為聽聞《金剛經》的某句經文，而改變了六祖的一生。請問是哪一句？

《金剛經》法會因由分第一

如是我聞。一時佛在舍衛國祇樹給孤獨園，與大比丘眾，千二百五十人俱。
爾時世尊，食時，著衣，持缽，入舍衛大城，乞食。於其城中，次第乞已，
還至本處。飯食訖，收衣缽。洗足已，敷座而坐。

法緣六因而現起
會上日常深般若
因迷無明終未還
由來本處自性安

前言：法會因由

　　法會因由分是介紹法會的緣起，所謂「有因有緣事易成，有因無緣果不生。」凡事一定要天時、地利、人和才能成就，所以佛經一開始先介紹人、事、時、地、物六種條件成就後，法會就會圓滿成就，稱為「六成就」。

六成就

　　哪六種條件成就這場法會呢？

　　如是我聞。一時佛在舍衛國祇樹給孤獨園，與大比丘眾，千二百五十人俱。「如是」是信成就，「我聞」是聞成就，「一時」是時成就，「佛」是主成就，舍衛國祇樹給孤獨園是處成就，大比丘眾千二百五十人俱是眾成就。

信成就－如是

　　一開始，「信成就」就是「如是」，所謂的「如」就是如實，一模一樣的意思。我

們對佛法有信心，聽到的法就會一模一樣的複印在我們的心裡，《大智度論》講：「佛法大海，信為能入，智為能度。」《華嚴經》也講：「信為道元功德母，長養一切諸善法。」修行學佛，最重要的是正確建立信心，《金剛經》一開始教我們，要怎麼樣有正確的信心，「如是」，意思就是不帶自己的妄想臆測與自己的執著偏好來聽這部經寫這一部經，學習「如是」的心，自然而然我們的心就會回歸到實相，這是修煉清淨心很重要的態度。

聞成就－我聞

聞成就，是誰在「聞」？要用心來聞，透過耳朵聽，聽到心裡，憶念不忘，讓自己的心跟佛陀的心產生共鳴，這是修行學佛一個很重要的習慣，要喜歡聽經聞法，常聽聞佛法，我們的心就會清淨而跟法相應。

時成就－一時

時成就，就是時間，一時，指的是當下。時間是相對的，佛陀說法會在某一個地方，也會同時分身在不同的地方，隨著地方不同，時間感也不同，譬如娑婆世界的一日一夜與四天王天的一日一夜不同，在愛因斯坦的相對論裡面就談到時間的快跟慢、長跟短是一個相對的概念，像我們現在來寫經，如果很相應很喜歡這個法門，就會覺得時間過得很快，可是如果心裡有一些罣礙，覺得很煩，或是不習慣這麼嚴肅的場合，可能就覺得時間過得很慢。時間到底是快還是慢？其實它是假的，因此佛陀說：「過去心不可得，現在心不可得，未來心不可得。」既然三心了不可得，我們要怎麼樣來修呢？就用當下這一念無念的

心、無住的心把自己過去的習慣放下，把所有的萬緣都放下，就在當下安住在每一刻，這就是「一時」。

主成就－佛

主成就，佛是說法之主。佛陀說法是要啟發眾生的覺性，我們怎麼「覺」呢？就是覺悟到自己是佛。

佛有法身、化身、報身。

法身佛，就是我們當下這一念心。報身佛，就是圓滿的果報，是智慧之相，佛陀三十二相、八十種好的相狀叫做圓滿的相，相由心生，心起覺照的智慧，就會有智慧的相貌，當我們用智慧之心寫經，「以始覺之智，照本覺之理」，漸漸的，心就會呈現出智慧之相，同樣的，若心裡面有煩惱，就會現煩惱的相。現在透過修行讓自己的心安靜下來，讓心上的煩惱歇息，就會呈現出一個佛的相，也就是覺悟的相。

化身佛是心的作用，一念慈悲心，就是菩薩的作用；一念貪婪，就是餓鬼的作用；一念精進，就是聲聞、緣覺解脫的作用。心有很多種不同的身分、不同的作用，叫做千百億化身，現在來修行，就是一個清淨的化身，透過修煉，可以把這份清淨流布到各個角落。

這是「主成就」，藉由書寫佛像、佛經，啟發內心的自性佛。

處成就－處

處成就，舍衛國祇樹給孤獨園是《金剛經》法會的地點。

故事 1：祇樹給孤獨園的由來

舍衛國是印度北方一個大國，在那裡，有一位須達長者為人樂善好施，常施予孤苦者、獨者而名「給孤獨長者」，當時，舍衛國的人民雖然喜歡做善事，卻不知道有佛法，有一天，須達長者為了要幫他的兒子提親，來到了恒河南方的王舍城，住在親家的家裡準備隔天提親。當天晚上，他看到所有的人都在忙碌的打掃，準備明天很重要的一個活動，他以為是自己的關係，以為是因為這一門親事，打聽之下發現不是為了他準備的，而是為了要迎接一位佛陀。

他聽到「佛陀」這兩個字時汗毛直豎，覺得這一定是個偉大的人，否則為什麼光聽到名號就讓自己產生這麼殊勝的感受？所以就打聽佛陀是誰，是做什麼的，聽完佛陀的事蹟之後非常的感動，當天晚上就馬上跑去見佛陀。在竹林精舍見到佛陀之後，佛陀為他開示，當下須達長者就證到初果，於是他想到自己國家的人民實在太可憐了，竟然都沒有機緣聽到這麼殊勝的佛法，因此就為自己國家的人民請法，祈請佛陀能到舍衛國去為舍衛國的人民說法。佛陀很慈悲，應允他的請求，但佛陀提了一個要求，說：「我現在常隨弟子有上

千人，你必須找到一個能讓所有法師都安住的地方。」

　　須達長者馬上回舍衛國去尋找適合的精舍所在地，找來找去，找到一座最漂亮的園林，是祇陀太子的私人花園。長者跟祇陀太子說：「太子，你的花園可不可以賣給我？」太子好奇地問道：「你為什麼要跟我買花園？我這個花園是不賣的，哪有太子在賣花園的？你到底是要做什麼用？」須達長者就說：「我想要找一個適合的處所，讓佛陀帶著弟子來舍衛國住錫，為我國人民說法。」祇陀太子聽了，覺得這真是一個天大的笑話，怎麼會有人這麼傻，要去買一個這麼大的地方，不是留給自己用，而是要請什麼佛來說法，祇陀太子不以為然的開了一個天價，說：「既然如此，現在就賣給你，但是你要用黃金來鋪地，用鋪完地的黃金跟我買地。」這就如同有一個成語，叫做寸土寸金。

　　沒想到須達長者說：「真是太好了！正好我有許多黃金。」他馬上回去安排，用一頭一頭大象拖著一車一車的黃金來鋪地，祇陀太子傻眼了，他說：「竟然真有這麼傻的人？！我開了一個天價，只是開玩笑的，你竟然還把它當真？」須達長者說：「君子一言既出駟馬難追，是不可以反悔的。」祇陀太子深受感動，說：「如果你願意花這麼多錢來買這塊地，只是為了要供養佛陀，表示佛陀一定是個很了不起的人，但我後悔了，不想把這塊地賣給你，因為我也想要護持，我要把這一塊地送給佛陀。」給孤獨長者不同意，兩個人僵持不下，最後祇陀太子就說：「這樣好了，土地可以給你，算是你的，但是地上的這些參天古木你買不了，我也不賣，這些樹就算我供養的。」須達長者非常高興，馬上啟程跟佛陀報告，並祈請佛陀為這片園林命名，佛陀取名為

「祇樹給孤獨園」，顧名思義就是祇陀太子供養的樹林，給孤獨長者供養的園地，從此佛陀應須達長者的邀請，住在舍衛國長達二十五年，許多經典，譬如《阿彌陀經》、《金剛經》、《楞嚴經》等，都是在舍衛國的「祇樹給孤獨園」演說的。

須達長者所發心的這一塊園地發揮這麼大的功能，以至於佛法流通到後世，凡是在經典裡面得到一字一句受用的，甚至是有人因此而開悟證果的，大家都會感念當時布施的人，這些功德都是由「祇樹給孤獨園」的給孤獨長者願意成就而起，這是當時的一念發心，如果給孤獨長者沒有把自己的財寶布施出來，他所有的財寶也不過就是在當生中擁有，沒有辦法帶到千秋萬世，後世的子孫也不一定能得到受用，但是他把當時世間的財寶轉換成出世間的功德法財布施供養道場，卻能成就日後千千萬萬人的修行，這是非常非常殊勝的一個功德事業，這就是將有漏有限的世間財轉換成無漏無限的功德法財最好的例子。

以上是給孤獨長者的發心故事，佛經都會記載講經的地點，這部經在舍衛國祇樹給孤獨園所說，是處成就。

眾成就－當機眾、影響眾、結緣眾

眾成就，一個法會通常都會有三種成員，也就是當機眾、影響眾和結緣眾。當機眾就是適合這一部經的人聽了有所成就，不管是開悟或是證果，都叫做當機；結緣眾是指有些人不一定相應這個法門，只是來法會結緣，先累積法緣，結了一個善緣，待果成熟。最後是影響眾，佛陀的法會上都會有文殊菩薩、普賢菩薩等諸大菩薩來，文殊菩薩是佛陀的老

師，是智慧第一的菩薩，但是他也來到現場參加法會，為什麼？因為他來帶動、來影響參加法會的人，這如同我們所舉辦的活動來了很多人，需要很多學長協助，這些學長們都大有來頭，程度是大師級的人物，但就像文殊菩薩隱藏在大眾當中一樣，是作為影響眾來帶動協助弘法的。

《金剛經》的眾成就是誰？
「大比丘眾一千二百五十人俱。」

「俱」就是到齊了，一千兩百五十人，包括五比丘、迦葉三兄弟所領的一千人、舍利弗、目犍連各帶領的一百人和耶舍帶領的五十人等，共一千兩百五十五人，取整數為一千兩百五十人。

五比丘是佛陀的第一批弟子，共五人。迦葉三兄弟有一千人，他們過去是拜火教，優樓頻螺迦葉是哥哥，領眾五百人在恆河上游修行；弟弟伽耶迦葉、那提迦葉，各帶領兩百五十人，在河的下游修行。佛陀成道之後先去度大迦葉，也就是優樓頻螺迦葉，他在當時是很有影響力的，佛陀跟他說佛法，兩個人辯論僵持不下，到了晚上，佛陀說要住下來，於是優樓頻螺迦葉就把佛陀安置到火龍所在的洞穴裡面，他想：「這下子你今晚就死無葬身之地。」沒想到隔天早上去查看，這隻龍竟然乖乖的趴在佛陀的腳邊成為佛陀的弟子，因此優樓頻螺迦葉就被佛陀降伏了。見到哥哥領眾加入僧團，老二跟老三也都帶著弟子們一起皈依佛法，所以一下子，佛陀的僧團就有一千個人，是很大的一個陣容。

　　另外，舍利弗和目犍連二人，在還沒有遇到佛陀之前本來就在修行，兩個人都非常的聰明，但是沒有老師，所以只好自己帶著人用功，而且二人約定，如果遇到好的老師，一定在第一時間通知彼此。有一天，舍利弗在路上遇到佛陀的弟子五比丘之一的馬勝比丘，當時馬勝比丘剛剛出家，出去托缽時遇到舍利弗，舍利弗很有智慧，他一看到這位比丘的威儀馬上就上前問訊頂禮，問這位比丘說：「你的大師是誰？大師教你什麼法？」馬勝比丘就說：「我剛剛出家未久，不太會說佛法，但是我的老師是佛陀，他常常說『諸法因緣生，諸法因緣滅，我佛大沙門，常作如是說。』」舍利弗聽到這句偈語，當下就得到法眼淨證到初果，馬上就皈投到佛陀的座下，不到一個月就證得阿羅漢果位，他的好朋友目犍連也跟著帶門下一百位徒眾來皈投佛陀，成為神通第一的弟子，另外還有五十人是耶舍帶著他的五十位好朋友一起皈依佛陀。

　　一千兩百五十位比丘有各種不同的背景，大家皈依在佛陀座下組成「僧團」，所謂的「僧」就是「和合眾」的意思，又叫做清淨海眾，出家法師依著六和敬「身和同住、意和同悅、口和無諍、戒和同修、見和同解、利和同均」這六種和合，就可以成立殊勝的僧團，大家就可以安心的修行，這六種原則，讓大家一起共住，一起共同修行。

　　如是我聞。一時佛在舍衛國祇樹給孤獨園，與大比丘僧，千二百五十人俱。 以上就是法會發起的因緣，《金剛經》的序分。

爾時世尊，食時，著衣，持鉢，入舍衛大城乞食。

於其城中，次第乞已，還至本處。飯食訖，收衣鉢。洗足已，敷座而坐。

為何經典初始要談世尊的日常

這一段介紹世尊在吃飯時間入舍衛大城乞食，乞食已，回到精舍，吃完飯，衣鉢收好，腳洗好，敷座而坐。

為什麼這一部講般若智慧的經典會談到如此瑣碎的日常生活？

曾經有一位馬來西亞的醫師告訴師父，他每天都會持誦《金剛經》，但是他都從《金剛經》的第二分開始持，因為他覺得第一分是一個不重要的記錄，只是在記錄日常生活的內容，這位醫師的想法雖然是自作聰明，卻也反應出一般人的想法，會期待經典裡應該都是玄妙語詞、佛言佛語，而不是這一段描述佛陀吃飯、收衣鉢、洗腳的日常記載，因此，這段經文讓我們重新思考，為何在般若經典的初始是佛陀日常的一段記錄？這和般若的修行有何關係？

五祖在傳法給六祖時講了一句非常重要的話，他說：「法則以心傳心，皆令自悟自解。」佛法的傳承要以心傳心，佛法是心法，怎麼樣來傳承這個心法？「自古佛佛惟傳本體，師師密付本心。」佛跟佛之間不需要言語，因為彼此心意相通，師父在傳承給弟子的時候也是以心傳心，我們現在來學習佛法，就要了解自性的般若到底要從

哪裡入門。

　　過去有一位源律師，他來問大珠慧海和尚：「和尚修道還用功否？」大珠慧海和尚回答：「用功。」一個開悟的大師怎麼樣用功？「饑來吃飯，睏來即眠。」肚子餓就吃飯，想睡就休息，這個源律師覺得很奇怪，他說一切人都如此，這樣怎麼叫做用功？難道一般人就跟師父一樣，也算是在用功嗎？大珠慧海和尚回答：「不一樣，大大的不同。」怎樣大大的不同？一般人吃飯的時候不肯好好吃飯，百般需索；睡覺的時候也不肯好好的睡覺，千般計較，所以大大的不同。我們吃個飯，講究色香味，講究氣氛，如果心裡有事、有煩惱，或者是吃飯的時間、地點或吃飯的對象不對、氣氛不好，即使是山珍海味也會食不下嚥，如果我們今天要急著跑三點半、找朋友借錢，結果朋友說我沒有錢，但可以請你吃大餐，你吃得下去嗎？心中有事起煩惱心時，是沒有辦法好好地安住的。

　　「心安茅廬穩，性定菜根香。」我們這念心如果安定，吃飯、穿衣、睡覺行住坐臥都保持著這念心的無念、無住、無為，心中無事日日是好日。

　　所謂般若，是從文字而起觀照，藉由觀照而契入實相，我們學習佛法，讀很多的經典，目的是要讓自己的心能夠安住在當下，平常心是道，所以，《金剛經》一開始的佛陀吃飯、收衣缽、洗腳的日常記載，這個就是平常心的用功，就是講一個實相般若的道理。

故事2：大唐第一名馬－平常心是道或者忙碌空轉度日

　　唐朝玄奘大師有一匹白馬隨他西行取經，這一匹白馬並沒有特別出眾，只是因為在磨

坊工作身強體健吃苦耐勞，所以玄奘大師選來選去便選中這一匹馬，一去就是十七年，當玄奘大師回到東土大唐時已經是名滿天下的傳奇英雄，這一匹馬自然也就成為大唐第一名馬。白馬衣錦還鄉後來到昔日的磨坊看望老朋友，只見一大群驢子、老馬圍著這匹白馬，聽著白馬講西天取經途中的故事以及今日的榮耀，大家都很羨慕，白馬很平靜告訴大家：「各位，我也沒有什麼特別了不起，只不過是被玄奘大師選中，一步一步西去東回而已，這十七年間大家也沒有閒著，只不過你們是在家門口來回打轉，我走一步，你也走一步，咱們走過的路一樣長，也一樣辛苦。」

這是一個寓言故事，聽到這個故事，有沒有感覺我們就像這些馬和驢子，每天也沒有閒著，一生都在繞圈子，一圈又一圈，為誰辛苦為誰忙？有沒有在每天的每一步中，都非常清楚的朝向成佛之路走？還是只是漫無目的的讓自己的生活不斷空轉？

隨時「還至本處」

《金剛經》裡面講到的實相般若，佛陀親身示範了如何去實踐般若行。

時間到了，佛陀穿衣，持缽，入城乞食。我們為了生活，必須要面對生活中的衣食住行，以及解決柴米油鹽這一類的事，這其實也是一種乞食，但是忙碌了一天之後，有沒有「還至本處」？實相的奧祕就在這四個字 -- 還至本處，我們有沒有把所有的事情都回歸到自己的本處？這就是實際理地。

　　我們每天面對各種不同的人事物，會隨著遇到善的因緣起歡喜心，遇到惡的因緣起煩惱心，不管是歡喜還是煩惱，在結束一天的忙碌之後要懂得歸零，如同今天來寫經，大家能夠把心收回實相，讓它「還至本處」，一筆一劃，一字一句，都能夠安住在當下，該是做什麼就做什麼，該寫就不要想等一下寫完要去哪裡，每一字、每一句，我們都把過去放下，未來也放下，乃至於現在也放下，就專注在當下，沒有雜念，沒有妄念，這個就是「還至本處」。

　　當我們慢慢練習回歸到實相的時候，就是六祖大師講的「**一切處所，一切時中，念念不愚，常行智慧，即是般若行**」的般若心，我們誦《金剛經》，在第一段就能夠看到什麼是般若，就是日常生活當中，隨時在衣食住行上能夠「還至本處」，安住在本心上，所以《金剛經》一開始就是般若實相的重點。

故事 3：南嶽懷讓禪師－心之修正污染即不得

　　過去有一位南嶽懷讓禪師，本來在嵩山安國師那裡精進用功，後來安國師就介紹他去參訪六祖，懷讓見到六祖後就頂禮，六祖問：「你從哪裡來？」他回答：「我從嵩山來，是安國師介紹我來的。」六祖問：「什麼物？怎麼來？」懷讓回答：「說似一物即不中。」禪師的問話，問在答處，答在問處。六祖問什麼？問「你是什麼東西？」這不是一句罵人的話，他在問你是什麼？誰是你？你是誰？順治皇帝出家讚僧歌裡講到：「未曾生我誰是我？生我之時我是誰？」我們從過去到現在每天都在忙碌，但我們可能終極一生並沒有真正的認識自己，參禪就是為了要明白真實的自己。

懷讓回答：「說似一物即不中。」你說我們這念心是什麼？它像一個什麼就不對了，無法比擬它，就像天上的一輪明月，佛法中常常用月亮代表我們的心，對於一個看過月亮的人不需要解釋月亮是什麼，但是對一個瞎眼的人，你怎麼向他解釋？你說它像盤子，像鏡子，像橙子，都不對，他沒有辦法形容，月亮就是月亮，如人飲水冷暖自知。我們有這念心，佛陀也有這念心，祖師大德也同樣有這一念心，但是你不能夠理解這一念心時，說什麼都不對，這就是佛法非常殊勝的地方，同樣是行住坐臥，同樣在吃飯睡覺，祖師大德心中沒有雜念，沒有煩惱，該吃飯就吃飯，該睡覺就睡覺，因此佛陀在《金剛經》一開始，就演示這樣一段自在的實相般若。

　　懷讓這樣回答之後，六祖就問：「你所說的這一個還可修證否？」可以修嗎？可以證嗎？懷讓回答：「修證即不無，污染即不得。」修證之法也不是沒有，心沒有辦法修嗎？還是可以修的，怎麼修？修行有時候很抽象，我們好像懂很多法，卻又使不上力，明明就知道這一條路是最好的，明明這個心在聽法的時候是如此愉快，可是為什麼在面對很多境界時，卻擋不住生活中的這一些煩惱，也沒有辦法叫自己不憂愁不焦慮，所以要如何來照顧這念心？要如何可以達到真正自在的境界？

　　懷讓講，修證之法也不是沒有，怎麼修？污染即不得，不要污染它，你一旦起污染心，就沒有辦法得到這念心，但是說穿了，其實這念心不假外求，你本來就有。《華嚴經》裡說：「不起凡夫染污心，即是無上菩提道。」我們的心本來就沒有煩惱，你就是好好的安住在當下，但是如果我們的心起煩惱，藉由寫經的過程，讓自己的身心沉澱下來，慢慢地跟你的心相應，跟你的心能夠在這個當下合而為一，就是一個修煉

般若自性的方法，六祖大師就肯定懷讓的回答，他說：「只此不污染，諸佛之所護念，汝既如是，吾亦如是。」

　　禪宗的修行直指人心，怎麼修？就是這個不染污的習慣，不染污的觀念，只要保持心不受五欲六塵等境界的干擾，這就是祖師的用功法，也是我們用功的入門下手之處。這個修行方法非常好用，可以無限的延伸，變成一切處所、一切時中都是保持這個不染污的心，從我們寫經的時候就開始慢慢地練習，這個練習，把我們寫經的這個當下的心無限延長，一念萬年，萬年的修煉從當念開始，十世古今，始終不離於當念，從這一念心開始出發，我們一字一句一步一腳印，漸漸地透過寫經造塔的過程養成自己心裡這一個清淨的習慣，啟發清淨的自心，身心隨時都能夠自在，這是般若禪觀一個非常重要的開端，在第一分裡就談到這個內容。

隨時 隨性 隨遇 隨緣 隨喜

　　網路上有一個這樣的小故事，有一天，小和尚看到禪院的草地枯黃了一大片，他跑去跟師父說：「師父，快撒一點草種子吧，枯黃的一片草地好難看。」師父揮揮手說，「等天涼，隨時。」到中秋，師父買一包草種子，叫小和尚去播種，秋風一吹，草籽邊撒邊飄，小和尚很著急，他說：「不好了，好多種子都被吹走了。」師父說：「沒關係，吹走的多半是空的，撒下去也發不了芽，隨性。」撒完種子，緊接著就飛來幾隻小鳥把種子給吃了，小和尚急得跳腳：「要命了，種子都被鳥吃了。」師父回答：「沒關係，種子多吃不完，隨遇。」半夜一陣驟雨，小和尚早上衝進禪房，他說：「師父，這下子真完了，好多草種

子被雨沖走了。」師父説：「沖到哪兒就在哪兒發芽，隨緣。」一個星期過去，原本光禿禿的地面，居然長出許多青翠的草苗，一些原來沒有播種的角落也泛出綠意，小和尚很高興的拍拍手，師父點頭：「隨喜。」

這是一個態度，「隨」不是跟隨，是順其自然，不怨懟不躁進，不過度不強求，「隨」也不是隨便，是把握機緣，不悲觀不刻板不慌亂不忘形。我們如果懂得隨時、隨性、隨遇、隨緣、隨喜，那人生時時都很自在，有這五隨就可以回歸到自性，有這種人生的智慧，就可以體會在在處處皆是般若，在在處處皆得安心。

時刻安然

第一段法會因由分講到六成就，也講到世尊乞食，希望大眾把自己當成是世尊，我們每天都進舍衛大城乞食，該發生的就讓他發生，隨遇而安，隨緣了業，隨時保持一顆隨喜的心，讓自己的身心隨著不同的因緣，在自己的生命當中發出光明，發出智慧，當我們有這種智慧之心，還至本處，又能夠完全收拾得乾乾淨淨，沒有任何的雜染，沒有任何的遺憾。

人生到最後若留下遺憾，都是在每天的生活當中忘記要以般若自性過生活，所以，每天托缽乞食都不要留下痕跡，要還至本處，要把衣缽洗好，把腳洗淨，然後安住在自己的菩提法座之上。

希望大眾開始養成一個好習慣，每天讀誦《金剛經》，每天用般若智慧長養我們

自己的法身慧命，讓我們的生命可以因為般若的作用而產生殊勝的力量，般若之體是最堅固的菩提，金剛之心般若之相是最光明的智慧之相，般若之用是最猛利的，可以照破無明、煩惱，是超凡入聖的智慧之用，如果我們懂得善用自己的般若自性，那麼在這個生命當中，我們就有如拿到一支金剛王寶劍，可以破敵，可以殺賊，乃至於到最後可以稱為法王，所以希望大眾珍惜自己內心當中的般若自性，透過寫經來幫助自己修煉這一念清淨的心。

佛陀講人人皆可成佛，人人皆有佛性，既然如此，寫外在的這個佛，就要回歸到自性的佛，佛門當中講三皈依，就是自皈依佛陀，皈依自己心裡面的覺性，在寫經時，安住在自己的覺性上，自然而然你的心就能夠歇息，能夠產生一個清淨的感受。

千人寫經，百萬造塔，人人都有這一座靈山塔來幫助自己的身心找到歇息之處，還至本處，自然而然時時刻刻都在自己的法座上，安然的進入般若三昧。

溫故知新

問題 1. 何謂六成就？何謂「如是」的心？「我聞」是一個怎樣的修學方法？
問題 2. 金剛經為何一開始就是記錄佛陀日常生活？
問題 3. 何謂「還至本處」？

《金剛經》善現啟請分第二

時長老須菩提，在大眾中，即從座起，偏袒右肩，右膝著地，合掌恭敬，而白佛言：希有世尊！如來善護念諸菩薩，善付囑諸菩薩。世尊！善男子、善女人，發阿耨多羅三藐三菩提心，云何應住？云何降伏其心？佛言：善哉！善哉！須菩提，如汝所說，如來善護念諸菩薩，善付囑諸菩薩。汝今諦聽，當為汝說，善男子善女人，發阿耨多羅三藐三菩提心，應如是住，如是降伏其心。唯然，世尊，願樂欲聞。

善心男女付囑之
現有不空悟法義
啟請恭敬諦樂聞
請佛降心云何住

前言：善現啟請

　　這一分有三個重點，第一是須菩提，第二是發了菩提心的善男子、善女人，第三是《金剛經》兩個非常重要的問題，也就是須菩提問的「云何應住？云何降伏其心？」。

時長老須菩提，在大眾中，即從座起，偏袒右肩，右膝著地，合掌恭敬，而白佛言：希有世尊！如來善護念諸菩薩，善付囑諸菩薩。

須菩提出生時的「空生」與「善現」

　　《金剛經》的當機眾是長老須菩提，他是佛陀解空第一的弟子。

　　須菩提的名字翻譯為「空生」，又翻成「善現」，須菩提剛出生的時候，他們家的財寶突然之間就莫名其妙的消失了，家裡的僕人非常緊張，趕快去報告老爺，須菩提的爸爸去倉庫查看，財寶果然不翼而飛，正在狐疑到底是怎麼被偷的，這個時候，突然所有的財寶又都從地上湧現出來，所以他的父親就知道，這是一個不平凡的小孩。

　　財寶消失，讓我們了解世間的寶物都是空性的，是虛妄的，名為「空生」，雖然

是空，可是並非真的消失不見，它還會再次顯現，這表示如果我們了解萬法不離心的道理，就能不執著而契悟空性，而這個空又能夠生出妙有，就像財寶從地湧現，從空而現，所以又稱為「善現」，而當我們不執著於世間名利富貴的時候，這些名利富貴不但不會消失，還能被善於運用。

故事 1：悟諸法空者先見佛

　　有一次，佛陀在結夏安居時到天上去弘法，三個月過去了，佛陀要回到人間，大家都知道佛陀要回來，爭先恐後的想要去迎接佛陀，這個時候須菩提正在山洞中縫衣服，他也想要去見佛，但是他就想：「見佛需先見法，法者，諸法空義。」他思惟到這個道理之後就沒有動身去見佛，而是在山洞中繼續縫補衣服，然後就入空性的三昧。

　　但是有一位叫做蓮花色的比丘尼，她想要第一個迎接佛陀，所以就把自己化現為轉輪聖王的樣子。我們知道如果這種場合有當地的父母官、有王來了，就一定可以排在隊伍的最前方，因為蓮花色比丘尼變成轉輪聖王的樣子，所有的人就都禮讓她到隊伍的最前方去迎接佛陀。

　　蓮花色比丘尼很高興，見到佛陀就頂禮，佛陀就對著她化現的轉輪聖王說：「我知道妳是蓮花色，妳以為妳現在這個樣子就可以成為第一個見到我的人嗎？其實第一個頂禮而且真正見到我的人是須菩提。」蓮花色比丘尼說：「須菩提沒有來。」佛陀就說：「見佛需先見法，法者，諸法空義，須菩提了解空性的道理，所以他才是第一個見到我的人。」

此經為何由解空第一者啟請

這一分是〈善現啟請分〉，就是由須菩提來請益佛法，所以我們在《金剛經》裡面會不斷的聽到佛陀與須菩提對談。

首先，我們來探討及思考一個議題，為什麼一部在講般若智慧的經不以智慧第一的舍利弗為當機眾，而是以解空第一的須菩提為當機眾？

一般人對《金剛經》有錯誤的觀念，認為《金剛經》講「空」，而「空」就是什麼都沒有，譬如懷孕的時候不可以念《金剛經》，胎兒會空掉；或者是做事業的人不可以讀《金剛經》，它會讓事業落空；甚至有人說《金剛經》是破壞淨土法門的，這些都是對於「空」沒有正確的了解才會落入如此的偏見，所以藉由須菩提解空第一的這個身份來討論「空」的道理是非常適合的，真正了悟空性是具有大智慧的人。

恭敬請法　領受法益

佛陀是至高無上的聖者，我們要用最恭敬的心請法，長老須菩提要來請法，他的請法是規規矩矩的，「即從座起，偏袒右肩，右膝著地，合掌恭敬而白佛。」「右膝著地」是身恭敬；「合掌恭敬」，是意業恭敬的象徵，因意業無相，用合掌表示一心恭敬請法之意，所以，「即從座起，偏袒右肩，右膝著地，合掌恭敬。」即是身口意

三業恭敬而請法的禮節表現。

　　法向恭敬中求，我們如果用一種恭敬的心聽聞佛法，很容易跟佛法相應，你的內心對於自己學習佛法，也會產生一種恭敬的心，自然而然，你的身心就會進入跟佛一樣的狀態。須菩提在《金剛經》一開始，就教我們要用一種恭敬之心來請示、來聆聽開示，這樣就會得到佛法當中非常大的益處。

　　須菩提一開始就說：「希有世尊！如來善護念諸菩薩，善付囑諸菩薩。」他先讚歎佛陀，說佛陀是非常希有的，我們能夠遇到佛陀的因緣也是非常希有的，如果我們有這種百千萬劫難遭遇的心情，你就會很珍惜與佛法相遇的機緣。

　　遇到佛陀是我們這一生最大的福報，因為如來是最善於護念，最善於付囑的。「護念」，佛所說的一切法，都是針對我們的心和我們的念頭，他要一路保護著我們的心念，讓我們的心不要退失道心，讓我們的心不要作繭自縛。「付囑」，佛陀常常會給我們任務，如果你自己覺得前路茫茫，你只管跟佛陀發願：「將此深心奉塵剎，是則名為報佛恩。」佛陀就會付囑，就會派功課、派工作給你。

　　聽聞佛法時有如此的信心，相信佛陀是大智慧者，是我們的善知識，你就會將學習到的佛法謹記在心。

世尊！善男子，善女人，發阿耨多羅三藐三菩提心，云何應住？云何降伏其心？

須菩提為發菩提心者請問

　　須菩提（善現）啟請佛陀，說：「世尊！善男子，善女人，發阿耨多羅三藐三菩提心，云何應住？云何降伏其心？」這裡談到善男子、善女人，我們要知道定義，在這裡可以看到，發阿耨多羅三藐三菩提心的人就稱為善男子、善女人，可見這部經就是講給發阿耨多羅三藐三菩提心的人。

　　發心有很多種不同的層次，如果你發的是想要讓自己身體健康、事業順利、家庭圓滿、長命百歲、富貴連年，這種發心是人天善心，得到現世生活的如意滿足，要如何用功能得？就是諸惡莫作，眾善奉行，就可以得到人天的福報。

　　如果你的發心是覺得生死可怕，輪迴是無止境的痛苦，希望能夠斷除六道輪迴的痛苦，這個為了終止輪迴而發的心，叫做出離心，這是聲聞緣覺的發心，如何達到出離生死？精進修行、聽經聞法、學習四諦的法門以及十二因緣的觀察法，你就可以破除生死的迷思，這是聲聞緣覺的發心。

　　如果你發的心不只是自己要得解脫，還希望所有一切有緣無緣的眾生都能夠得到究竟的解脫，這個叫做成阿耨多羅三藐三菩提的發心，還沒有成就時稱為菩薩，功德圓滿了叫做等覺妙覺。

　　發菩提心，是發了一個要成佛的心，希望能夠成無上正等正覺的心，這部經是須

菩提為發阿耨多羅三藐三菩提心的善男子、善女人而請法的一部經。

須菩提問：「發菩提心的善男子、善女人，云何應住，云何降伏其心？」

成佛這一條路上有非常多的考驗和挑戰，最終我們要能夠找到問題和解決問題的方法，你自然而然就能關關難過關關過，修行不要怕問問題，而是我們的問題要問到重點，才可以幫助我們四兩撥千斤。須菩提知道我們發了心要成佛的這種善男子、善女人在生活中、在道業上會遇到什麼問題，所以代替我們來請法，代替我們來向佛陀請問。

故事2：二祖斷臂求法

禪宗裡有一個跟心有關的故事，話說禪宗初祖達摩祖師在南北朝時來到中國遇到梁武帝，三言兩語兩人話不投機，梁武帝當場就非常不高興，達摩祖師知道這不是他的因緣，也不是他要度化的人，於是一葦渡江，北上到少林寺的後山靜坐，一坐就是九年。

有一天，有一個人來到山洞口，當時天下著大雪，但是這個人始終堅立不動，一個晚上過去，雪已經埋過他的膝蓋，他還是如如不動。

達摩祖師問他：「你久立雪中，當求何事？」

這個人叫做神光，神光一聽達摩祖師開口了就立刻請法：「惟願和尚慈悲，開甘露法

門，廣度群品。」

達摩祖師回答：「諸佛無上妙道，曠劫精勤，難行能行，非忍而忍。豈以小德小智，輕心慢心，欲冀真乘，徒勞勤苦。」這幾句話主要是在講現在的人真心想要求法能為法忘軀的實在是太少了，用這種小德小智、輕心慢心如何能夠求得無上妙道？
神光聽到達摩祖師這樣的開示，馬上就拿出利刀斷臂求法。

達摩祖師知道他是法器，於是就說：「諸佛最初求道，為法忘形，汝今斷臂吾前，求亦可在。」祖師就應允了他求法。

請問，在這種時候，神光會問什麼問題？

現在的人多疑多病，很難理解斷臂求法的精神，甚至會想為了求取佛法，有必要斷臂嗎？或者議論說這一定是誤傳，或是虛構的事，這些議論與疑慮，彰顯出現代人求法的心，就是輕心、慢心，沒有虔誠的心。

如果你的人生裡有一個很重要的問題，而你沒有辦法解決，還導致自己無量的輪迴，現在能夠在隻字片語當中就為你解開生死疑惑，你會拿什麼來交換這句話？

在佛法裡面講到求法的精神，是捨身取命都在所不惜。

最好的例子是佛陀自己，佛陀過去生曾經在雪山修行，也是為了一句「諸行無常，

是生滅法，生滅滅已，寂滅為樂」的半句偈語，不惜以生命來交換一句佛法，《華嚴經》裡面講到菩薩求法，如果有人說你跳火坑我就給你佛法，菩薩是不需要思考直接就跳火坑的，只為了求取佛法。

佛法的殊勝，在於它可以解決我們生死輪迴的大問題，所謂「千年暗室，一燈即破」，我們輪迴千年、萬年飽經無明與痛苦，這個心始終都在一片黑暗裡，如果今天有機會聽聞一句佛法，可以照破這個千年的暗室，我們會拿什麼來交換？我們會問什麼問題？

達摩祖師被慧可（神光後改名為慧可）求法的決心所感動，他問慧可：「你有什麼問題？」

慧可只問一句：「我心未寧，乞師與安。」不管我如何努力，我的心始終都不安，這個不安一直困擾著自己，希望大師給我安心的法門。

每一個人在生命的種種追求當中隱隱都有一種不安，為什麼我們要求名求利追求種種的成就？為什麼我們要累積財富？為什麼我們要進入家庭？要養兒育女？要照顧身邊的愛人？乃至於我們希望要善待這個世界？有很多人其實是為了尋求內心的一種安心，讓自己有安全感，所以在財富上斤斤計較，在感情上患得患失，在社會地位上攀緣追逐讓自己受盡世間冷暖。

所有的人都同樣面臨內心的不安，而這個不安根本的來源是我們對於生死這件事情沒

有看清楚，沒有真正的大智慧去看透生命的實相，所以慧可修行修了很久，發現學了很多佛法，博通三藏群經，卻還是沒有辦法解決他自己心裡最大的疑慮，所以提出「我心未寧，乞師與安」的問題，希望達摩祖師教他安心之法。

　　於是達摩祖師讓慧可找他自己的心：「將心來，與汝安。」慧可要找心，什麼是心？心臟是心？還是想法是心？感覺是心嗎？又或者喜怒哀樂等情緒是心？我們所認為的心是什麼？這一念心是真心還是妄心？真心和妄心的區別又在哪裡？

　　《楞嚴經》裡佛陀也叫阿難找心，為什麼找到自己的心這麼重要？我們必須知道，如果你找不到心，就像發兵討賊，擒賊要擒王，這個賊王沒有找到，你的內心始終都被賊所侵擾，所以唯一的辦法就是要找到自己的心，才能夠找到安心之法。

　　慧可依此而尋心，沉思了很久，就說：「覓心了不可得。」當他了解這個心是了不可得的時候，達摩祖師就講：「我與汝安心竟。」

　　這是什麼邏輯？當我說我的心找不到時，竟然才是已經有了安心之法？

　　我們在學習佛法時要先認識自己的心，每天面對境界時我們會生起歡喜心或煩惱心，會有各式各樣的喜怒哀樂，這些到底是真的還是假的？如果是真的，為什麼我的生氣我的快樂都不持久？其實這就表示它是生滅的，只要是生滅的就是假的。也許你會問，如果它是假的，為什麼我又會被它所迷惑？始終都被這個妄想心牽著鼻子走？

每天都在照顧心情，照顧自己如猿猴一般到處東跑西跑的心呢？這就是你不曾真的認識什麼是自己的心。

我們來修行、來寫經，也是在尋找一個心的安定，須菩提在《金剛經》裡面就問了發菩提心的善男子、善女人要如何降伏其心？如何安住？這兩個問題就是扣緊發菩提心之後你會面臨的兩個功課。

第一就是慧可大師所遇到的，我的心都不安，要如何來安心？這是第一個問題，叫做云何降伏其心。

第二需要降伏其心，是因為我的心不能夠安住，那麼，我的心應該安住在哪裡？

這兩個問題貫串整部《金剛經》，其後，佛陀與須菩提就這兩個問題反覆的問答、討論，所以大眾要謹記在心，這兩個問題如果找到正確的答案，修行就依照這兩個方向來成就阿耨多羅三藐三菩提。

達摩祖師問慧可，請他尋找不安的那一念心，慧可說覓心了不可得。佛陀教導阿難尋心，有所謂的七處徵心，到最後阿難發現心不在內、不在外、不在中間、不在一個地方，也不是沒有。那麼到底心是什麼？心又到底在哪裡？

如果仔細探討觀察，你會發現常人所認為的心是妄心的現象，因為它是依塵、依境而

生起的生滅心，塵生則生，塵滅則滅，例如我們覺得有錢才會快樂，沒有錢就肯定不快樂，「錢」就是快樂心生起的條件，也就是所謂的塵；如果我們要身體健康才會快樂，一旦不舒服、身體不健康，勢必就變得不快樂；如果你期待別人愛你，你才會快樂，若是沒有得到你想要的愛，你就會痛苦不堪。我們把快樂建立在這些虛妄的對象上，勢必終其一生都只能受用這短暫的快樂，隨即就會面臨愛別離的苦，乃至於求不得苦，真實的快樂又在哪裡呢？

佛言：「善哉！善哉！須菩提，如汝所說，如來善護念諸菩薩，善付囑諸菩薩。汝今諦聽，當為汝說，善男子善女人，發阿耨多羅三藐三菩提心，應如是住，如是降伏其心。」

佛讚歎須菩提應允而說

佛所教導的一切方法都是為了要解決我們心的煩惱以及讓心的狀態保持安定，讓自己能夠安心、定心、明心，所以修行要從心入手，先了解自己的心怎麼運作。

佛陀應允須菩提的問題，他說「善哉善哉」，非常好，你問的問題非常重要，就如同你所說的，如來善護念菩薩、善付囑菩薩，護念大眾就是如來最初的發心。

其實每一個人的心都可以究竟圓滿，但因為眾生不知道自己的內心是圓滿具足的，導致他東奔西跑四處奔波，在三界中產生很多無謂的煩惱，佛陀帶著大家回到心靈的

家鄉，回到本具的佛性、自性當中來認識真實的自己。當我們了解這念心是不假外求的，我們就不需要看別人的臉色，也無需依賴別人的肯定才能找到真實的自己，才能定義自己的人生，這時候你就會知道，所有的重點都是要回歸到自己的內心，所有人生的問題，也要回到自己的心當中才會找到生命真正的答案。

佛陀說：「汝今諦聽」，要仔細的聽、清楚的聽，現在我所說的這個道理是非常重要的教導，善男子、善女人，你發了菩提心之後，應如是住，如是降伏其心。

唯然，世尊，願樂欲聞。

以心印心方能體悟佛經

聽到佛陀應允要來開示就非常的歡喜，「唯然，世尊，願樂欲聞。」以歡喜的心聞法，但聽聞佛法時，要怎樣才會真正的聽到心裡？佛法裡面講：「從聞思修入三摩地。」聽聞了佛法，要思惟，思之後要能夠修，這是三個步驟。

但是怎麼「思」才是正確的思？佛法的「思」跟一般的「想」不太一樣。

有一位居士問師父，《金剛經》裡怎麼有很多矛盾的語句？一下子說空一下子說非空，一下子說有一下子說非有，一下子說佛法一下子又說即非佛法，到底是什麼？如果用我們自己的經驗來看，你會發現這是一部矛盾的經典，處處都不合邏輯。

如果按照我們原來的思惟模式，就是所謂的「想」，生命會帶著我們走向一個什麼樣的結果？答案是輪迴的結果。所有的眾生無始以來，不斷的在輪迴的系統當中，難以跳脫出來，但是佛陀在三千年前的菩提樹下領悟實相的道理，這個領悟終止了輪迴，更可以解決所有人的輪迴，這個道理是什麼？

　　佛經到底在講什麼？我們要怎麼研究佛經？它為什麼不符合我們思惟的邏輯？還是在說什麼我們不明白的道理？而這個道理確實能把我們從生命的煩惱漩渦中徹底的解套？佛經裡面，佛陀所說的八萬四千法門都是直指我們的心，讓我們的心可以究竟解脫，這個是生命解套的答案，但是如果我們用我們原來輪迴的想法、輪迴的思惟模式來理解佛經，你還是沒有辦法跳出來，所以如果我們要真正懂佛法，首先要做的就是把我們的意識心和我們思惟的習慣先放下，然後才能依著佛陀的教導正確地去「思」。

　　今天來寫禪，就是要把佛的心拿來用，把我們凡夫的想法放下，不需要在意寫得好看不好看，在意好不好看這個是凡夫心。專心，當下無念、無住，沒有雜念，沒有妄念，非常的專注，非常的清淨，這個就是佛的念。

　　寫經之前我們要先沐手、焚香，讓自己的身心保持專注、清淨，萬緣放下，手機關閉，你進教室之前的所有事情都要先放下，這是過去心不可得；寫完經之後要做什麼等一下再說，這是未來心不可得。心如果靜不下來，寫之前先合掌，恭敬地默默的誦讀、思惟經文內容，當我們的心準備好，就會下筆如有神一字一放光。

假如一邊寫一邊想剛才發生的事，一邊想等一下要做的事，一邊想別人寫得比我好還是比我不好，沒有注意到自己的身心現在應該要安住在何處，那麼我們就還在用自己原來的習性與慣性在寫經。

想要藉由寫經改變自己的人生，徹底的了解金剛經在說什麼，就要用佛陀教我們的方法，不思而思，這個不思而思，叫做複製佛陀的思惟模式，以心印心。

怎麼樣才能夠真正的了解佛法？首先要先放下自己有色的眼鏡和有色的想法，透過實際上的修煉，才能印證佛陀的教法，所以聽聞佛法要先放下我見，先放下成見，寫經也是如此，藉由觀照自心，放下自我原來的習性，以清淨的心來書寫這一部《金剛經》，那麼你就真正一步一步的契入實相，聽聞的佛法就會字字入心。

溫故知新

問題 1. 須菩提為何名為善現？
問題 2. 須菩提是解空第一，為何成為《金剛經》的當機眾？
問題 3. 須菩提在這一段經文中提了哪兩個問題？
問題 4. 甚麼是發阿耨多羅三藐三菩提的心？
問題 5. 「如來善護念諸菩薩」中「護念」一詞，是指護什麼念？
問題 6. 我們要用什麼樣的態度來聽聞佛陀說法？

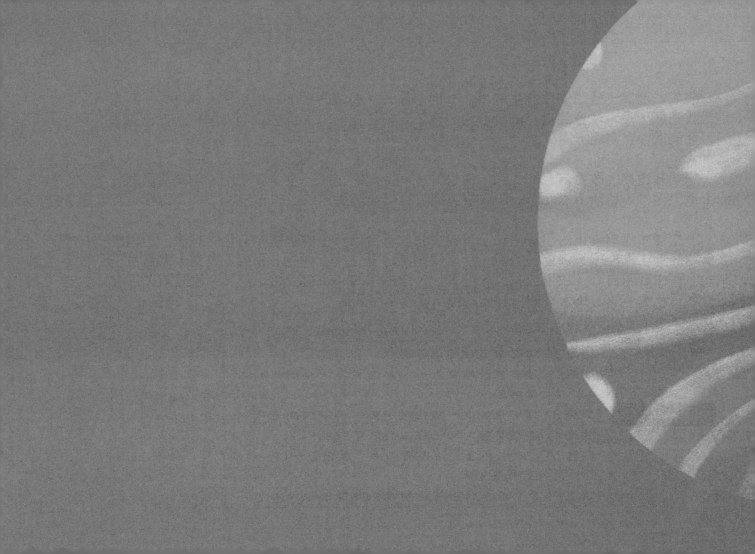

《金剛經》大乘正宗分第三

佛告須菩提：諸菩薩摩訶薩應如是降伏其心。所有一切眾生之類，若卵生、若胎生、若濕生、若化生、若有色、若無色，若有想、若無想、若非有想、非無想，我皆令入無餘涅槃而滅度之，如是滅度無量無數無邊眾生，實無眾生得滅度者，何以故？須菩提，若菩薩有我相、人相、眾生相、壽者相，即非菩薩。

大法降心首為要
乘而離苦後安住
正廣長遠第一心
宗門無相不顛倒

前言：

在前一分，須菩提問了兩個問題，第一個問題云何應住，第二個問題云何降伏其心。如是住，心要安住在何處？如何安住？如是降伏其心，應該要怎麼樣調伏自己的心？接下來，佛陀會先回答第二個問題如何降伏其心？

佛告須菩提：「諸菩薩摩訶薩應如是降伏其心。」

為何佛先回答第二問

首先我們注意一件事，如果按照提問的順序，佛陀應該先回答「云何應住」這個問題，然而，佛陀卻先回答第二個問題「云何降伏其心」，為什麼呢？

關於這個問題，我們可以設想一下，一般人會對哪個問題有較迫切得知的需求？很多人學佛的機緣是因為遇到麻煩，比如在健康、事業、家庭、人際關係上有了挫折、煩惱，或是遇到瓶頸，遇到考驗，心開始不能平靜，為了尋求解方而接觸到佛法才開

啟了學佛的機緣。

因此，回答這兩個問題的先後順序就有其合理性，首要解決「降伏其心」的問題，，先讓自己的心能夠降伏，才有辦法安安靜靜、平平穩穩的來安住，所以佛陀回答時先從「降伏其心」這個問題開始，提出一個最徹底的方法。

菩薩摩訶薩要如何降伏其心？

所有一切眾生之類，若卵生、若胎生、若濕生、若化生、若有色、若無色，若有想、若無想、若非有想、非無想，我皆令入無餘涅槃而滅度之，如是滅度無量無數無邊眾生，實無眾生得滅度者。何以故？須菩提，若菩薩有我相、人相、眾生相、壽者相，即非菩薩。

度眾的大乘四心

降伏其心，最直截了當的方法就是跟佛陀發一樣的心願，所以一開始佛陀就教我們，面對一切眾生，唯有成就他成佛的這一個念頭「我皆令入無餘涅槃而滅度之」，這時就會超越冤與親及個人的愛恨情仇，這就是大乘菩薩的發心。

這一段經文談到大乘菩薩要發四種心：

第一是廣大心，對於所有一切之眾生，不論是卵生、胎生、濕生、化生等等類別，全

部都要發廣大心來度化；第二是第一心，要把所有一切眾生之類，度到哪裡去？「我皆令入無餘涅槃而滅度之」，就是要度到他成佛，這是第一心；第三是常心，就是發長遠心，「如是滅度無量無數無邊眾生」，發長遠心才有辦法度到無量無數無邊這樣的數量，這表示我們要發的是一個長遠的心；最後還要發不顛倒心，「如是滅度無量無數無邊眾生，實無眾生得滅度者」，度了一切眾生，還要不執著眾生相，說了一切的佛法，也不執著說法之相，這就是不顛倒的心。

1. 廣大心－不分類別

　　廣大心，所有一切眾生之類，不管卵生、胎生、濕生、化生這四種受生，身是有色、無色，心是有想、無想、非有想、非無想等十大類，我皆令入無餘涅槃而滅度之。一切眾生，不外乎就是分成冤與親，親就是喜歡的人、喜歡的狗等各式各樣的對象；冤就是討厭的人、討厭的動物，及一切自己不喜歡或討厭的六道眾生。我們的心一開始就是要先廣大，先用一個最大最大的心念來面對他，這樣的心叫做廣大心。

2. 第一心－最大願心

　　會起煩惱不得降伏有兩種情境，一種叫做「順境」，我們喜歡的人就放不下，每天牽掛他，擔心他受苦、受煩、受累，心就不得降伏；另外一種叫做「逆境」，遇到境界，有人不順我的心，討厭我、找我的麻煩……種種起煩惱的心，也不得降伏。

　　怎麼降伏此心？佛陀教我們，面對所有眾生要發最大的願，這個願叫做第一心，也就是「我皆令入無餘涅槃而滅度之」，簡單來說，我要發願，遇到任何對象，不管是誰，都發願要滅度他。

　　「滅度」，要怎麼滅？你要度他才有辦法徹底的滅。

　　一般人遇到煩惱的境界，通常就是兩種反應，第一是以冤報冤、以眼還眼、以牙還牙，甚至我百倍、千倍地回敬你，所謂君子報仇三年不晚，這個是第一種回應的方式，結果可想而知。

　　第二是我解決不了，心裡面的糾結越來越深，仇恨越來越深，怎麼辦？一走了之，眼不見心不煩，所以再見不聯絡。現在的離婚率很高，只要一言不合就分手；工作稍不如意、不順心，就急著跳槽另謀高就，導致常常換老闆、換環境；來學佛也是這樣，不喜歡這個道場，就換另外一個道場，不喜歡這個法門，就換另外一個法門，到最後乾脆換一個宗教。

　　很多人在心裡面遇到挫折、遇到煩惱，就用逃避的方式來解決，逃境以安心，以為這樣可以躲掉所有的境界，事實上有解決嗎？完全沒有解決。有很多心裡的傷，經過多年，午夜夢迴時還是隱隱作痛，結果人生到最後仍留下很多的不甘心，很多的懊惱及很多的早知道，那又何苦呢？追本溯源原來是我們的見解不對，沒有用佛的心來面對，反而用眾生心來面對，怎麼解決得了？

佛陀教我們要徹底解決心裡面的不平靜就要用第一心，什麼是第一心？就是我皆令入無餘涅槃而滅度之。無餘涅槃，「無餘」指的就是沒有煩惱，沒有留下殘餘的殘念，也沒有留下殘餘的煩惱叫做無餘。「涅槃」是一個寂靜的境界，煩惱不生、覺性不滅叫做涅槃，涅槃不是死，死了，不但沒有解決問題，還會把問題帶到下一生去繼續糾纏，冤冤相報無有了期，所以要徹底解決問題，一定要讓一切眾生入無餘涅槃，真正證到究竟解脫的境界才有辦法徹底解決跟眾生之間的恩怨情仇。

故事1：發第一心轉化惡緣

過去有一位老和尚外出辦事，在回寺廟的途中突然雷聲隆隆，天空下起滂沱大雨，看起來短時間內不會停止的樣子，老和尚在趕路的途中看到不遠處有一座莊園，心想：「我到這座莊園避避風雨好了。」敲門之後守門的僕人出來開門，一看是位和尚，馬上就告訴他：「師父您不要在這裡，我家老爺最討厭出家人，您最好趕快離開，否則等一下被我家老爺看到就不得了了。」老和尚跟守門的僕人說：「雨下得這麼大，附近又沒有其他的人家，是否可以請您給個方便？」僕人很害怕，他說：「我不能夠做主，我進去問問老爺好了。」結果僕人入內請示後一出來就說：「師父您還是快走吧！我家老爺好生氣。」老和尚就說：「可否讓我躲在這個屋簷下，站著歇一晚就好？」結果僕人依舊叫老和尚趕快離開，老和尚很無奈，問了莊園主人的名字後，冒著大雨全身溼透的回到寺廟。

三年後，老爺納了個小妾，寵愛有加，小妾沒有其他的興趣，就喜歡到廟裡上香祈

福，老爺於是陪伴小妾到寺廟上香禮佛，一進大雄寶殿嚇了一大跳，因為他看到自己的名字被寫在一塊顯眼的長生祿位牌上，而且還置放在大殿的正中間，他非常的驚訝，就問香燈師父牌位究竟是怎麼回事？

香燈師父說：「原來是你，終於等到你了！你知道嗎？我們住持在三年前某一天淋著雨回來，一進廟裡就告訴我們，他跟一位施主沒有結到善緣，要大家幫這位施主立長生祿位，每天為他祈福功德迴向，我們住持希望跟這位施主解冤釋結，至於這位施主是誰以及究竟發生什麼事就沒有人知道了。」

這位老爺聽了心裡覺得很不安，原來我這樣對待和尚，和尚不但不跟我計較，還誦經迴向功德給我，讓我身體健康諸事順利，老爺覺得非常慚愧，後來他就變成這間寺廟的大功德主，常常來親近老和尚、親近善法，這是一個發第一心轉化惡緣的故事。

將心提昇至佛心

要怎麼樣改變眾生跟我們的因緣？

如果我們用逃避的方式，或者用以冤報冤以眼還眼的方式，都沒有辦法徹底解決問題，最後得到的效果都不是很理想，怎麼辦？

答案是要用佛的方法。

佛陀教我們面對所有的境界、所有的困難、所有的眾生時，我們要發「第一之心」，佛陀的「第一之心」就是廣度一切眾生，就是四弘誓願的第一個願「眾生無邊誓願度」。

　　把自己的心放在跟佛一樣的位置其實就是提升自己的內心，就像五歲的小孩會為了玩具糖果或想得到大人的寵愛而跟自己年紀差不多的小孩吵架，所以他會過不去，因為對象一樣都是小孩，然而，如果是五十歲的大人會跟五歲的小孩計較嗎？由此可知，我們會跟他人計較，是因為大家都在同一個層次、同一個見識當中，我們看不到比對方更高明的見解，沒有辦法做出比對方更殊勝的反應，所以才會在境界當中過不去。

　　佛陀教我們要解決這些煩惱唯一的方法就是用第一心「我皆令入無餘涅槃而滅度之」，不跟眾生計較，眾生就是因為不懂，沒有智慧，才會用錯誤的方式對待你，我若跟他計較，到最後也沒有好結果，我的心就變成跟他一般見識。六祖大師說：「若見他人非，自非卻是左。」我們自己起煩惱心就會跟他人的煩惱心相感應，所以要起清淨的心、慈悲的心、願力的心，當我們起了這個心，就能夠徹底的度化眾生同時轉化我們的煩惱。

善用廣大心、第一心

　　廣大心，不分類別度無量無邊的眾生；第一心，我皆令入無餘涅槃而滅度之，就能很快速的解決現在所面對的問題。每一個人都可以像佛一樣，只是自己不知道罷了，

要相信自己的心，只要願意用佛這種殊勝的心來面對一切眾生就會發現身邊的這些因緣在改變。

　　修行學佛最大的改變就是自己願意做主，面對境界時就會放下期待別人改變的心。很多來學佛的人會告訴師父：「師父，您可不可以勸勸他，叫他對我好一點？」「可不可以告訴我，我要怎麼樣讓孩子孝順我？」「我好煩惱，因為我的媳婦都不聽我的話。」你會發現所有的問題會一直存在著而且很無奈的不能解決，這都是因為我們一直在期待別人改變，當你期待他人改變時，你就是把主動權交到了對方的手上，對方不改變你就痛苦萬分，這有道理嗎？這是解決問題的真理嗎？

　　真正的解決之道是唯有反求諸己，自己願意改變，才有辦法徹底跳出輪迴。

　　要繼續煩惱？還是要以廣大心、第一心面對所有的境界？選擇權在你自己手上，佛法講的就是這一種修行，如果我們永遠在期待環境改變、他人改變你的心才會快樂，那麼你不會有快樂的一天。

　　只有面對境界時問自己願不願意發廣大心、第一心，而不是問別人要怎麼樣來配合我們的修行，這樣就會找到降伏其心的方法。佛陀在大乘正宗分，直接提出最徹底的解決方法，就是發起跟佛一樣的心，而不是跟眾生一般計較的心，就可以徹底的解套。

如是滅度無量無數無邊眾生，實無眾生得滅度者。何以故？須菩提，若菩薩有我相、人相、眾生相、壽者相，即非菩薩。

3. 常心－長遠心

常，就是恆常，修行要發長遠心，所謂勇猛心易發，長遠心難持。就像我們現在來寫《金剛經》，第一堂課時很多人心懷好奇，甚至是興致勃勃地發一個勇猛的心，我一定要好好的把這一系列的課學完，要把這一座塔寫完，可是一堂課後，就開始斷斷續續，有時後來有時候不來，然後就是掙扎著到底要不要來，最後一天捕魚三天曬網，所謂學佛一年佛在心田，學佛兩年、學佛三年，慢慢地佛就離我們越來越遠。

有些人會跟師父說，他年輕時曾經想要出家，可是為什麼到現在還沒有出家？自己會解釋說是因為因緣不具足，等到自己已經七老八十了，想要學佛，想要精進，就又覺得這一生恐怕沒什麼機會能夠成就，所以就期待下一生吧。問題是下一生什麼時候會成就？說不定我們上輩子也是這樣想，要這輩子才來學佛；說不定在上上一輩子也是這樣想，甚至有的人想要等到彌勒菩薩成佛的時候再來修行，如此一拖再拖，成就遙遙無期，就會造成我們現在一事無成，既脫離不了輪迴，更沒有所謂的見地，也就談不上精進用功有什麼改變了。把希望寄託在所謂的將來，但將來首要條件是你還可以得到暇滿人身，否則你連學佛的機會都沒有啊。

道業的成就需要發長遠心，佛陀教我們皈依的時候就要發四弘誓願，對自己的發

心有一個長久的堅持，跟佛陀立一個長遠的承諾，要「眾生無邊誓願度，煩惱無盡誓願斷，法門無量誓願學，佛道無上誓願成」，無邊、無盡、無量、無上，代表的是我們一個長久的發心，日積月累才能日久功深。

藉由寫經，讓自己發一個長遠的心，這一堂課持續下去可以把整部《金剛經》學完，我們也可以不斷的發願寫完第一幅塔再寫第二幅、再寫第十幅、第一百幅，也許我們可以許下這一生能完成108幅的願心。有一位居士自己寫經的時候，他的家人希望可以得到這樣的一份禮物，所以他就在自己生日時發了一個願，希望他每一位家人生日的那天，他都可以寫一幅經送給家人讓他們能跟佛法結緣，如今他已經寫完五幅了。這是一份非常好的禮物，因為在這個世界上，它是獨一無二的一個法的贈禮，它代表的是我們無比珍貴的心，所以寫經這個法門練就的是一個長遠心，也就是「常心」。

4. 不顛倒心

「不顛倒心」是什麼意思？「滅度無量無數無邊的眾生，實無眾生得滅度者」，這就是「不顛倒心」。為什麼？因為菩薩發心不為名、不為利，不為任何個人的一己之私而發心，發的是一個純正的心、不顛倒的心，相反地，如果菩薩有我相、人相、眾生相、壽者相的話，就不叫做菩薩。

這裡提到了我相、人相、眾生相、壽者相等四相，這四相在《金剛經》裡非常有名，甚至有人認為所謂的四句偈，指的就是這四句「無我相、無人相、無眾生相、無壽者相。」

無我相—破除五蘊迷思

　　什麼是「無我相」？「我」是什麼呢？所有的人都認為有「我」，其實，「我」是一個假的集合體，由什麼集合？由五蘊集合而成。

　　想想看，我們是怎麼定義自己的？

　　我們會說我叫什麼名字，我出生在什麼家庭，我的長相、身高、體重、個性、喜好、興趣……等等，分類起來不外乎是由五種元素堆疊而成，這五種元素叫做五蘊—色、受、想、行、識。

「色」如聚沫

　　色就是色身，我的身體、我的長相、我的膚色、我的身材、我的體重，乃至於我的體質，我是健康是不健康，是好看還是不好看，眼睛是什麼顏色，耳朵又是什麼形狀等等，都是以這個身體為主。

　　仔細觀察自己的相貌，你有發現它時時刻刻都在變化嗎？佛陀說色是虛妄的，但是因為細胞新陳代謝的速度快又細微，以致於一般人無法覺知色時刻生滅的虛妄性，只覺得今天看起來跟昨天差不多，明天看跟今天差不多，便以為是同樣不變的，如果我們能夠仔細的做一個比對，會發現每年、每天、每一刻都不一樣。

在《楞嚴經》裡面，佛陀問波斯匿王在幾歲時看過恆河的水？波斯匿王說他首次看到恆河是三歲，那時跟媽媽一起去拜拜經過恆河，最近的一次就是這次要來聽法的路上。佛陀又問：「三歲的大王到現今六十二歲的大王，這中間有哪一個時刻是真實的？不變的？」波斯匿王回答：「三歲到六十二歲是剎那剎那念念不停，就像火變成灰一樣新新不住。」

有一首搖籃曲裡有句歌詞「一暝大一吋」，嬰兒在時間的流逝裡飛快地長大，小孩子在長大的同時，我們也在變老，從出生的這一刻開始，我們就不斷地奔向死亡。生、滅是世間的現象，每一個人都不能避免生老病死，這是色身的無常，但是，我們卻錯誤地認為自己可以長命百歲，所以在生日時，總是希望得到像壽比南山、福如東海這樣的祝福，總是希望自己的生命可以無限延長，在這種錯誤的想法當中就會產生很多的痛苦及恐懼，因為沒有一個人能得到不死之身。

「受」如水泡

除了色之外，五蘊中的受、想、行、識，都是屬於精神層面的集合體。

受，就是感受，我的感受包括情緒。每個人都會有一些情緒，有的人情緒變化很明顯，有的人雖然看起來很平穩，並不表示沒有情緒，因為當我們在接觸外境時，都是有感覺有感受的。

「受」也是不斷的在變化，是虛妄的。早上起來神清氣爽，覺得今天心情很好，結果出門遇到交通堵塞，心情一下子就煩躁了起來；在公司，沒來由的被老闆罵了一頓，感覺

就很鬱卒；好好的一天遇到一些不如意的事情，感受就變得不好。相反的，也許前一刻心情很不好，後一刻聽了佛法，或者是讀起經典，乃至於來上個課，感覺心情又好很多。所以我們的「受」是隨時都在變化的，所謂「受」如水泡，「受」就像水泡一樣，它一瞬間就破掉，有存在嗎？

「想」虛妄相想

　　每個人都有想法，這個「想」也是虛妄的，比如說我五歲的時候，每天都想看卡通，希望快快長大。因為在五歲小孩的心中，卡通是他生命的全部，可是到了五十歲時，你還會每天看卡通嗎？五歲的時候，我擁有一臺小火車就像擁有全世界，到了五十歲，就會覺得想要擁有的絕不只是個小火車，即使擁有了全世界，也可能還是不滿足的，到底是世界變了，還是我們的想法變了？還是擁有的變了？

　　「想」就是如此，是種虛妄的相想。三十歲時，回頭看二十歲的想法，覺得自己實在是太不成熟了；到了五十歲，經歷了些世間的滄桑，回頭再看看過去，又會覺得過去的自己跟現在的自己在想法上又有所改變，說得好聽一點叫做成熟，實際上這也是想的虛妄特質的顯現，如果我們能夠了解，就能善用它來成就自己。過去有位古德叫做蘧伯玉，常常反省自己，他說我三十歲的時候回頭想想二十九年以來，我的想法都是過失；到了五十歲，又覺得昨天以前都是過失。他透過不斷的推翻自己的過往，推翻自己、修正自己，而讓自己成為當時非常有德行的賢者。

一般人會堅持己見，正是因為覺得自己的想法是真實的，是真理，所以行為上就會有「順我者昌，逆我者亡」的一個我執的展現，但事實上「想」是虛妄的，兩個人有不同的想法，往往只是因為立場不同，所以看到的角度不同而已，如果你是老師，就會從老師的角度來看這件事；你是學生，就會從學生的角度來看這件事，在兩個相互爭執的人身上所謂公說公有理、婆說婆有理，到底哪一個才有理？我們如果沒有覺察到想是虛妄的，就很容易陷入「想」的一種我執固結裡。

「行」念念遷流

行，是遷流的意思，有身行、口行、意行，隨著過去、現在、未來的時間推進下，會形成一種慣性或現象。意識有意識流，是種思惟的慣性；說話也有說話的習性，像口頭禪，習慣用語；身也有不同的生活習慣，這些都是行陰的展現。

人在不知道自己的「行」是日積月累形成的一種軌跡時，就會以為這就是「我」，我的個性，我的特質，我的習慣，我天生就如此，遇到順著自己個性的，就喜歡這個人，這叫做「臭味相投」；遇到不對盤的，就會覺得這個人的想法、行事風格都與自己格格不入，到底誰是對的呢？

當我們執著「行」的時候，把「行」當成是我，而且堅持自己的特色跟風格，就會產生很多的對立跟衝突，事實上，「行」是虛妄的，我們要了解這件事情。

「識」生命的總報體

最後「識」也是虛妄的，所謂「識」就是生命的總報體，名為阿賴耶識、第八識。凡走過必留下痕跡，生命中所有的經歷，統統累積在八識田裡，形成一個個人獨特的生命記憶與生命故事。

我們累積了一生的種種，承載著這些悲歡離合，有一天告別世界時，我們帶著這一生的善善惡惡要總算賬，到下一生，又是新因緣的開始。如果我們這一生是人，我們愛的就是跟人有關係的親朋好友、名利財色，倘若下一輩子我們是一隻豬，你還會喜歡人所喜歡的這一切嗎？或者下一輩子是天上的天人，你會不會覺得現在所執著的這些都不值得一提？

故事2：人間的珍寶天上的地磚

以前有一個人往生了，由於在他這一生當中做了很大的善事，所以在他要往生前，他所信的神給他一個承諾，說：「你要上天堂，我給你一個機會，你可以隨身攜帶一個行李箱，將你最喜歡的東西帶到天堂去。」結果他就想：「什麼是最有價值的？」就趕快把他倉庫裡珍藏的黃金全部塞進他的行李箱裡，當他氣喘吁吁滿身大汗的拖著行李箱來到天堂門口時，天堂的守衛天使就很好奇地問他：「你搬得是什麼東西？怎麼搬得這麼辛苦？可不可以讓我看看？」這個人就很得意，他說：「我把珍藏了一輩子世間最寶貴的東西帶來了。」

等他打開行李，天使看了之後笑到前仆後仰：「你為什麼帶著一箱地磚上來？這裡到處都是，這是我們踩在腳底下非常普遍的東西，在你們人間竟然奉若珍寶，實在是太可笑了！」

我們這一生所愛的人或事物，真的這麼真實嗎？是不是因為你身而為人，所以才會在意這一切？如果下一輩子你已經不是你，跟你有關係的這一些生命記憶又在哪裡？我們常常看不破眼前的名利得失，在其中走不出來，心裡產生很多的憂悲苦惱，那麼我們要知道，如果我們能夠看清楚「識」是虛妄的，這一生，我們就可能會多一分灑脫，多一分輕鬆自在。

一一分析色、受、想、行、識這五法之後，會發現其實它真的是非常虛妄，我們所謂的「我」，就是由色、受、想、行、識集合起來的一個假合體，請問有「我」嗎？這就是所謂「無我相」的真理。現在看到的「我」，這麼在意的「我」，心心念念的「我」，根本不存在的「我」，卻是無盡苦痛與煩惱的來源。

故事3：蘇東坡與佛印四大本空五蘊無我之爭

宋朝大文學家蘇東坡時常去拜訪他的好朋友佛印禪師，兩人也常常在佛理上互相測試對方，有一天蘇東坡去找佛印禪師，看到大殿裡擠滿了信眾，當時佛印禪師正在講經。

佛印禪師看到蘇東坡來了就說：「蘇居士，您來得真不巧，這裡沒有您的位子。」

蘇東坡聽了知道這句話裡含著禪機，所以也就針鋒相對地答說：「既然如此，為什麼不暫借你的四大來當作座位？」

　　我們的色身是由地、水、火、風四種元素組成的，這四種元素稱為四大，地大就是堅硬的部分，像身體裡的骨頭；水大就是濕潤的部分，像血液、尿液、淚液；火大就是溫度，像我們的體溫；風大就是流動，像我們的呼吸，人的色身，就是由四大假合而成。蘇東坡回答佛印禪師「暫借你的四大來當作座位」，意即要坐在佛印禪師的身上。

　　佛印禪師就回答說：「好啊，但是我有個問題問你，如果你回答得出來，我就把身體給你當座位，如果你回答不出來，那麼就要以你腰上的玉帶當賭注。」

　　於是佛印禪師就問：「剛剛蘇居士說要借我的四大來當座位，表示居士您是懂佛法的，佛經上不是說四大本空，五蘊無我嗎？請問居士，您是要在哪裡坐呢？」

　　佛印禪師所說的其實就是：「菩提本無樹，明鏡亦非臺，本來無一物，何處惹塵埃。」本性本空的道理讓蘇東坡啞口無言，只好認輸。

　　佛印禪師就說：「蘇學士輸卻玉帶也。」

不執著我相才能行菩薩道

四大本空，五蘊無我，可是到了生活中，我們卻常常為了一個「我」而跟人爭得面紅耳赤，心裡憤憤不平，「我相」很重會帶來我貪、我見、我癡、我慢這四種煩惱。

如果始終看不清楚四大本空五蘊無我的道理，一直用一個執著有「我相」的想法來行菩薩道來度眾生，就會執著這個眾生是我度的，生起我比你厲害的慢心，要知道，有了我相就會有眾生相，就會有一切相。

我相本空，眾生自性本空，所以度一切的眾生沒有「我相」，也沒有眾生相；沒有眾生相，就沒有人相、壽者相。我相、人相、眾生相、壽者相，其實它是連帶的，以「我相」為根本。

菩薩發心是菩提心的發心，而不是妄想心的發心，不是為了要一爭長短，不是為了要表現自己的能力去拚業績，也不是為了要累積功德而做，菩薩度眾生，就是「成就一切眾生成佛」的發心，所以才能廣度無量無邊的眾生，實無眾生得滅度者。

我們都知道地藏王菩薩發的大願是「地獄不空，誓不成佛，眾生度盡，方證菩提。」有一位居士跟師父說，他覺得地藏王菩薩是最執著的菩薩，因為他說地獄不空誓不成佛。其實在地藏王菩薩的心裡，根本沒有地獄這件事，地獄怎麼來的？地獄是我們的執念，到最後形成一個牢籠把自己給框架住，讓自己的貪、瞋、癡來摧殘了自己，所以我們要把自

己的心放寬，用般若自性來療癒身心。

所謂「眾生」，是眾緣和合而生，眾緣別離而滅，既然是夢幻一場，為什麼要產生分別念而耿耿於懷？有時候，沒有辦法過去的這個坎，過了一段時間，甚至十年、二十年後再回過頭來看，會不會覺得當時的確是太過於意氣用事？既然沒有過不去的坎，為什麼我們會著眼在眼前，而不願意放自己一馬？

有一位居士來學佛，總是向人抱怨她的婆婆，有一天，她又跟師父提到她婆婆是怎麼樣欺負她，又是怎麼樣的刻薄，最後我就問她一句話：「妳婆婆已經往生多久了？」她說：「已經往生十年了。」我說：「既然已經往生十年了，為什麼妳還放不下她？」她突然恍然大悟，原來如果你始終斤斤計較、耿耿於懷對方的過失，其實你放不過的是自己，不是放不過對方。

以廣大心、第一心、常心、不顛倒心寫經

《金剛經》的書寫，《金剛經》的讀誦，《金剛經》的修煉，都是直指人心，只要我們發菩提心，就可以把自己的真心啟動而超越妄想我、假我，希望大眾藉由《金剛經》的修煉，能夠知道什麼是值得追求的，什麼是不要太罣礙的，慢慢練習，慢慢的在自己心裡建立一座金剛塔，這座金剛塔就是菩提心之塔，那麼我們在修菩提心，在寫經，就非常有意義了。最後還是要再次強調，這不是一堂書法課，這是一堂修行課，希望大眾用一個清淨心來降伏其心，同時發廣大心、第一心、常心、不顛倒心，這樣

就不虛此行，不枉此生。

溫故知新

問題 1. 菩薩為何要度眾生入無餘涅槃？

問題 2. 要降伏自己的心就要發跟菩薩一樣的心，菩薩是發哪四種心呢？

問題 3. 須菩提問「云何應住？云何降伏其心？」為何佛陀先回答「云何降伏其心」而不照順序回答呢？

問題 4. 請問是什麼是四大？什麼是五蘊？

《金剛經》妙行無住分第四

復次，須菩提！菩薩於法，應無所住，行於布施。所謂不住色布施，不住聲、香、味、觸、法布施。須菩提！菩薩應如是布施，不住於相。何以故？若菩薩不住相布施，其福德不可思量。須菩提，於意云何：東方虛空，可思量不？不也，世尊。須菩提，南西北方，四維上下虛空，可思量不？不也，世尊。須菩提，菩薩無住相布施，福德亦復如是不可思量。須菩提，菩薩但應如所教住。

妙施圓波羅
行不執六塵
無住福難量
住真方菩薩

復次，須菩提！菩薩於法，應無所住，行於布施。

前言：云何應住

〈妙行無住分〉是回答須菩提所提「云何應住？云何降伏其心？」的第一個問題「菩薩摩訶薩，云何應住？」，在這一分，佛陀回答：「菩薩於法，應無所住，行於布施。」直接提示了安住真心的修行入手處要從布施開始。

這一分的重點有兩個，一個是布施，另一個是布施時應無所住，就可以成就最圓滿的波羅蜜功德。

布施含攝六波羅蜜

有人問《金剛般若波羅蜜經》不是應該講說般若波羅蜜嗎？為什麼會談到布施？

彌勒菩薩對於這一分作了一個總攝的偈語：「檀義攝於六，資生無畏法；此中

一二三，名為修行住。」檀是梵文，意思是布施，布施的深意就包括了六波羅蜜，如果布施修得好，等於圓滿了六波羅蜜，所以修行住要從布施開始。

布施的種類：財布施、法布施、無畏布施

布施包括資生、無畏、法三類，也就是財布施、無畏布施、法布施。

財布施，分外財的布施與內財的布施兩種。外財包括衣服、飲食、臥具、湯藥等衣食住行的提供，乃至於金錢的供養都是外財布施；內財包括捐血、捐心肝脾肺腎等，甚至是來當志工，協助搬桌椅、招呼大眾，把自己的時間布施出來為大眾服務，這個就是一種內財的布施。如果有一些專長，譬如開車、煮飯、電腦、設計、藝術，這些都是屬於自己個人的資財，供養這些個人的資財也是屬於內財供養。

無畏布施，當有人遭逢人生路上的挫折和失敗時，需要的是一種支持，如果我們能在他人受苦時給予對方心靈上的撫慰，能消除他們心中的憂慮恐懼，或是讓對方生起內在智慧和勇氣去面對困難，就叫做無畏施。

阿彌陀佛的立相當中，手朝下叫做無畏施印，代表的是無量的慈悲，接引需要幫助的一切眾生。菩薩是千處祈求千處應的，應眾生的祈求，在大眾徬徨無助的時候，永遠無條件的給予安慰，讓飽經苦難的心靈得以歇息。

「冥冥大夜中，三寶為燈燭，滔滔苦海內，三寶為舟航，燄燄火宅中，三寶為雨澤。」今生遇到佛、法、僧三寶是我們無量的福德，是我們多生累劫的善根因緣成就，所以來學習佛法得到佛法的滋潤與引導，就要把這一份清涼供養給一切大眾，分享給更多需要的人，接引更多有緣的人，讓大眾能夠得到三寶的廣大護念，這就是一個非常殊勝的無畏施。

法布施，《華嚴經》教我們為法忘軀，求法若渴勤修善根，這個就是最好的法布施；如果有人在生命的十字路口上彷徨猶豫，你介紹他金剛經寫禪班，線上共修課程，讓佛法為對方解惑，這是法布施；甚至於我們的一句一偈，乃至於一聲問候、一個微笑，或者是一句開導、一句安慰，都可以讓人心開意解，這些都是法布施。所有的供養與布施當中，法供養是最殊勝的，可以讓一個人轉凡成聖，從黑暗走向光明。

修布施的心態

我們能夠修行布施，常常只在一念之間，修行布施要修到純粹，要修到最殊勝，要修到不執著，要修到無我、無人、無眾生、無壽者，就要回頭看看自己修布施的這個心最初動念是什麼，佛陀在這個地方就教我們修布施要用什麼樣的心態來做。

我們喜歡看到好的，見到好色就產生貪念，見到好物就心生佔有、執取，世間的人為了爭奪各種名利財色無所不用其極，認為擁有越多就表示自己越有能力，因此可以為了眼前的利益父子反目兄弟鬩牆，甚至夫妻對簿公堂，雖然俗諺云「人不為己天

誅地滅」，但也是這個世間苦難的來源，所以要解決根本性的問題就要練習布施。
布施，是一種捨，一種無住，一種不執著，一種超脫。

所謂不住色布施，不住聲、香、味、觸、法布施。

不住六塵行於布施

修布施，要用什麼心態？「菩薩於法，應無所住，行於布施。所謂不住色布施，不住聲、香、味、觸、法布施。」色、聲、香、味、觸、法，是所謂的六塵境界，也是一種相。

菩薩修布施時，首先要能不住「色」布施。

色塵包括顏色、相貌和形狀，所謂不住色布施，指的是我們見到好境心不生貪愛而行布施。譬如看到美景，有很多人就會想要蓋個漂亮的房子在那兒，然後又蓋個很高的圍牆圍起來，只想佔有並獨享，這就是一種對好境的執著，只要一執著了就很難將這個好境與人分享，首要的不住色布施就做不到了。

我們不要一心只想將最美的地方佔為己有，如果能將所有的美景與大眾一起同享，這就是佛國淨土。法界中最美的地方是阿彌陀佛的淨土，這片淨土是黃金為地，琉璃為池，還有很多七寶行樹圍繞，有各種妙音、珍寶與美景，我們光是看到佛說《阿彌陀經》上的這一番描述就會心生嚮往，但是阿彌陀佛有沒有把他的淨土關起來只有自己獨享？沒有。

在經典裡提到，只要願意去阿彌陀佛的淨土，僅需稱念他的名號，就是你只要念他的名字，乃至十念就可以歡迎光臨。怎麼會有這種人，都不怕被搶劫？想想看，如果你家裡有黃金打造的某一種貴重器皿，或者是琉璃打造的一間房間，是不是就要找很多的保鏢，請很多的警衛來保護自己免得發生搶劫？為什麼同樣的情景在淨土是人人皆可參觀，人人皆可共享，人人皆可安居，到了地球上卻變成你不可以來，我不可以去，要被獨佔，要劃清界線？人與人之間為了名利財色勾心鬥角，國與國之間為了資源你爭我奪，古今中外多少戰爭，犧牲多少蒼生的生命，全部源自於對世間的六塵、五欲所產生佔有執取的心。

如果我們能用布施來轉化，就可以轉穢邦而成淨土。

菩薩要改造這個世界會先從布施開始來逆向操作，布施就是一種「捨」，把慳貪的心給捨掉，如果我們有一個布施的念頭，當我們看到色、聲、香、味、觸、法六塵時，就不容易產生佔有的心，只要有一念布施的想法，就能逆反我們想佔有的、執著的心，這樣修行慢慢就會圓滿，就能讓我們的心達到自在，可是一般人常常不知道如何來著手。從下面這個故事，我們可以看到一個有智慧的人如何來成就布施，如何把布施變成一個做得到的簡單的修行。

故事1：前三三與後三三

無著文喜禪師是唐代著名的禪師，他七歲時出家，爾後四處參訪善知識，他參訪

五臺山時，得到了文殊菩薩示現為其指點迷津。

　　當時文喜禪師前往五臺山華嚴寺，在後山金剛窟禮拜，遇到一位老翁牽牛而行，邀請他進入寺院，老翁帶著他到門口，然後呼喚均提，一位童子聞聲出來迎接他們。

　　老翁問：「你從何方來？」
　　文喜禪師答：「南方。」
　　老翁又問：「南方的佛法如何住持？」
　　文喜禪師答：「末法比丘，少奉戒律。」文喜禪師感歎現在這個時代是末法時代，比丘素質參差不齊，少奉戒律。
　　老翁就問：「住有多少人？」
　　文喜禪師回答：「或三百或五百。」
　　文喜禪師反問老翁：「此間佛法如何住持？」

　　老翁回答：「龍蛇混雜，凡聖同居。」這句話是在說北方佛法的情況是龍蛇混雜、凡聖同居，其實也在提點文喜禪師，如果你知道這個世界在凡人的地方有聖賢隱居，那麼你不該用凡夫之見看待修行的人，除非你有足夠的智慧，才能分辨得出到底誰是真在修行。文喜禪師之前對於南方修行人的評價是充滿負面觀點的，老翁告訴他，不只是南方，北方也是如此混雜，只是你能不能辨識得出誰是真修行人。

　　接下來文喜禪師又問：「有多少眾呢？」

老翁回答：「前三三，後三三。」

説完老翁便呼童子上茶與酥酪點心。文喜禪師品嚐著茶和點心，頓感心意豁然。

老翁拈起玻璃盞，又問：「南方還有這個否？」

文喜禪師説：「沒有。」

老翁進一步問：「尋常將甚麼喫茶？」平常拿什麼來吃茶？文喜禪師一時語塞，不知該如何回答。

老翁的這句問話是有禪機的。

過去趙州老人喜歡請人喝茶，是為「趙州茶」，不管誰來參訪，老參還是新學，他總是請來訪的學人吃茶去。

有一天座主請示趙州老人，為什麼不管是誰，師父您都叫他吃茶去呢？

老人回頭看了他一眼説：「座主，你也吃茶去吧！」

吃的是茶，是香片還是烏龍？吃的是春茶還是老茶？是茶的問題？還是吃茶的這一念心？你用什麼心吃茶？

同樣的，我們在寫經，有人寫的是楷書，有人寫的是篆體。不是楷書、不是篆體，也不是毛筆，是你用什麼心來寫這一部經？

這一切的色、聲、香、味、觸都是境，你用什麼心來面對這一切的境？每天來來去去的這一些人，有人能順你的意，有人能入你的眼，但不如意事總是十常八九，這時候你又該如何自處？

文喜禪師面對老翁的問話「尋常將甚麼喫茶？」不知如何酬對。

這時天色漸晚，文喜禪師便問老翁：「我可否在這個地方掛單一宿？」

老翁說：「你還有執心在，不得宿。」已經下逐客令了，文喜禪師還是不放棄，他說：「某甲無執心。」我沒有執著。

老翁問：「你受戒嗎？」

文喜禪師回答：「受戒受很久了。」

老翁就問：「你如果沒有執著的心，何用受戒呢？」文喜禪師一聽，不得不告辭。這一段對話很容易讓人產生誤解，是不是受戒的人就代表他有執著？很多人說，我沒有執著，所以我不要受五戒，其實不是戒的問題，只要有執著的心，無論受戒與否，都是執著。

六祖大師講：「心平何勞持戒。」我們要問的是「你的心平了嗎」？如果不平，不妨用戒律讓自己的心可以平，心平了，自然而然戒律就不是我們的束縛。

文喜禪師前面在解讀南方的末法比丘時，就是以戒律來做為評斷的標準，戒行是否清淨，只有持戒之人自己知道，而不是用外顯的行為來判斷你是否真的是一個持戒之人，文喜禪師只從表相就妄下斷言「少奉戒律」，無怪乎老翁說他還有執心在，所以真正的戒是戒除自心執念。

於是老翁便令童子送文喜禪師出寺。

在路上，文喜禪師問均提童子，請問剛才講的「前三三後三三」到底是什麼？

童子突然叫了文喜禪師一聲：「大德。」

文喜禪師應諾。

童子問：「是多少？」

可惜在這樣禪語當中，文喜禪師還是沒有辦法理解。這裡「前三三後三三」的意思是南方的佛法跟北方的佛法差不多，重要的是如果你的心不開，到哪裡求法都一樣，重點是你有沒有照著佛陀的教法如說修行，還是只是四處追逐尋訪善知識。

文喜禪師問童子：「此為何處？」

童子回答：「此是金剛窟般若寺也。」文喜禪師一聽，突然明白，原來那位老翁就是文殊菩薩，回頭再找那位老翁已經不可得。

文喜禪師就向童子稽首，希望均提童子可以給他一句開示，童子就說了一首對我們每一個人來講都非常重要、非常好的一段偈語：

「面上無瞋供養具，口裡無瞋吐妙香，心裡無瞋是珍寶，無垢無染是真常。」

說完，童子均提便與寺廟一起都消失了，文喜禪師抬頭一看，只見天空五色祥雲中，文殊菩薩乘著金色獅子一下子就隱沒不見。

身口意都是布施的工具

「面上無瞋供養具」，修布施不用大富大貴才能做，我們的身、口、意就是最好

的布施工具，如果我們能每天都和顏悅色，用自己最莊嚴的外相與微笑來供養一切大眾，這就是最殊勝的供養。

「口裡無瞋吐妙香」，嘴巴可以說出好話，也可以挑撥離間。口業有四種過失：兩舌、惡口、妄言、綺語，但也有無量的功德，例如佛陀說法可以度無量無邊的眾生，隨類各得解，是為廣長舌相，但我們少了一個廣字變成長舌，如果我們從自己的口業去練習，修到能夠口吐妙香，那就是福德無量。

「心裡無瞋是珍寶，無垢無染是真常。」在淨土經裡講，我們在娑婆世界的修行，只要能保持一天一夜不起煩惱、不生氣、不貪念、不傲慢、不執著，勝過在淨土為善百年。這樣比起來，在這個世界修行的投資報酬率太高了，同時也可以看到在娑婆世界修行確實不簡單。

常常有人會說，我在佛法裡明明學得這麼好，師父的開示都讓我心開意解法喜充滿，為什麼我這麼歡喜地回到家，看到那個人，那個表情，聽到那句話，我就火冒三丈？前面的法喜突然間就煙消雲散，這到底是怎麼一回事？

要知道，修行的法喜要能夠真正滲透到心靈裡，才能成為我們快樂的來源，不要去要求境界要如何，面對好的境界或壞的境界，只要記得佛陀教我們的「應無所住，行於布施。」把境界捨出去，慢慢的碰到境界我們就可以超越它，不受它的控制，好的境界不生貪著，惡的境界也不生煩惱，這才是最殊勝的布施。

從這個角度來看，布施一法就包含了持戒、忍辱、精進，以及大禪定，甚至大智慧，所以一個「布施」法門，其實是包括了六波羅蜜在其中的。

這段偈語可以作為我們的座右銘，讓修行變成日常當中身、口、意的習慣，隨時念念在道上，念念不執著，念念反照自心，心念不空過就能滅諸有苦。

學習《金剛經》，用般若智慧來過生活，最重要的入手處，就是要懂得捨得，懂得布施，布施到最後把煩惱、把我見、把對立，把過去的痛苦通通捨出去，自然而然就會得到大自在。

故事 2：佛陀度化慳貪老翁

在佛陀時代有一位慳貪成性的老翁，他非常喜歡佔便宜，只要哪裡有法會他一定去，因為在法會中會有很多人供養佛，佛陀接受大眾的供養之後，會把他得到的這一切再轉布施給所有的大眾，老翁每會必到，不是為了聽佛陀說法，而是為了得到佛陀布施的珍寶。

這一天法會結束後，大眾按照往例排著隊準備領取佛陀的布施，老翁排在隊伍的最後面，眼見佛陀把所有的東西一直布施出去，最後手邊只剩下一包糖果。老翁從來沒有吃過這種糖果，所以非常渴望能得到這一包糖果，輪到他時，他直接就跟佛陀說：「佛陀，您可不可以給我這一包糖果？」佛陀說：「可以，但是你要先說我不需要這一包糖果。」

老翁愣了一下，這是什麼邏輯？「我不需要這一包糖果」？如果我講了，佛陀會不會說因為我不需要，所以這一包糖果就不給我了？怎麼辦？可是佛陀說我要得到這一包糖果就必須要說「我不需要這一包糖果」，他才要給我這一包糖果，我到底該講還是不該講？

最後，他看到佛陀慈悲的眼神，決定相信佛陀，可是當他要說出這一句話時，突然發現他的嘴好像被什麼東西卡住一樣，吞吞吐吐就是講不出來，一句「我不需要」這四個字，講了半天一直吐不出來，弄得滿頭大汗後終於把這一句話給講完了，佛陀聽完老翁的話後立刻把這包糖果交給他，老翁心滿意足的帶著這一包糖果離開會場。

所有的弟子都看到這一幕，於是阿難問佛陀：「佛陀，您既然要給老翁這一包糖果，為什麼又要叫他說我不需要這一包糖果，這不是很矛盾嗎？」

佛陀說：「這位老翁五百世以來都慳貪成性，他的心裡從來沒有『不需要』這三個字，也從來沒有起過『不需要』的念頭，今天他為了要得到這一包糖果，我讓他在他的八識田中種下了『不需要』這三個字，種下了一個布施的種子，一個捨得的種子，將來有一天，它會開花結果，解脫他慳貪的業報。」

佛陀真的是用心良苦，為了要讓我們起布施的心，讓我們有機會從無始劫的慳貪中解脫，於是他在《金剛經》裡教我們，要能夠成就無上的智慧就從布施來入手。

佛陀對須菩提說：「須菩提，菩薩於法，應無所住，行於布施。」就是在告訴我們要從布施作為初門，最後達到圓滿，可知布施這個法門是非常殊勝的。

故事 3：貪得無厭的蝜蝂蟲

　　唐朝柳宗元曾經寫過一篇短文，講到傳說中有一種蝜蝂蟲，在爬行中凡是遇到東西就抓取過來，仰起頭揹著，背負的東西越來越多越來越重，即使非常疲累也不停止，牠的背很粗糙，所以物體堆積再多也不會散落，最終被壓倒而爬不起來。有時候人們可憐牠，替牠除去背上的物體，可是只要牠還能爬行，就會像先前一樣抓取物體。牠又有另外一個習性，就是喜歡往高處爬，用盡所有的力氣也不歇息，直到跌落到地面上摔死。

　　柳宗元用蝜蝂蟲來譬喻當時世間很多貪得無厭的人，見到錢財就不放過，見到想要的就執取，不知道財物會成為自己的累贅，只擔心財富積聚得不夠多，等到壞事做盡東窗事發，有的被貶斥罷官，有的被流放邊地生死未卜，但如果再次被啟用或得到權勢仍不知悔改，成天只想著如何提高自己的官位，增加自己的俸祿，更變本加厲的貪取錢財，因而面臨著從高處摔下來的危險，雖然有前車之鑑，仍不知引以為戒，即使他們的外形看起來龐大，他們的名義叫作人，可是智慧卻和蝜蝂小蟲一樣，實在太可悲了！

　　慾望，是痛苦的來源，它會使我們像蝜蝂蟲一樣不斷的抓取，會讓我們忽視傷身害命的風險，最終身敗名裂難以回頭，但我們卻還是固執地不願停止，所以佛陀告訴須菩提：「菩薩於法，應無所住，行於布施。」

須菩提！菩薩應如是布施，不住於相。何以故？

拔除痛苦根源的捨－布施的心、布施的對象、布施之物

　　要把痛苦的根源拔除，第一件事情就要修「捨」，也就是布施。

　　布施包含了能布施的心，所布施的對象，以及布施之物。這三者之間應該要怎樣平衡才可以達到圓滿？最圓滿的布施是所謂的三輪體空，也就是能布施的心，所布施的對象，以及布施之物三者的體性都是空性的，都不能執著，但我們首先要明白佛陀說應「不住色布施，不住聲、香、味、觸、法布施。」這個無所住，就是不住在色、聲、香、味、觸、法這六塵上，意即不著世間所有的塵境。

　　一般人在沒有弄清楚布施真正的意義時，幾乎都是以有所求的心在做布施，做好事得好報所以布施，這是人之常情，但有所求就是一種執著，用這樣的心修布施，最好也不過是得人天福報而已。為什麼在這個地方佛陀告誡須菩提：「菩薩應無所住而行布施」呢？佛陀就為須菩提分析了「菩薩應如是布施，不住於相」的道理。

　　不住於相就是不住色、聲、香、味、觸、法這六塵境界，這些塵境的「相」，有好色、有壞色；有好聽的、不好聽的；有舒服的、不舒服的。我們對「相」的感受總是主觀認定好與不好的兩種，一般人趨吉避凶，總是喜歡追求好的、順心的境界，過程中會心生執著，順境產生貪念，逆境產生瞋念，如果以有所住的心來行布施，我們就會被順逆兩種境界所欺騙，看不見自己已經掉進了執著的狀態裡，結果修到最後反而招來無盡的煩惱，這就是

佛陀特別告誡須菩提的原因。

若菩薩不住相布施，其福德不可思量。須菩提，於意云何，東方虛空，可思量不？不也，世尊。須菩提，南西北方，四維上下虛空，可思量不？不也，世尊。須菩提，菩薩無住相布施，福德亦復如是不可思量。須菩提，菩薩但應如所教住。

不住相布施的福德不可思量

佛陀跟須菩提說：「菩薩應該不住於相而行布施。」為什麼？「若菩薩不住相布施，其福德不可思量。」

不住相布施的福德是什麼？就是它的福報會不可思量，如果福報只是有限的人天福報，想要把福報擴展到不可思量，最簡單的方法，就是以不執著的心來行布施。

這裡佛陀就用虛空作譬喻，他問須菩提：「東方虛空，可思量否？」須菩提回答：「不也，世尊。」「南西北方，四維上下虛空，可思量不？」「不也，世尊。」

虛空是沒有邊際不可思量的，有了執念，就像虛空當中有形有相，只要這個世間是有相的，就有其極限，如果通達諸法的空性如虛空一般，就會擴展到無邊無際，超過能思量的範圍。

所以菩薩應如是布施，用不執著的心，就能夠把布施的效果、福報達到最大的效應，達到無窮無盡的效果，同時利益所有一切眾生。

故事4：梁武帝求「真」功德？

禪宗裡有一個這樣的公案，禪宗初祖達摩祖師千里迢迢來到中國，會見了當時被稱為佛心皇帝的梁武帝。

梁武帝問：「朕一生造寺度僧，講經說法，而且推廣素食，自己也非常簡樸，穿得跟平民沒有差別的粗布衣裳，叫做布衣皇帝，做了這麼多的事情，有多大的功德呢？」

達摩祖師來到中國為的是要找一個能夠超越凡塵的出格之人，面對梁武帝，看到他雖然做了這麼多的善事，福德很殊勝，但是他卻因此感到沾沾自喜，覺得為他可惜。

達摩祖師想要點醒梁武帝，給他當頭棒喝，於是回答：「毫無功德。」

梁武帝非常驚訝：「為什麼毫無功德？難道我所做的這一切都是沒有效果的嗎？」

達摩祖師就回答：「此但人天小果，有漏之因，如影隨形，雖有非實。」意思就是你如此護持佛法，的確有很大的功德效應，可是因為你的心是執著的心，所以把殊勝的功德變成人天之福，即所謂的人間的福報，作為人是富貴中人，有權有勢，但也不過就是在人

道當中稱霸，即使升天在天上享福報，也還是會受六道輪迴之苦，最終還是有漏的，如果你要求真正的功德，應該要從內心當中破除執著、破除執念來入手。

皇帝就問：「如何是真功德？」

達摩祖師回答：「淨智妙圓，體自空寂，如是功德，不以世求。」這一念心是清淨的，清淨的智慧既微妙又圓滿，這是我們每一個人本具的佛性，只要好好的長養它，好好的護念它，不讓它受染污，自然而然就能夠保持最殊勝的功德，可是因為你眼前的沾沾自喜，為了自己的積功累德而產生了執念，這個執念就把清淨的自性給染污了，非常可惜。

皇帝就問：「如何是聖諦第一義？」

祖師回答：「廓然無聖。」要說「聖」，如果有一個念頭是聖，就不是聖。

一般人總是計較於名利財色，你做這些事情是不是為了沽名釣譽？你想要得到一個美名，想要受到大眾的肯定，這就是有相的追求，心中如果還有為了「得到什麼」的執念，這就是執著了「有」，就會讓我們失去大好的解脫機會。

皇帝非常的不開心，因為他被潑了一個大冷水，跟期待中的歌功頌德完全兩回事，覺得跟達摩祖師不相應，於是就送客了。達摩祖師一葦渡江飄然而去，到少林寺的後山靜坐，以待有緣人。

達摩祖師走了之後，梁武帝的國師誌公和尚匆匆忙忙的跑來，說：「聽說觀音大士來到我朝，請問皇帝您見到他了嗎？」這時候梁武帝才知道，原來剛才被他送走的

達摩祖師是菩薩的化身。

試想，如果達摩祖師來到中國是為了傳法，當然一定會遇到當代最護持佛法的皇帝，位高權重的皇帝掌有生殺大權，為什麼達摩祖師要冒著生命的危險去觸怒皇帝？

達摩祖師不是為了要讓皇帝不舒服，而是一種真正的慈悲，希望梁武帝可以有所領悟，能超越他現在所修的人天果報。

當我們能夠發現自己的執念，放下執著之後，它後續的功德有多殊勝？在〈妙行無住分〉裡，就是佛陀跟須菩提說的如虛空一般不可思量。

故事 5：瀟灑面對人走茶涼的社會現實

一位美國前國防部副部長應邀去大型的會議演講，他站上講台拿著事先準備好的講稿，然後喝了一口一起帶上講臺裝在紙杯裡的咖啡，接著又再喝一口，他低頭看著杯子露出微笑。

「你們知道嗎，」他拋開講稿說：「去年我在這裡演講，參加相同的會議，使用相同的講臺，但當時我還是副部長，我搭商務艙過來，飛機降落後，有人在機場等我，送我去旅館，抵達旅館後，另一個人在等我，他們已經幫我辦好入住手續，所以直接給我鑰匙，送我到房間。　第二天早上我下樓時，大廳再一次有人等我，送我到這個會場，我被帶著

走後門進來，直達後臺休息室，然後有人送上一杯裝在美麗陶杯中的咖啡。」

「但是今年我在這裡跟各位演講時，我不再是副部長，」他繼續說：「我搭經濟艙過來，昨天抵達機場時，沒有任何人來接我，於是我搭計程車到旅館，自己辦好入住手續，自己走進房間。今天早上下樓到大廳，我叫了一輛計程車送我到這裡，我從前門進來，自己找到後臺，在後臺，我問這裡的某個人是否有咖啡，他為我指了指靠在牆邊桌子上的咖啡機，於是我走過去，自己倒杯咖啡在這個紙杯裡。」他舉起杯子給觀眾看。

「我忽然領悟，」他繼續說：「去年他們給我陶杯，根本不是因為我的關係，而是因為我有一個職稱，我只該拿到紙杯。」

「這是我可以教給大家最重要的一門課，你可能會從職務或地位得到所有福利、好處和優勢，但這些其實不是特別給你的，而是給你擔任的角色，當你脫離那個角色，到時候他們就會把陶杯給取代你的人，你永遠只該拿到紙杯。」

多麼一針見血的開場。

在職場中，人走茶涼是每個人要知道的人情世故，當你離開職務，要明白自己已是江湖的過客，倘若有人偶爾想起你的故事也別得意，因為遲早也只會變成江湖的傳說，如果你用你的頭銜與人相處，有一天你會發現自己越來越孤單，因為你並不知道自己已經在身分地位的這個相上執著了，所以菩薩是不住於相的。

若菩薩不住相布施，其福德不可思量。如果用真心與人交心，你會發現生活越來越充實，不問自己有多成功，只問自己是否用真心待人，深信人走茶依然是熱的。故事發人深省，但是有多少人能夠看清楚？當你名片上的職務沒了，頭銜沒了，你還剩下什麼？

禪宗祖師説「本來面目」，我們這一生帶著各式各樣的面具，扮演各式各樣的角色，累積各式各樣的恩怨情仇，最終看不破放不下的，其實只是一個虛妄的外表，如果我們能夠看清楚，能夠觀察入微，你就能夠真正的從這些虛假的迷霧當中掙脱出來。

要放下，其實只是一念之轉，但放下並不是放棄，也不是什麼都不做，而是不執著，但要怎麼做才能夠不執著？

故事 6：兩手空空如何放下？

從前印度有一個修得五種神通的梵志，人人都稱他為五通梵志（徹視、洞聽、自在飛行、自察心念、知人來生）。他很善於説法，常常感動天女來散花、天龍八部來護法，連閻羅王也來聽法。

有一天閻羅王聽完法後卻在一旁哭泣，梵志就過去安慰他，並且問他為什麼在哭？閻羅王説：「梵志，您雖然善説法要，但是尚未得到漏盡通，生死還未了，七天之後，你就會墮入我所掌管的地獄，我因為這件事而哭泣啊。」

梵志聽了大驚，心情非常抑鬱，不知如何是好，香山的善神們就跟梵志説可以去請示釋迦牟尼佛。

於是梵志拿了梧桐及合歡兩棵華樹來供佛。

佛陀看見他進來就説：「梵志，放下。」於是他將右手拿的梧桐樹放在佛陀的右邊。

佛陀又説：「梵志，放下。」他又把左手拿的合歡樹放下，然後空手默然而立。

佛陀再次説：「梵志，放下。」

梵志很納悶不解的説：「我已經兩手空空了，為什麼您還要叫我放下？」

佛陀説：「我並不是要你放下手中的華樹，而是要你將六根、六塵、六識全都放下。」五通梵志終於聽懂佛陀的話，立刻通身放下，頓證阿羅漢果位，解脱自在。

不住相布施是真功德

禪宗有一句話説：「桶底脱落」，學習放下要先從「執著」的念頭去觀察。

常人所在意的，不外乎就是對於色、聲、香、味、觸、法的分別計較，所以在〈妙行無住分〉裡佛陀教我們如何放下，就是先從色、聲、香、味、觸、法來練習布施。

布施的時候注意自己的心，要不住相布施，如果菩薩能夠「不住相布施，其福德不可思量。」有人説，福德是不是就是梁武帝所執著的人天小果？事實上，如果不執著福德，就是無量無上的功德。

《六祖壇經》講：「見性是功，平等是德。」如果我們能夠明白自己的心，不執著，不罣礙，不分別，不計較，自然而然你所達到的就是平等法界，就是如虛空一般，

不論東西南北、四維上下都不可思量，所以我們修行，就要從不住相布施入手。

但應如所教住

用般若智慧過生活最重要的就是要懂得捨得，懂得布施。布施到最後，把煩惱、我見、對立、過去的痛苦，通通都把它「捨」出去，自然而然就會得到大自在。

我們每天都要練習「菩薩於法，應無所住，行於布施。」這個就是「云何應住」的最佳入手之處。寫《金剛經》時，要用布施的心，用不執著的心，安住在清淨的自性，安住在當下這念心上，不為色，不為聲、香、味、觸、法，只為了發菩提心，成就無上的智慧。

最後佛陀講：「須菩提，菩薩但應如所教住。」菩薩應照佛陀所說的言教來安住真心。

透過寫《金剛經》來修煉自己的心，每一筆每一劃時全神貫注，只有當下，放下過去，放下未來，放下現在的分別念，自然而然就會回到當下圓滿究竟的金剛般若之心。

溫故知新

問題 1. 布施的種類有多少？
問題 2. 在日常當中如何用身、口、意來行布施？
問題 3. 如何才是圓滿的布施？

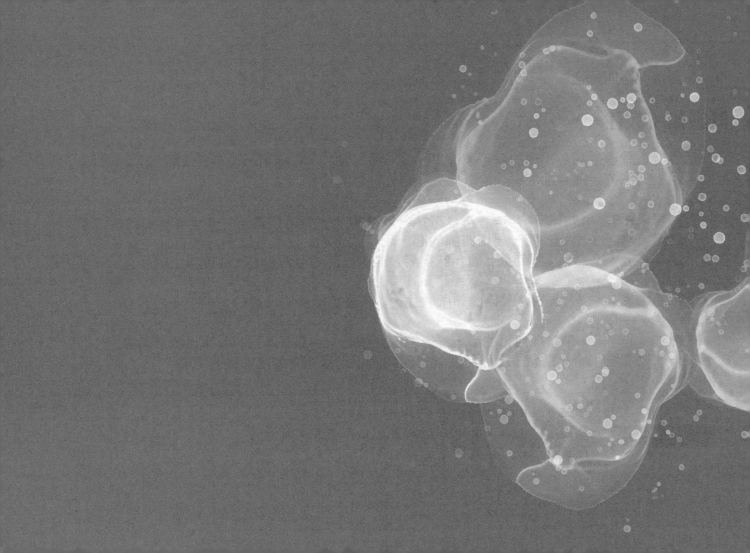

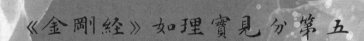

《金剛經》如理實見分第五

須菩提，於意云何，可以身相見如來不？不也，世尊，不可以身相得見如來。何以故？如來所說身相，即非身相。佛告須菩提：凡所有相，皆是虛妄，若見諸相非相，即見如來。

如實之理
理應報化
實相諸法
見而虛妄

前言：無住布施

這一分〈如理實見分〉，教導菩薩們依著實相之理修行，就能夠見到法身如來，這是延續前一分〈妙行無住分〉所衍生出來的開示。

在〈妙行無住分〉裡，佛陀告訴須菩提：「菩薩於法，應無所住，行於布施。」我們在修布施時，要以不執著的心來修行，才能達到究竟的圓滿。

布施是六波羅蜜之首，是修行非常重要的一個入門。

布施有上施諸佛，下施眾生。上施，指恭敬供養十方諸佛；下施，則是慈悲度化一切眾生。但若在度眾生的過程裡產生煩惱與執著，變成著相布施，就會成就有漏之因，因此布施眾生時，要不住於相才是真布施。

到了這一分，佛陀就進一步談不只對眾生不著相，連對佛這樣莊嚴、神聖的對象，我們也不能執著。

須菩提，於意云何，可以身相見如來不？

佛的三身－化身千百億、報身三十二相八十種好、法身無形無相

佛有三身，法身、報身、化身。我們現在所見到的釋迦牟尼佛是化身佛，他是三千年前在印度出生的一位王子，十九歲出家修行，在菩提樹下夜睹明星成就無上正等正覺。成佛後的四十九年間四處弘揚佛法，我們現在所學習的教法，就是釋迦牟尼佛留下來的，後世修行人，依著佛陀的教法而修行，當然對於法要有勝解，對於佛陀要生起無比的恭敬，要完全的清淨心。

對佛弟子來說，佛陀是我們生命的導師，我們見到佛，身語意都是無比的恭敬，沒有其他雜想的一種供養，但是佛陀卻問須菩提：「可以身相見如來否？」佛陀這樣的問話，給了我們一個反思的機會。

佛是什麼？你見到的是佛的哪一身？是化身佛？是報身佛？還是法身佛？佛是一個形象嗎？還是一個被我們稱為佛的人？又或者佛是三千年前，在菩提樹下成正等正覺的那位印度王子？在各種不同的時代，在不同的國家和地區，我們看到各式各樣不同的佛的身相，到底哪一種身相才是真正的佛的相呢？

如來的三身，法身無形無相，是佛的心；報身是三十二相、八十種好，是智慧的果報；化身是千百億，或為人、或為六道，展現出千變萬化的形相，如果要用某一種身相來定義

如來的話，到底是哪一個呢？

不也，世尊，不可以身相得見如來。何以故？如來所說身相，即非身相。

執著之心無法見到無漏之相的如來

須菩提回答：「不也，世尊，不可以身相得見如來。」

佛陀提出這個問題，目的是希望我們能真正的見到如來法身，如果我們執著於某一種身相見如來，就見不到如來，這是非常重要的觀念。

修行學佛，我們知道不要執著眾生之相，因為眾生是煩惱的、是染污的，但若不知不覺中，對於佛陀清淨的無漏之相產生執著，以執著的心來見佛，一樣沒有辦法真實的見到佛。

有一些修行人成天佛言佛語，可是他有沒有真正的行佛呢？有沒有照著佛陀的教法奉行實踐呢？有一位老太太，每天在家非常精進的念佛，因為師父出了一個功課給她，要念一萬聲佛號，所以她很認真的拿著念珠一心不亂的念著阿彌陀佛、阿彌陀佛、阿彌陀佛、阿彌陀佛。小孫子就在旁邊很開心的叫著：「奶奶、奶奶」，奶奶很有耐心的跟小孫子說：「奶奶在做功課，你在旁邊乖乖的，自己玩一下，不要打擾奶奶做功課。」可是小孫子一下子又叫著奶奶、奶奶、奶奶，一直不斷地叫，奶奶很不耐煩，拿起念珠就想要打小孫子，小孫子說：「奶奶，我問你一件事。」「什麼事？」「我

才叫您幾聲，您就生氣了，阿彌陀佛被您每天叫一萬聲，他不是煩死了嗎？」

想想看，當我們在道場聽到佛法，覺得法喜充滿，可是回到生活中，看到不如意、不如法的事情，自己內心反而更容易產生煩惱，這些煩惱，是因為這些人的不如法，還是因為我們對於如法有一個自己的嚴格的標準？

在佛的眼中，看到人人都有佛性，可是為什麼在我們的眼中，看到人人都有習氣、煩惱？我們就要想想，到底什麼是佛？我們學的佛是什麼樣子？

所以佛陀問須菩提：「你可以以身相見如來嗎？」須菩提就回答：「不也，世尊，不可以身相得見如來。」為什麼？因為如來所說的身相，即非身相，我們不能著相而求佛，因為佛不是以身相而現的。

我們學佛之後，因為多懂一些佛法，心裡執著於清淨的教法，反而容不下其他不如法，所以常常會出現一人學佛，全家罵佛的情況，或是學佛後，每天看這些不學佛的人，心裡很批判，覺得很難忍受世間眾生如此的愚癡，到最後變成法執，成了一種錯誤的示範。

這一分，破除很多學佛人的迷思，最主要就是要我們對於像佛這樣圓滿清淨的對象，要能夠不執著、不住相。

佛告須菩提：「凡所有相，皆是虛妄，若見諸相非相，即見如來。」

諸相非相即見如來

那麼應該要如何見佛？隨執破執，即見法身

「凡所有相，皆是虛妄，若見諸相非相，即見如來。」如果我們想要見如來，要怎麼見？見諸相非相時，才能見到佛。非相，破除我們對相的既定觀念，為什麼諸相是非相？佛陀告訴須菩提，因為「凡所有相，皆是虛妄。」

佛相跟法相是學佛的人最難破的相，因為我們修行，不就是要以佛為榜樣，要依教奉行嗎？現在連佛、佛法都要破，不能以佛為榜樣，不就沒有佛法了嗎？如果我們不執著學佛、學法，那要怎麼修行？又要以誰為榜樣呢？

事實上，這是有層次的。

一般人執著相，所以要先了解凡所有相皆是虛妄的道理，不僅是眾生的煩惱相，同時也包括諸佛的清淨相，如果能了解這一點而不著相，才能明白什麼是真正的佛。諸相非相即見如來，所見的如來，是實相之佛、法身之佛，這就是〈如理實見分〉的重點。

凡所有相，皆是虛妄－回歸清淨自性智慧現

在這一分裡，「凡所有相，皆是虛妄。」這句話特別重要，這就是真實明白了清

淨自性的智慧，我們不但可以把它用在世間法裡，也可以用在出世間法上。

故事1：孔子對顏回的信任

　　歷史上有一段孔子在陳蔡絕糧的記載，孔子和弟子們困在陳、蔡之間，孔子的弟子子貢突圍到外面帶了一些糧食回來，顏回和子路就在一間破屋裡為大眾煮粥，粥剛煮好時，子路出去一會兒，恰好在此時，子貢從屋旁經過，看見顏回拿著勺子喝粥。

　　子貢看了很不高興，就找孔子問：「一個人如果稱得上是仁人廉士，走投無路時，會改變氣節嗎？」

　　孔子回答：「如果氣節都會改變，還能稱得上是仁人廉士嗎？」

　　子貢又問：「您覺得顏回會不會改變氣節？」

　　孔子很肯定的回答：「當然不會。」

　　於是子貢就把看到顏回偷喝粥的事告訴孔子，孔子聽了之後，只是緩緩地回答：「我絕對相信顏回的人品，他這麼做一定有什麼緣故，我把他找來親自問問。」

　　於是孔子就把顏回叫進屋裡，對他說：「我前幾天夢到祖先，想必是來護佑我們的吧，粥做好了嗎？我想用粥祭拜一下祖先。」

　　顏回聽了，馬上恭敬的對老師說：「這個粥已經不能用來祭祀祖先了，因為剛才在煮

粥時，屋頂有一小塊塵土落到鍋裡，我本來舀起來想扔掉，但是又覺得可惜，就把它喝了，用喝過的粥來祭祀祖先是不恭敬的。」孔子聽完點點頭說：「原來是這樣。」

　　顏回出去後，孔子對留下來的幾位弟子說：「我之所以會這樣問他，是問給你們看的，我對他的信任是不須用這樣的方式來證明的。」

　　我們有多少人能像孔子這樣的信任顏回呢？當子貢在告顏回的狀時，是理直氣壯的，因為他是親眼所見，顏回當時確實是在喝粥。當孔子在問顏回時，他對於顏回是信任還是不信任？最後孔子很感嘆的說：「所信者目也，而目猶不可信，所恃者心也，而心猶不足恃，弟子記之，知人固不易矣。」

用智慧之眼看虛妄之相

　　我們常常相信眼睛所看見的，但眼睛真的可信嗎？我們也常常相信心所感知和判斷的，但心真的可信嗎？所以大家要謹記在心，現在社會上充斥著各式各樣的訊息，我們大多只能看到或感受到一部分的事實，而無法窺探全貌，我們就像瞎子摸象一般在探索這個世界，「兼聽則明，偏信則暗。」尤其更不能有成見。連孔子都感嘆目不可信，心不足恃，眼見不一定為實，耳聽也不一定為真，以自己的主觀意識來判斷事物，是不明智的做法，往往會將人帶入誤區，形成盲點。

　　所以，「凡所有相，皆是虛妄」讓我們提起一個覺性，當我們對看到的人產生懷

疑時，可以多給他一點機會，不要妄下評論，同樣地，當我們對看到的現象產生疑惑時，也要多問一個為什麼，這樣才能夠避免人跟人之間的誤會，以及誤會之後衍生的糾葛和遺憾。「凡所有相，皆是虛妄」的警示，可以讓我們在待人處世中，多留一隻智慧之眼來觀照，跳脫出錯綜複雜、難以分辨的表面善惡。

身心清淨的善根發相

「凡所有相，皆是虛妄」這句話，更可以拿來作為我們提升道業的重要口訣。

修行不追求境界，但是只要你的方法正確，自然會有神奇的效應及境界發生，不管是要念佛、打坐，或是寫金剛經塔，當我們的身心進入禪定狀態，你的感官，眼、耳、鼻、舌、身、意，就會轉變到另外一個頻道，產生另外一種感應出現，這就是所謂的瑞相。有些人會問師父，為什麼寫一寫，就全身都不見了？或者是打坐看到光，乃至於有的人會聞到香味，有的人還會有一種開悟感，覺得自己比以前要聰明有智慧，這些到底是好還是不好，為什麼會如此？

事實上這是一個好現象，是所謂身心清淨的現象，叫做善根發相，但是我們要知道，這是一個初初開始的轉變，要繼續用功，不要停留耽著在這種殊勝的感受上，因為這也是虛妄的覺受，有了這樣正確的了解，我們的道業才會更上一層樓。

故事 2：以智慧來面對境界

以前有一位比丘，有段時間一打坐就會看到一隻大蜘蛛爬在自己的肚子上，他感到非常的困惑，於是就請問寺裡的老和尚，老和尚就建議他準備一枝筆，下回打坐如果再看到那隻大蜘蛛，就在蜘蛛身上做個記號，等出定時再來看看發生什麼事。

於是這位比丘就照著老和尚的建議，準備好一枝筆再去打坐，果然在打坐時又看見那隻大蜘蛛，於是比丘趕緊用筆在大蜘蛛的肚子上畫上記號，才一畫完，大蜘蛛就消失不見了。等到出定後，比丘去沐浴淨身，赫然發現，剛才打坐時畫在大蜘蛛身上的記號，竟然出現在自己的肚子上。

這時他才明白，原來自己以為的大蜘蛛其實是自己的心所顯現的幻境，並不是真實的。

另外還有一位無果禪師，他修行了很多年一直都沒有明心見性，於是無果禪師就想四處去尋訪善知識。

有一對母女一直在供養無果禪師，知道無果禪師要出門遠行，就趕快幫禪師縫製一件衲衣，一邊縫還一邊誦著阿彌陀佛的佛號，等到衲衣做好了，連同四錠馬蹄銀一起送去供養無果禪師。

　　無果禪師接受了供養，雖然隔天就要出發，當天晚上還是繼續禪坐修行。到了半夜，突然看見一位穿著青衣的童子，手裡拿著一面旗，後面跟著其他人在敲鼓奏樂的，還有人扛著一朵大蓮花而來，著青衣的童子來到無果禪師的面前跟無果禪師說：「請禪師上蓮華台。」

　　無果禪師心裡想：「參禪的人就是要破虛妄的幻境才能明心見性，眼前出現的絕對不是真的，何況我沒有修念佛法門，這更不是我的境界，就算是要往生淨土，這個境相也不如法。」於是無果禪師就把身邊的一只引磬丟上蓮華台，這個境相立刻消失了，他就繼續地禪坐。

　　隔天一早，一直供養禪師的母女匆匆忙忙地跑來，手裡還拿著一只引磬，她們跟無果禪師說：「昨天家裡的母馬生了個死胎，死胎裡竟然有只引磬，不知道是不是師父您遺失的？」

　　無果禪師聽了冷汗直流，心裡想，還好當時有主意，否則那隻小馬就是自己的來世了，於是無果禪師說了一首偈語：「一襲衲衣一張皮，四錠元寶四個蹄，若非老僧定力深，幾與汝家作馬兒。」

　　「凡所有相，皆是虛妄。」這個正知正見，在緊要關頭生起莫大的力量，打破我們的執念，讓我們看清楚實相的道理，所以這裡佛陀就教須菩提：「若見諸相非相，即見如來。」

皈依自性如來，回歸安住

　　想要真正認識如來就必須知道，如來的法身是無形、無相的，所以要超越一切的相，超越一切假相，不管是眾生的煩惱相，還是佛的清淨相，我們都不能執著，不執、不念、不取、不捨，如此，我們就可以真正契悟實相的道理。

　　寫《金剛經》，寫經的心與實相相應，不管寫得好不好看，都用當下這一念心來寫，因為「凡所有相，皆是虛妄。」透過寫經，從文字般若起觀照般若，破除我們的執念與分別取捨，到最後契悟回歸到究竟實相的這一念清淨自性當中，就可以與自性如來相感應。

　　自皈依佛，當願眾生，體解大道，發無上心。
　　自皈依法，當願眾生，深入經藏，智慧如海。
　　自皈依僧，當願眾生，統理大眾，一切無礙。和南聖眾。

　　所有的修行要回歸到自依止，而非他依止，回到自性如來本來面目，才會真正知道什麼是佛。今天用〈如理實見分〉的這一段道理，來幫助自己安住在清淨的實相當中。

發大願、立大行、證大果

金剛經	摘　　要	實　　踐
大乘正宗分第三	離相度生，發大願。	廣大心、第一心、常心、不顛倒心
妙行無住分第四	無住行布施，立大行。	財布施、法布施、無畏布施
如理實見分第五	如實見法身如來，證大果。	若見諸相非相，即見如來。

　　在道源長老的金剛經講記裡，把第三分、第四分、第五分，做了一個統整。第三分：離相度生，是叫我們發大願，就是發彌勒菩薩偈頌的四種心：廣大心、第一心、常心、不顛倒心；發了大願後，還要立大行，就是第四分無住行施，就是立大行，對一切眾生要行財布施、法布施和無畏布施，但又不住於相；到了第五分：「若見諸相非相，即見如來。」這叫做證大果。所以從發大願、立大行、證大果，成就一系列智慧的修煉。

溫故知新

問題 1. 所有的相都不要執著，連佛陀清淨無漏之相也不要執著嗎？

問題 2. 為何須菩提回答：「不可以身相得見如來」？

問題 3. 如果不執著於學佛、學法，要怎麼修行？要以誰為榜樣？

《金剛經》正信希有分第六

須菩提白佛言：世尊！頗有眾生，得聞如是言說章句，生實信不？

佛告須菩提：莫作是說！如來滅後，後五百歲，有持戒修福者，於此章句，能生信心，以此為實。當知是人不於一佛二佛三四五佛，而種善根，已於無量千萬佛所，種諸善根。聞是章句，乃至一念生淨信者。須菩提！如來悉知悉見，是諸眾生，得如是無量福德。

何以故？是諸眾生，無復我相人相眾生相壽者相，無法相，亦無非法相。何以故？是諸眾生，若心取相，即為著我人眾生壽者。若取法相，即著我人眾生壽者。何以故？若取非法相，即著我人眾生壽者。是故不應取法，不應取非法。以是義故，如來常說：汝等比丘，知我說法，如筏喻者。法尚應捨，何況非法。

正法不取非法無
信而不執生淨心
希勝難得千佛所
有福持戒真實信

須菩提白佛言：「世尊！頗有眾生，得聞如是言說章句，生實信不？」

前言：正信希有

　　這一分為〈正信希有分〉，延續前面發大願、立大行、證大果之後，菩薩修煉到此，要生起一種殊勝的信心：正信是非常希有的。

　　佛陀對須菩提說：「能生信心的善男子、善女人，實在是非常的希有。聞是章句，如來悉知悉見，是諸眾生得無量福德。」須菩提問佛陀：「世尊，如果照您所說，從發大願、立大行、證大果，最後達到『見諸相非相』的修行，既要不執著，又要發大願，但也不能夠執著所發的大願，乃至於連佛都不能執著，那學佛不是什麼都沒有嗎？什麼都得不到嗎？這個道理是否太玄？也太難做到？這些言說章句，大眾聽來真的能生起信心嗎？」須菩提很是替大眾擔憂。

　　佛告須菩提：「莫作是說！如來滅後，後五百歲，有持戒修福者，於此章句，能生信心，以此為實。當知是人不於一佛二佛三四五佛，而種善根，已於無量千萬佛所，種諸善

根。」

能信受此經者善根深厚

佛陀回答須菩提：「莫作是説。」佛先斷除須菩提輕視眾生的疑惑，接著又説：「即使到了最後的五百年，在佛法幾乎蕩然無存的惡劣狀況下，只要還有持戒修福的佛弟子，能對《金剛經》中的經文字句生起信心，以此為實，就知道這樣的人他的善根是非常深厚的。

而這麼深厚的善根，不是只有親近一尊佛、兩尊佛，或者是三尊佛、四尊佛、五尊佛，而是曾經親近、供養無量千萬佛所種下來的，才能夠在末法時代因著持戒修福的善根，對於高深的般若之理生起真實信心。

由此可知，如果我們對於《金剛經》的道理有那麼一點的信心、信受，表示我們的善根也不是一天、兩天修成的，而是在無量千萬佛所當中，曾經供養承事過而種下的殊勝善根因緣。

如來法運三時期

「如來滅後，後五百歲」是什麼？一般有三種説法：

第一、後五百歲的「後」字指如來滅後的五百年。第二與第三，則是對於如來法運時期界定，而產生不同的解釋。

如來（釋迦牟尼佛）的法運總共有一萬二千年，如來滅度以後，正法一千年、像法

一千年、末法一萬年。佛法跟如來在世時一樣興盛，沒有差別，叫做正法時期；一千年後，佛法在世間還是很興盛，但是留下的是經像教法，「像」者相似正法，但不是正法，故名像法；兩千年後，進入末法時期，末法，不是法末了，而是指人對於佛法的信心以及對於修行的成就開始倒退，人的根器變得低下，學習熱忱沒落，稱為末法。

如來法運	正法一千年	解脫堅固期
		禪定堅固期
	像法一千年	多聞堅固期
		塔寺堅固期
	末法一萬年	鬥諍堅固期

另，如來的法運，可以分成五個五百歲：第一解脫堅固期，第二禪定堅固期，第三多聞堅固期，第四塔寺堅固期，第五鬥諍堅固期。

第一個五百歲，就是如來滅後的第一個五百年。釋迦牟尼佛的弟子都能修證解脫，了生脫死，對佛的信心非常的堅固，叫做解脫堅固期；如來滅後的第二個五百歲，是禪定堅固期，佛弟子都能修如來的大定，也能成就禪定的功德。

正法時代一千年過去後，進入像法時代，也就是第三個五百歲，叫做多聞堅固期。如來的弟子出了很多大法師、大論師，三藏十二部經研究得很透徹，能夠講經說法做很多的註解；到了第四個時期，叫做塔寺堅固期，也就是像法時期的後半段，這個時

候各地都在修塔建寺，寺廟修得大，修得多，到處都有建設，大眾用造塔、建寺來修行。

第五個階段，叫做鬥諍堅固期。第五個五百歲是末法時期開頭的五百年，佛弟子應該是和合眾，但這個時候，山頭林立、互相鬥爭，甚至在法上的見解也不同，所以分門別派，有非常多的爭論發生，叫鬥諍堅固期。

等第五個階段過了之後，佛陀的教法基本上已經式微了，就是末法時期，「如來滅後，後五百歲」講得就是這五個五百歲之後的末法時期。金剛經的註解如「心印疏」與「新眼疏」都以第五個五百歲為「後五百歲」之解，然而道源長老的《金剛經講錄》則認為後五百歲應意為「最後」，是指如來法運一萬二千年的最後五百歲。

末法一萬年的最後五百歲時，《金剛經》還在流通，若有「持戒修福者」，並對於《金剛經》的章句「能生信心，以此為實」，實在是善根極為深厚的人。

聞是章句，乃至一念生淨信者。須菩提！如來悉知悉見，是諸眾生，得如是無量福德。

一念淨信福德無量

親近一尊佛，成為佛弟子，親承供養，是多麼殊勝又有福報，佛說，在這個時代，聽到《金剛經》的殊勝教法，對《金剛經》產生一念清淨信心的人得「如是無量福德」，怎樣的福德？於無量千萬佛所承事供養的福德！

從另一方向説，在這個末法時代，能夠聽聞金剛經章句的人，表示他與佛陀的緣分不是只有一尊佛、兩尊佛的緣分，而是無量千萬佛所都已經結下殊勝的法緣和種下深厚的善根。

　　此時此刻，當我們聽聞或讀誦《金剛經》時，隨著經文就將自己過去的福報重新喚起，讓善根再增長，所以佛陀説：「聞是章句，乃至一念生淨信者。」光是聽聞到《金剛經》裡面的一句話、一章節的內容，如來都可以證明這個人肯定可以得到無量的福德。這就是為什麼從古到今，祖師大德對《金剛經》這麼推崇備至的道理，只要一念清淨，就能成就這麼殊勝的信心，這叫做「正信希有」。

何以故？是諸眾生，無復我相人相眾生相壽者相，無法相，亦無非法相。何以故？是諸眾生，若心取相，即為著我人眾生壽者。若取法相，即著我人眾生壽者。何以故？若取非法相，即著我人眾生壽者。是故不應取法，不應取非法。以是義故，如來常説：汝等比丘，知我説法，如筏喻者。法尚應捨，何況非法。

　　這一段是對於第三分談到：「若菩薩有我相、人相、眾生相、壽者相，即非菩薩」的經文再做一個更深入的剖析。為什麼佛陀説，能夠聽聞一句《金剛經》而生起殊勝的信心，是非常難得的呢？因為這個眾生一定是菩薩，他相信「無我相、無人相、無眾生相、無壽者相」的道理，乃至於一念生淨信者亦若是。

　　眾生心取相，就是執著我相、人相、眾生相、壽者相，心取相可以分成兩個：一

個是取法相，一個是取非法相。這裡反覆的談，不管是取法相或是取非法相，甚至到最後取空相，只要取相，不管是法或是非法，它都還是我、人、眾生、壽者四相的執著。真正要破執著，要不斷不斷的、一層一層的破除，直到把「法相」、「非法相」、「空相」三重的四相都清淨，所以真正要達到見諸相非相，就要破除一切的相，不應取法，也不應取非法。

以是義故，如來常說：汝等比丘，知我說法，如筏喻者。法尚應捨，何況非法。

過河後應捨船

　　佛陀的教法就像是幫我們度過生死煩惱河的船筏，一旦我們抵達了彼岸，就不需要這艘船了。藉由佛陀的教法幫助我們斷除煩惱、了脫生死，等到抵達涅槃的彼岸，這個法也就不用了，因為這艘船只是個方便工具，不是彼岸，所以佛陀告訴須菩提，如果想要達到寂滅涅槃的境界，對於佛法就不能產生執著，否則還是證不了實相的。

　　「佛說一切法，為治一切心；若無一切心，何用一切法。」佛法有八萬四千法門，每一個法門都是要解決眾生八萬四千種不同的煩惱。就像生病要吃藥，吃藥的目的是為了治病，如果病好了，藥也可以不用吃了，可是一般人會覺得吃藥無害，有病治病，沒病就當做保養、健身。其實真正修行的人會知道，如果你是健康的、心無罣礙的，是不需要吃藥的。

《楞嚴經》裡有標月之指的譬喻，佛陀所說的教法就像手指一樣，看不到月亮時，藉由指頭指出月亮所在，但是如果誤以為手指就是月亮時，不只看不見月亮，也錯認了手指頭。佛陀的教法就像「標月之指」，如果執著，以為這些方法是究竟法，到最後就會被這個方法綁住。

故事1：香嚴擊竹悟道

百丈懷海禪師有位弟子叫香嚴智閑禪師，每天都很精進用功地鑽研三藏十二部經，百丈懷海禪師要圓寂前，香嚴智閑禪師問他說：「師父，您圓寂之後，我應當依止於誰？」百丈禪師就對他說：「你去依止你的師兄潙山靈佑禪師。」

香嚴禪師心裡想：「我認識這個師兄，他以前在百丈禪師的座下修行時擔任典座職務，一個煮飯的，能有多少知識？學問夠嗎？修行夠嗎？怎麼能當我的師父？」可是因為百丈禪師已經指示香嚴禪師的因緣在那裡，於是香嚴禪師就來拜會潙山靈佑禪師。

潙山靈佑禪師一見到香嚴禪師就說：「大德，您來這裡要求什麼？我這裡什麼都沒有。」

香嚴禪師雖然心裡滿是疑問，可還是非常有禮貌的向潙山靈佑禪師請法，他說：「因為師父說我的因緣在您這裡，所以請您慈悲教授我佛法。」

　　溈山靈佑禪師就說：「我這裡什麼都沒有，你要學什麼？你要求什麼？如果你真的想要得到什麼，我問你一個問題，但前提是不可以用你所學到的三藏十二部經的內容來回答我的問題，要用你自己的體悟來回答。」溈山靈佑禪師就問香嚴禪師：「三藏十二部經都不論，如何是上座父母未生前本來面目？」

　　這句話問下去，香嚴禪師突然心裡沒了主意，讀書人的毛病就是回去趕快查資料，他的腦海中，所有學到的三藏十二部經，沒有一句談到這個問題，他要怎麼去解決它？讀書人的習慣就是把這些知識拿出來研究一遍，想要找到一個類似的答案，結果研究了三天，還是找不到答案，每當找到相似的答案去回答時，溈山靈佑禪師始終說：「這不是你的答案，這是佛陀的答案，這是三藏十二部經裡可以搜尋得到的答案，我要的是你自己的答案。」

　　最後香嚴禪師非常懊惱沮喪地說：「請師父您慈悲告訴我答案。」

　　溈山靈佑禪師說：「我的答案是我的答案，如果我告訴你答案，你將來會怨我的。」香嚴禪師聽到師兄知道答案竟然不願意告訴他，心裡非常地生氣、難過又著急，回去後憤而把他所學到的這些教法一把火給燒了。他發誓：「從今後我不再讀經，要做一個每天吃飯過日子的粥飯僧。」

　　於是他離開了溈山靈佑禪師，四處遊歷，最後來到南陽慧忠國師以前在山上住的茅棚，香嚴智閑禪師就在這個茅棚住下來，每天就是日出而作日落而息，耕地吃飯睡覺再也

不讀經。但是，一個想要修行的人，只要找不到答案，他的內心其實是隨時都在找，隨時都在思考，隨時都在參究的。

　　三年後有一天香嚴智閑禪師在掘地墾土時鋤到一片瓦片，順手把瓦片撿起來往後方一拋，瓦片正好擊中竹林當中的一棵竹子，在瓦片擊中竹子的那一刻，由竹子空心的竹管裡傳出「喀」的一聲，就在這個當下，香嚴智閑禪師突然開悟了，這偉大的瞬間，這殊勝的音聲，頓時打破他三年來的謎團。香嚴禪師大徹大悟之後，第一個動作就是向溈山的方向遙拜三拜，拜完之後就說：「從此以後，我再也不懷疑天下老和尚的舌頭。」

　　香嚴禪師悟到什麼？他為什麼能悟呢？如果不拋開他的知識，他的執著，他的依賴，能不能有今天？

　　修行時因為我們還在過河，得到了一艘船，於是跳上這一艘法船，拼命的想離開煩惱的河流，用盡全力划向涅槃的彼岸，因為煩惱跟生死之流太危險，所以我們緊緊抓住法船不放，即使已經到了涅槃的彼岸，我們因為心有餘悸，依然不敢放捨這艘船。這個時候，佛陀給我們勇氣，他教我們一定要相信：「法尚應捨，何況非法。」當我們真正了解修行的意義，會打破法執跟我執，打破法跟非法，因為不管你在哪個地方，不管你在什麼環境，不管有佛無佛，只要有這一念心，你都可以契悟無上的實相妙用。

故事 2：挑柴運米無非神通妙用

古德講：「挑柴運米，都是神通妙用。」吃飯穿衣都是殊勝的究竟實相。

以前有人問大珠慧海禪師：「師父，請問大修行人開悟之後如何修行？」大珠慧海禪師回答：「飢來吃飯睏來眠。」原來真正的修行就是隨緣，在因緣當中，在生活當中，隨時保持自己的心清淨無染。

就像我們在誦經的時候專注，寫經的時候不打妄想，不生無明，等到放下這個筆，放下我們的經，還是用這一念無念、無住的清淨心，在生活中跟各式各樣的人打交道，應對進退，挑柴運米，吃飯穿衣都是神通妙用，這是最殊勝的般若之境。

今生能夠遇到《金剛經》，能夠受持讀誦《金剛經》，是累生累世以來所修得的福報，既然是有福報的人，就要讓更多的人能因為我們實行、實踐《金剛經》，也成為一個有智慧的人、可愛的人；就要讓更多的人有因緣接觸到佛法，接觸到金剛般若的智慧妙用，這樣就不枉費我們是所謂的金剛經行者。希望大眾一起來發心，寫經造塔是為了要照顧自己內心的靈山塔，進而讓生活多一分禪味，同時也讓生命成為實踐般若的一段殊勝精彩的歷程。

溫故知新

問題 1. 「後五百歲」的定義為何？
問題 2. 何為「法尚應捨，何況非法」？
問題 3. 如何才能「見如來」？

《金剛經》無得無說分第七

須菩提！於意云何？如來得阿耨多羅三藐三菩提耶？如來有所說法耶？

須菩提言：如我解佛所說義，無有定法，名阿耨多羅三藐三菩提；亦無有定法如來可說。何以故？如來所說法，皆不可取、不可說；非法、非非法。所以者何？一切賢聖皆以無為法而有差別。

無有果可證
得者凡夫也
無有法可說
說立分賢聖

佛陀設問－為防止行者執著說法與證果

　　在〈如理實見分〉裡，佛陀為大眾開示：「凡所有相，皆是虛妄。」如果能確實了解這個殊勝的道理，就能「見諸相非相，即見如來。」

　　到〈正信希有分〉時，佛陀就強調菩薩「不應取法，不應取非法」，因為「凡所有相，皆是虛妄。」佛陀的教法就像過河的船筏，過河時需要靠船筏以登彼岸，等到達目的地登上彼岸就應該把船筏放下，不執取法或非法，「法尚應捨，何況非法。」要能真實地看清楚一切的法都是虛妄之相。

　　這一分，佛陀問須菩提：「於意云何？如來得『阿耨多羅三藐三菩提』這樣的境界嗎？如來有所說法嗎？」

　　這兩件事就是學佛人最終的目的與追求，學佛，不就是想要成佛？不就是要把佛陀的教法想清楚、修明白嗎？

　　什麼是阿耨多羅三藐三菩提？

阿耨多羅三藐三菩提是梵語，翻譯成漢文有其對應的意義，阿耨多羅是無上；三藐是正等；三菩提是正覺，阿耨多羅三藐三菩提，就是無上正等正覺的意思，也就是佛。如來有沒有得阿耨多羅三藐三菩提，就是如來有沒有成佛？這不是個多此一舉的問題嗎？如來沒有達到佛的境界怎麼能叫如來？

這裡看起來很矛盾，但其實非常重要，因為我們常常在追求一個境界的過程中，不知不覺就失去了最初的動機，所以在這裡佛陀才要再一次的提醒：「凡所有相，皆是虛妄」，不要掉進有什麼可以得到的錯認裡，連阿耨多羅三藐三菩提這樣清淨的境界，也是不可以執取的，乃至於佛陀所說的一切究竟之法、清淨之法，也不可以執著佛陀有一個說法之相，否則我們就會產生錯誤的期待和錯誤的執取。

故事 1：來意不誠菩薩退貨

普陀山是有名的佛教勝地，每年都會有很多的香客來朝聖禮拜觀世音菩薩。

一天，有一對父子從遙遠的地方來普陀山進香，為了表達虔誠之意，他們帶了一對最大的蠟燭，希望能供養在大雄寶殿上。這位父親千交代萬叮嚀，請香燈師父把他的蠟燭放在大殿裡最醒目的正中間，於是，香燈師就在他的面前把蠟燭供上佛龕，他看得很滿意，就離開了，一段時間後，他就想，不知道蠟燭現在燃得如何，所以又繞回寺廟查看。

沒想到他所供奉的蠟燭，竟然被後面蜂擁而至的其他蠟燭擠到旁邊去了，由於空間不足，香燈師便把他的蠟燭撤下來放到旁邊去，他非常的生氣就找香燈師理論：「你怎麼可

以把我這麼虔誠的供養拿下來？我千里迢迢來拜菩薩，為的就是能夠獻上最高的敬意，你怎麼可以把我的蠟燭放到旁邊去？你們這些做師父的，這樣做是不是很對不起我們？真是太可惡了，我再也不來了。」他感到非常的憤怒，滿腹怒火地離寺下山。

更糟的是，在回家的路上，他的小孩突然間不明原因高燒不退，一下子就一命嗚呼了，這個父親不但拜菩薩沒有拜成功，還意外地失去他的孩子，他無可奈何地買了一口棺材，就一邊哭一邊把棺木推回家鄉。

沒想到，回到家鄉，到了村口，遠遠的就看到他的孩子竟然從家裡跑出來，他嚇了一跳，說：「你怎麼回家的？」孩子說：「爸爸，你不知道跑到哪裡去了？找也找不到，有一位老伯伯就把我帶回家。」他喜極而泣，本來以為小孩子沒了，沒想到失而復得，但棺材裡的那位又是誰？他趕快把棺材打開，赫然看見他供養的那一對最大支的蠟燭正端正完整地擺在棺材裡，上面還刻了八個大字：「來意不誠，退回原處。」

原來菩薩看到他對於蠟燭起這麼大的執著心，就用這樣的事來告誡他。你來拜菩薩的目的是什麼？最初的動機是什麼？到最後不僅忘記自己的初心，還產生了煩惱，甚至發誓自己再也不來拜菩薩，這是不是本末倒置？

我們的心，很容易迷失方向，所以佛陀問須菩提，記不記得要隨時保持覺性？記不記得前面所說的「凡所有相，皆是虛妄」的道理？如果記得，這一路的修行就可以免除迷失的危險。

法無定法，無得無說

針對佛陀的設問，如來有阿耨多羅三藐三菩提可得嗎？如來有說法嗎？須菩提回答：「如我解佛所說義，無有定法，名阿耨多羅三藐三菩提；亦無有定法如來可說。」身為佛弟子，當然要將佛陀的教法謹記在心，如開經偈：「我今見聞得受持，願解如來真實義」，每次讀經時就要發願：今生得遇佛法希望能見聞受持，而且能了解如來之意。一定要了解佛陀在說什麼，才不枉費花這麼多的時間和精神在學習佛法，而且佛陀所說的教法直指人心，一定對修行有所幫助，也能如實的破除執著。

須菩提說：如果能依據佛陀所教導的法而行，「有法可得？可說否？」這兩個問題就迎刃而解，沒有阿耨多羅三藐三菩提這麼一個境界可得，因為沒有一個定法，叫做阿耨多羅三藐三菩提。

什麼意思？佛是究竟圓滿的覺者，但什麼叫做佛？什麼叫做覺悟？有沒有一個樣式？有沒有一個套路？有沒有一個模板叫做佛？

再來，佛陀所說的法為什麼有八萬四千法門？哪一個法才是最好的？

有些人學佛學了一個法就執著一個法，喜歡念佛就覺得念佛最好，其他的法都不好；喜歡打坐參禪就覺得參禪是最殊勝的，念佛就不夠好；喜歡修密法，又覺得顯教不好，密教好，各自執著自己所修的法，產生這些分別和取捨。

事實上，所有的法都是為了要讓我們成佛，八萬四千法門都只是一種方便，所以須菩提才說，如果真實了解佛陀所講「若見諸相非相」的道理，那麼就沒有一個定法叫做阿耨多羅三藐三菩提，也沒有一個定法是如來可說的。

何以故？如來所說法，皆不可取、不可說；非法、非非法。

　　須菩提為了要解釋得更詳細就再進一步發揮，他說：「何以故？如來所說法，皆不可取、不可說；非法、非非法。」回應到上一分我們談到的：「不應取法，不應取非法。」須菩提再一次的回扣主題，不管是法或是非法都不要執取，因為執著於某一個定法就失去真實的實相之理，也沒有辦法看清楚世間之相，一旦執取，你就落入兩邊，不論是假相、實相，都沒有辦法真實的理解。

故事 2：無盡燈　一念心清淨，魔宮成佛宮

　　《維摩詰經》裡有個無盡燈法門的記載，提到持世菩薩曾經在靜坐時遇到魔王來考驗他。魔王波旬變化成帝釋天的容貌，帶著一萬二千位天女，敲鼓奏樂唱歌來禮拜持世菩薩，持世菩薩以為魔王是帝釋天就為他開示：「善來，憍尸迦（帝釋天的名字），雖福應有，不當自恣。」意思是：你是有福報的天，但是不能因此而滿足，應該要怎樣？「當觀五欲無常，以求善本，於身命財而修堅法。」要破除你所得到的這些五欲之樂，修布施來轉化自己現有的福報成為無上的功德。

　　魔王知道持世菩薩真的以為他是帝釋天，奸計得逞，趕快再對持世菩薩獻殷勤，他跟持世菩薩說：「正士！受是萬二千天女，可備掃灑。」你剛才開示說應該要布施身、命、財來轉變我的生命，現在我就要依教奉行，把這一萬二千位天女全部供養給你，讓她們為你打掃、做事，要怎麼差遣她們都可以。

　　因為持世菩薩是持戒之人，所以拒絕魔王的供養，就開示說：「憍尸迦！無以此非法之物，要我沙門釋子，此非我宜。」修行人是持戒、不近女色的，所以不適合得到這個法。這個是什麼？叫非法。

　　非法之物指的是什麼？就是五欲之樂，這些美女都不是我能用的，對我來說，持戒是清淨的，這些天女是非法的、不如法的、業障的、染污的、危險的。魔王想要藉由天女誘引持世菩薩的貪念，破壞他的道行，沒有想到持世菩薩很有正念，他拒絕了魔王的供養。

　　魔王還在想下一招時，維摩詰居士竟然不請自來。

　　維摩詰居士跟持世菩薩說：「師父，你看錯啦，這個人不是帝釋，而是魔王，他準備來嬈固你的。」

　　維摩詰居士跟魔王說：「沒關係，師父不接受這些天女，那就把這些天女全部給我，我很喜歡，我通通都可以接受，剛好家裡也很需要。」

詭計被識破的魔王很緊張，心想：「維摩詰居士實在太厲害了，竟然知道我的把戲，糟糕，他不知道會對我怎麼樣？」

　　魔王想要逃跑，沒想到他的神通竟然使不上力，想要隱形卻沒有辦法隱形，使盡所有的力氣也沒有辦法離開。

　　這時空中突然有聲音告訴魔王：「波旬，把這些天女留給維摩詰後，你就可以走了。」不講義氣的波旬為了自身的安全就把他的一萬二千位天女全部留在原地，雖然心裡面很不高興，可是也沒辦法。

　　於是摩詰居士就對她們開示：「美女們，波旬已經把妳們送給我了，但是我不把妳們當僕人，我把妳們當成菩薩，妳們應該要發菩提心。」

　　天女們問：「什麼是菩提心？」接下來維摩詰居士就因應她們的需求而說法，讓在場所有的天女都發了菩提心。

　　維摩詰居士又進一步再開示：「汝等已發道意，有法樂可以自娛，不應復樂五欲樂也。」以前都是喜歡名利財色、色聲香味觸法，覺得這是最快樂的事，現在聽了佛法後，才知道原來還有一種快樂叫做法樂。

　　天女們馬上就問：「什麼叫做法樂？」

　　維摩詰居士說：「我們信佛、聽法，喜歡供養出家人，對於佛法僧很恭敬，對於自己所擁有的五蘊色身都能如實觀察，知道這些都是虛假的，不要執著於我們的生命而汲汲追求安樂。那麼要把生命的重心放在哪裡？要放在究竟之法上，放在自己的發心上，『樂隨護道意，樂饒益眾生，樂敬養師』等等。喜歡修布施、持戒、忍辱、精進，把生命花在修行就是菩薩的法樂。」

　　天女們聽得很歡喜，正當法喜充滿想繼續聞法時，波旬卻說：「我欲與汝俱還天宮。」我希望你們都可以跟我回去，回到我們過去的日子。

　　結果這些天女都不想回去，就跟波旬說：「以我等與此居士，有法樂，我等甚樂，不復樂五欲樂也。」你已經把我們全部送給維摩詰居士了，我們現在也已經得到真正的快樂，所以我們不再喜歡以前的快樂了。

　　魔王聽了就跟維摩詰居士說：「居士，可捨此女？一切所有施於彼者，是為菩薩。」當菩薩的就要懂得布施，你看魔王還蠻厲害的，他叫維摩詰居士要布施，把這些天女布施給他，說這樣才叫做菩薩。

　　維摩詰居士當然就說好，反正他本來就不執著這些天女。「我已捨矣！汝便將去。」你要就拿去吧，「令一切眾生得法願具足」，其實菩薩本來就是要滿眾生願，既然你來求，我就全部給了。

可是現在這些天女不想回去了，為什麼？因為她們覺得那個地方是魔宮，這些天女現在已經心中有佛法，想要學習佛法，而不要回到過去的魔宮。天女們很緊張，就問維摩詰居士：「居士，我們現在到底要怎麼回去？我們已經回不去了，魔王又一定要我們回去，怎麼辦？」

　　維摩詰居士就告訴她們：「不要害怕，妳們只要學一個法門就可以把魔宮變成佛宮，這個法門叫做無盡燈法門，妳們要好好的學。」

　　所謂的無盡燈法門就是「譬如一燈燃百千燈，冥者皆明，明終不盡。」我們的心就像是一盞燈，這個燈點燃之後，再用這一盞燈去點燃百千盞燈，百千盞燈燈燈相傳，所有黑暗的地方都能被照亮，光明始終不會有盡的一天，這就是無盡之燈。無盡之燈，就是我們每一個人的智慧心，如果智慧能現前，千年暗室一燈即破，天女們聽到無盡燈法門後就帶著這個法門隨著魔王回魔宮去了。

　　我們想想看，哪個地方是魔宮？娑婆世界沒有一個地方是快樂的、清淨的，如果我們的心裡有這一盞燈，我們就能帶著這盞燈點燃其他的燈，同時照亮這世界的黑暗，如果能讓每一個人心中的這盞燈都能點亮，那麼無盡燈就可以改造魔宮，改造娑婆世界。

　　宋朝蹣菴繼成禪師說：「一念心清淨，佛居魔王殿；一念惡心生，魔王居佛殿。」有了清淨心，魔殿就變成佛殿，如果失去清淨心，魔王就住在佛殿當中。所以是魔還

是佛全由這一念心來決定,而不是長得像佛就是佛,長得青面獠牙就是魔。

　　一念心清淨,即使在娑婆世界也能明燈高舉成就無盡燈法門,佛在哪裡?佛就在清淨心裡。由此可知,佛陀所說的法,不可取、不可說,因為沒有一個定法,叫做阿耨多羅三藐三菩提,也沒有一個法如來可說。

所以者何?一切賢聖,皆以無為法而有差別。

親證真如分賢聖

　　最後這一句話很重要,「一切賢聖,皆以無為法而有差別。」無為法是相對於有為法而說的。《大乘起信論》談到,「一切諸法依妄念而有差別」,世間都在有為法當中分別、計較,產生男女、老小、美醜、貧富、貴賤等等這一些相對法,有這些差別法後就產生愛恨情仇、取捨分別,這是有為法。

　　凡夫不明白有為法其實是「妄念」所生,《金剛經》裡佛陀就告訴我們:「凡所有相,皆是虛妄。」就是要破除我們對於有為法的差別與執念,了解這個道理後契悟無為法就轉凡夫成賢聖。

　　無為法有不同的層次,了解無為法就有了賢聖的果位,以有漏智修善根者,稱為賢位的修行者;以無漏智正見證理者,叫做聖位的修行人。賢位跟聖位,其實它是同一個目標,

只是差在有沒有親證真如。

　　聲聞乘有賢位：從五停心觀、別相念住、總相念住、煖、頂、忍、世第一，這個就是七賢位。到了初果、二果、三果、四果，這已經破除我見，破除見惑後就叫做聖位。菩薩乘也是有賢聖位的差別，差別在於是不是能親證真如，十住、十行、十迴向是三賢位；初地到十地、等覺、妙覺，是聖位。悟到無為法、悟到真如，親證真如是為初地，從此「無明分分破，法身分分現。」法身現的層次成就初地到十地之別，直到完全沒有無明，就是阿耨多羅三藐三菩提。

　　由於賢聖所證皆是無為法，而阿耨多羅三藐三菩提是最究竟的無為法，因此，阿耨多羅三藐三菩提不可得，佛陀所說的法不可取、不可說，此即「無得無說分」的真實義。

問題 1.「如來所說法，皆不可取、不可說；非法、非
非法。」看起來如此矛盾的文字裡，要我們理
解的內涵為何？

溫故知新

問題 2. 甚麼是無為法？

問題 3.「一切賢聖，皆以無為法而有差別。」賢與聖
究竟有無差別？

《金剛經》依法出生分第八

須菩提！於意云何？若人滿三千大千世界七寶，以用布施，是人所得福德，寧為多不？須菩提言：甚多，世尊。何以故？是福德，即非福德性，是故如來說福德多。

若復有人，於此經中受持，乃至四句偈等，為他人說，其福勝彼。何以故？須菩提！一切諸佛，及諸佛阿耨多羅三藐三菩提法，皆從此經出！須菩提！所謂佛法者，即非佛法。

依法而有
法偈演說
出佛寶典
生所即非

須菩提！於意云何？若人滿三千大千世界七寶，以用布施，是人所得福德，寧為多不？
須菩提言：甚多，世尊。何以故？是福德，即非福德性，是故如來說福德多。

前言：依法出生

　　此分名為〈依法出生〉，為什麼在講完〈無得無說〉後，接著談〈依法出生〉呢？
既然是無得無說，又依什麼法？生出什麼？

　　這裡所謂的出生，指的就是生出阿耨多羅三藐三菩提。《金剛經》從第一分到第
七分為止，一直在談空性，既然是空性，如何從空性中生出無上正等正覺？第八分所
說的，就是從真空而生出妙有，這個妙，妙到最高的無上正等正覺。

諸法空相　從假入空

　　前面第一分到第七分，佛陀不斷地為須菩提開示「凡所有相，皆是虛妄」的道理，
為的是要讓眾生能離相，不要執取所有的假相，主要談的是諸法空相。

第八分開始，《金剛經》進入新的段落，在第八分佛陀問須菩提：「於意云何？若人滿三千大千世界七寶，以用布施，是人所得福德，寧為多不？」如果一個人用三千大千世界的七寶拿來做布施，所得到的福德是否很廣大？

須菩提回答：「非常的多。」為什麼布施可以得到大福德？須菩提說，因為「是福德，即非福德性，是故如來說福德多。」

前面提到，菩薩在修布施時，他的心是以空性的觀念來修布施，借假修真，而通達福德的體性是空性。因為以無所得的心，以通達空性的心、不執著的心來修行，所以他修的所有善法、布施，乃至一切的菩薩行，所得到的效用是廣大無邊如虛空一般。

雖然知道這一切都是虛妄的，可是這段經文，佛陀又特別談到修福德這件事情，表示《金剛經》所談的空性，不是叫我們什麼都不要做，而是要我們在行一切世間法時，以一個出世間的、出離的超然心態來修行。

雙離空假 契入實相般若

從第八分開始，出現一個《金剛經》常有的邏輯句法，就是：「是什麼，即非什麼，是名什麼」。如這一段經文：「是福德，即非福德性，是故如來說福德多。」又如：「所言一切法者，即非一切法，是故名一切法。」乃至於這一分的最後「所謂佛法者，即非佛法。」有的版本還會加上「是名佛法」。

這一段的論述方式，就是從假入空，再來從空出假，最後空假雙離，契入實相般若。前面第一分到第七分修習離相布施，這一分開始，談離相布施後，真空如何生妙有，佛陀告訴須菩提福德之性是空性，因此福德才能廣大無邊。

若復有人，於此經中受持，乃至四句偈等，為他人說，其福勝彼。何以故？須菩提！一切諸佛，及諸佛阿耨多羅三藐三菩提法，皆從此經出！須菩提！所謂佛法者，即非佛法。

諸佛、阿耨多羅三藐三菩提法皆由此經出

學習《金剛經》有很多種方式：受持、讀誦、書寫，乃至為人解說都是修習《金剛經》的方式。佛陀特別強調，只要有人修習此法，聽聞一字一句，乃至四句偈等，為他人說，這個福報，勝過布施三千大千世界的珍寶。表示我們能聽聞佛法是非常殊勝的福德，亦可知這部經的殊勝。

為什麼受持四句偈的功德這麼的殊勝？因為「一切諸佛，及諸佛阿耨多羅三藐三菩提法，皆從此經出！」

佛之所以成佛，以及他成佛的方法，在金剛經裡有非常深刻的開示，同樣地，佛弟子們要成佛，如法受持《金剛般若波羅蜜經》，也可以走上成佛之路。

佛法解脫的三個觀念　從「因」上改變命運

佛法有別於世間一切的哲理，它不止是一套邏輯思惟，它是觀察宇宙人生的真理後找出一個法則，讓大眾可以依之而行，最終得到究竟的安樂解脫。

佛法談到三個非常重要的觀念：

第一、世間一切萬物、萬事都依著因果法則在運行，有如是因就有如是果。

「欲知過去因，現在受者是；欲知未來果，現在作者是。」開創自己的命運，要從因上努力，現在做什麼、想什麼、學習什麼，都會改變我們的命運，這是佛法教給我們創造人生幸福最直接了當的積極做法。

第二、緣起性空。一切法都是因緣和合而生，並非單因獨緣可成就，因為是眾緣和合，緣起性空。

第三、人人都有佛性，眾生皆可成佛。明白這個道理我們就知道，命運是掌握在自己的手上。

能了解這三個道理就懂所有宇宙人生的實相，這就是佛法。佛陀的教法讓大眾首先能破迷開悟，然後依步驟去實踐達到最後的佛果，這就是佛法中所說的信、解、行、證，這

樣的次第，是世間少有的修行方式，這一生能遇到佛法，我們要用生命的實際體驗來證實他的殊勝性。

聽聞受持的無上功德

在這裡佛陀要強調的是聽聞佛法、受持佛法的殊勝功德，比拿三千大千世界的珍寶來供養布施的功德都還要來得廣大、不可思議。

為什麼聽聞佛法會有這麼殊勝的功德？因為聽法的內容可以讓我們解脫，可以讓我們轉凡成聖，最後得到究竟的佛果。

有很多供養布施的人不了解福德的本質是空性，因此產生執著，用執著的心來布施所得到的功德，就是有限及有漏的福德。如果聽經聞法，破除自己的無明、愚癡、妄想、執念，就能把所修的福報跟善法轉換為無上的功德。

《方廣大莊嚴經》卷十二裡提到，聽經聞法有端正好色、力勢強盛、心悟通達、得妙辯才、獲諸禪定、智慧明了、出家殊勝、眷屬強盛等八種功德。

為什麼會有這麼殊勝的功德呢？因為當我們聽聞佛陀的教法後，解答了我們心中的疑惑，破除自己的執念及無明，最終讓自己的心可以開朗。

佛陀來到這個世間目的只有一個，就是讓眾生開、示、悟、入佛的知見。當我們了解原來自己也可以成佛，也可以成聖成賢時，你對自己的生命就會充滿期待，可以化被動為主動，人生可以有一個努力的方向，讓生命有不同的意義，所以聽聞佛法的殊勝功德，勝過你拿三千大千世界的珍寶來布施。

故事1：蛤蜊因聽佛說法而成天人

《善見律》裡記載著佛陀在世時曾經到瞻婆羅國迦羅池邊為大眾說法，當時池中有一隻蛤蜊，聽到佛陀在池邊說法的聲音就從池裡出來，到草根下聽聞佛法。

當時有個人在放牛，看到佛陀在法座上為大眾說法，他也前去聽佛說法，當他停下腳步就順手把他手上趕牛的棒子往地上一插，在這一瞬間卻把這個蛤蜊的頭插破了，蛤蜊當下一命嗚呼。

命終之後，蛤蜊竟然升天了，而且他的宮殿縱廣十二由旬，天女娛樂的種種快樂情景都在他的生命中出現，蛤蜊就想，為什麼他有這個福報？

天人是有神通的，蛤蜊天人回溯既往發現，原來就是他在命終之前聽佛說法，雖然只有片段的瞬間，這時他心中非常的感恩，所以下到凡間來頂禮佛陀。

佛陀當時還在說法，一看這個人就知道他是剛剛升天的這隻蛤蜊。

佛陀就故意問他：「你是什麼人？為什麼突然來頂禮我呢？」

蛤蜊天人回答佛陀：「我過去是只蛤蜊，在水中聽聞佛陀說法時來到水邊的草根下，結果有個牧牛人持杖來聽法，不小心用杖刺穿我的頭，我當下命終，沒想到聽經聞法的功德卻讓我得以升天。」

佛陀以此因緣為蛤蜊天人說偈，為大眾說法。當時大眾因為聽聞佛陀的法音，當場就有人證得須陀洹果，也有人證得斯陀含果，大眾都紛紛發了菩提心。蛤蜊天人也因為聽聞佛法證到須陀洹果，非常快樂地回到他的天上。

受持演說四句偈之功德

只因為聽法一只蛤蜊就可以得到這麼大的福報，更何況人以信心聽法，當然不止是成就蛤蜊天人的這種福報，還有無量無邊的功德。所以佛陀說：「若復有人，於此經中受持，乃至四句偈等，為他人說，其福勝彼。」

這裡特別要提出來談的是四句偈。偈誦，是印度宗教使用的唱誦詞，以四句為一偈，譬如《華嚴經》有十萬偈頌。金剛經這裡談到只要讀四句偈，就可以成就殊勝的功德，那四句偈是哪四句？

有說：「若以色見我，以音聲求我，是人行邪道，不能見如來。」有說：「一切

有為法，如夢幻泡影，如露亦如電，應作如是觀。」也有說：「以無我、無人、無眾生、無壽者。」這一些都是《金剛經》裡的四句偈。

這裡提到四句偈，講得是受持少分之意。如果我們能夠懂得《金剛經》，哪怕只有四句的經文能夠受持，功德便是無量無邊。

聞法的功德殊勝在於它能讓行者找到成佛之法，最重要的，聽聞佛法後還要實踐，有解還要有行，解行並重，最後才可以成就阿耨多羅三藐三菩提。

隨說法　隨破法執

最後世尊講完〈依法出生〉的要旨後還補上：「所謂佛法者，即非佛法。」這天外飛來一筆的說法是《金剛經》的特色。

《金剛經》一邊說一邊破，「所謂佛法者，即非佛法。」是什麼意思？

前段論述中，確實有阿耨多羅三藐三菩提，且成就阿耨多羅三藐三菩提之法，都從這一部經產生，但聽法的人是否因此就對於經典，乃至聞法會心生執著？認為佛法有一定的形式，有一定的要求，甚至到最後產生法執，用學法的標準、用佛陀講述的標準來衡量他人。

很多人學佛後覺得自己很懂佛法，就看不起其他不學佛或尚未學佛的人，這其實是不明白什麼是佛而產生的錯誤見解，在佛陀的心中每一個眾生都可以成佛，因為眾生本來就是佛，只是眾生自己不知道。

故事 2：蘇東坡與佛印－心中有佛所見皆佛

宋朝的大文學家蘇東坡跟佛印禪師兩個人是好朋友，有一次蘇東坡和佛印一起打坐，兩個人對坐一宿後，蘇東坡就跟佛印談論起佛法。佛印說蘇學士修行越來越好，你就像一尊佛一樣坐在我的面前。

蘇東坡聽了非常得意，覺得自己真的修得非常好，可是蘇東坡心裡總是想要讓佛印禪師下不了臺，所以他就回了一句：「謝謝您的稱讚，大師可要加油了，因為在我的眼中，您怎麼修得像一坨糞呢？」

佛印笑了笑沒有回答什麼，蘇東坡很高興，覺得這一次他贏了。

回到家，蘇東坡洋洋得意地跟蘇小妹談起這一段對話，蘇小妹哈哈大笑說：「哥哥，你這一次輸慘了。」

蘇東坡不解：「為什麼這樣說？」

蘇小妹說：「佛經裡講心淨則佛土淨，意思是所有你看到的世界都是你心的顯現。

佛印禪師看到哥哥說你是一尊佛，那是因為他心中有佛，所以看到什麼都是佛，但你看到佛印禪師卻是一坨糞，請問這代表你的心中有什麼呢？」

蘇東坡的三首詩 – 修行的三個境界

蘇東坡一生寫過非常多膾炙人口流傳千古的作品，其中有三首詩作可以代表修行的三個境界：

第一首題西林壁詩：「橫看成嶺側成峰，遠近高低各不同。不識廬山真面目，只緣身在此山中。」

還沒有修行時，對於所有的名山勝水我們都有嚮往之心，見山是山，見水是水，最美的山就是廬山，嚮往之卻又看不清。

就像我們身邊的人，你往往沒有真實地認識他，即使住在同一個屋簷下，卻只是個熟悉的陌生人，有時候因為我們心中的恩怨情仇、愛恨取捨而對這個人貼上標籤。由於沒有把自己的「我」突破，我們看出去的外境就會有自己的觀點與定義，進而形成自己獨有的世界。

這是第一個境界，見山是山，見水是水的境界。

第二首「不過如此」階段：「廬山煙雨浙江潮，未到千般恨不消，到得還來別無事，廬山煙雨浙江潮。」這是蘇東坡去觀潮時所寫下來的理趣詩。

還沒有修行見山是山，見水是水，後來開始修行，對原先的生活來個大否定，嚮往清

淨的悠遠，而煩惱人世間的糾纏。等到我們掙脫，來到清淨地後，就發現廬山煙雨浙江潮，還是原來的樣子。

從剛剛開始的苦苦追求，到平常心是道，原來到得還來無別事，春在枝頭已十分。我們每天到處尋找，最後發現，原來寶珠就在自家之中，只是不明此理而沒有珍惜這一念與佛無異的清淨自性。

到第二個階段，已經有一個不過如此，回歸於平常的這種修行境界。

第三個階段，從空中生出妙有，這是蘇東坡住在東林寺的一首感悟詩：

「溪聲便是廣長舌，山色豈非清淨身。夜來八萬四千偈，他日如何舉似人。」

潺潺溪聲與明麗山色無非是純淨無垢的禪心表現出來的淨土境界，如果我們懂得品嚐人世間的每一天，萬事萬物都在跟我們說法。天台宗智者大師講圓教的道理，圓悟「一色一香，無非中道了義」，只是我們能不能領會。

過去青原惟信禪師，有一段著名的禪語：「老僧三十年前未參禪時，見山是山，見水是水。及至後來，親見知識，有個入處，見山不是山，見水不是水。而今得個休歇處，依前見山只是山，見水只是水。」

「見山是山，見水是水」，因境界而起判斷分別，執為實有。

「見山不是山，見水不是水」，了知一切法的本質是空性、共通的，皆由因緣假合而成虛妄不實的相狀，這是從假入空。

「見山又是山，見水又是水」，菩薩行從空出假時，心淨則國土淨，但不妨礙由不同願心所展現的不同淨土，到最後發現平常心是道，還是吃飯穿衣，原來如此。

　　一般人總是落入兩邊，要麼就汲汲營營地追求，要麼就遺世獨立地冷眼旁觀，不管是出世也好入世也罷，過度，都是一種執取，如果能了解不管是出世或入世其實都離不開這一念心，也就不會有《六祖壇經》所說：「離道別覓道，終身不見道，波波度一生，到頭還自懊」的這種懊惱。

　　所以，佛陀說：「所謂佛法，即非佛法。」當我們能打破對於佛法的執念，你會發現，離開這個世間要去尋覓佛法的境界是種錯誤的妄想，而執著一個可以得到的佛法也是種錯誤的認知，這世上所有的外境也不過與自己的一念心有關，明白了這一念心，所有的大地都是廣長舌，都是淨法身，那麼我們也就真正地了解《金剛經》，就能從自己的心裡依法出生啟發出無上的智慧。

溫故知新

問題 1. 為何修習金剛經的福報勝過布施三千大千世界的珍寶？

問題 2. 要了解宇宙人生的實相並且改變命運，應如何做？

問題 3. 金剛經中談到四句偈殊勝的功德，這裡的四句偈應該怎麼解讀？

問題 4. 「所謂佛法者，即非佛法。」要表達的是什麼？

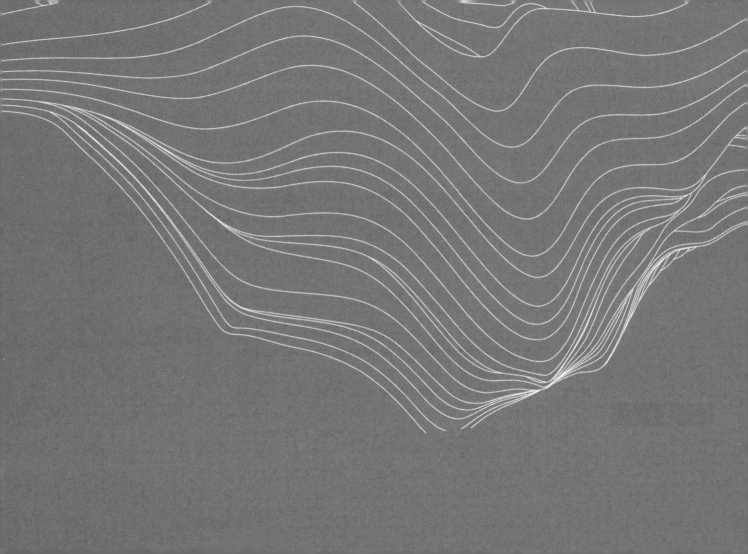

《金剛經》一相無相分第九

須菩提！於意云何？須陀洹能作是念，我得須陀洹果不？須菩提言：不也！世尊。
何以故？須陀洹名為入流，而無所入，不入色聲香味觸法，是名須陀洹。

須菩提！於意云何？斯陀含能作是念，我得斯陀含果不？須菩提言：不也！世尊。
何以故？斯陀含名一往來，而實無往來，是名斯陀含。

須菩提！於意云何？阿那含能作是念，我得阿那含果不？須菩提言：不也！世尊。
何以故？阿那含名為不來，而實無不來，是故名阿那含。

須菩提！於意云何？阿羅漢能作是念，我得阿羅漢道不？須菩提言：不也！世尊。
何以故？實無有法，名阿羅漢。世尊！若阿羅漢作是念，我得阿羅漢道，即為著
我人眾生壽者。

世尊！佛說我得無諍三昧，人中最為第一，是第一離欲阿羅漢。世尊，我不作是念，
我是離欲阿羅漢。世尊！我若作是念，我得阿羅漢道，世尊則不說須菩提是樂阿
蘭那行者。以須菩提實無所行，而名須菩提是樂阿蘭那行。

一念而未證
相有不入流
無曾得之也
相實無諍行

前言：一相離相

「一相」就是實相，不二之相，實相是無相，所以要遠離所有的相。
此分談推廣離相之法，也就是推廣降心之法，降伏其心就必須要離相。

前面三分說到度眾生要離相，這一分講縱使修得聖果還是要離相，一切相都要離。
行菩薩道是上求佛道、下化眾生，上求佛道要離相，下化眾生也要離相。

在般若會上，迴小向大的二聖聖人認為度眾生離相的功夫很難，如果度眾生著相，
妄心就降伏不了，降伏其心要從離相下功夫。

佛陀問，二乘人所證得的果位，證果時是否著相？如果著相就不算證果，藉由初
果、二果、三果、四果的討論，來談離相的功夫，這就是「一相離相」的意思。

聲聞四果

這一分出現好幾個名詞：須陀洹、斯陀含、阿那含、阿羅漢，指的是聲聞四果的果位。須陀洹是初果，斯陀含是二果，阿那含是三果，阿羅漢是四果。

佛法的修行人，因為發心的不同可以分成小乘和大乘。

小乘的修行，以了脫生死為主要的目的。凡夫眾生會輪迴在這個世間，主要的原因是迷惑於世間的真相，錯誤的觀念產生錯誤的身口意的行為，最終招致錯誤的結果，如果要解決輪迴，根本之道必須要透過正確的觀察、正確的思惟與正確的行為。

聲聞人聽聞佛陀的教理後起正觀來破除煩惱，隨著煩惱的破除而證初果、二果、三果，到最終破除三界內所有的煩惱，證到四果阿羅漢，這就是聲聞四果。

讓眾生輪迴三界的見惑與思惑

為什麼是會導致輪迴三界的煩惱？天台宗把輪迴三界內的煩惱名為見思惑，包括見惑和思惑。

見惑－身見、邊見、邪見、見取見、戒禁取見

所謂見惑，就是知見上產生的迷惑。包括五種主要的見惑：身見、邊見、邪見、見取見、戒禁取見。

1. 身見－執身為我

身見指的就是執身為我。身是四大五蘊假合，實則沒有我，但是凡夫認為四大五蘊這個身是我，於自身中產生種種的妄想執著。

老子說：「吾有大患，為吾有身。」六道的眾生通通都以身為我，而且認為這是理所當然的，為了這個身費盡心思地保護，供它吃、供它住、讓它舒服、讓它快樂，只要身體不健康心裡就很煩惱，所有的起心動念都為了這個「身」而忙碌，這是我們最根本的煩惱，是有問題的惑業。

2. 無因果觀念的邊見－落入兩邊：斷見和常見

有了身見之後，就會有第二個邊見。所謂的邊，就是落入兩邊，落入兩邊的觀念有斷見和常見。

斷見，就是認為人死如燈滅，死了以後什麼都沒有，一了百了；常見，則是另外一種極端，認為死了之後永遠不會變，人死為人，狗死為狗。

斷見與常見都是錯誤的見解，有了斷見或常見就不會有因果的觀念，也不會想要

從因上努力。

3. 邪見－撥無因果

所謂邪見，就是撥無因果，否定因緣果報的道理。

例如有人說：為什麼要做善事？很多好人也不得好報，這世上壞人這麼多，也沒有看到壞人得到惡報，所以做善有報嗎？做惡有報嗎？人有來世嗎？有前世嗎？

因為不認識因果輪迴的道理就會任意妄為，產生錯誤的觀念以及錯誤的行為。

4. 自以為是最正確的見取見－非果計果

將錯誤的觀念執以為是，覺得自己的觀念是最正確的，叫做「見取見」，其中，最嚴重的就是非果計果。

有一個修行人他證到四禪，在四禪天時他覺得很清淨，就誤認為四禪就是涅槃，以為自己已經證到四果，是阿羅漢，到最後他從四禪出來，發現自己還在輪迴，就產生大邪見，他說：「佛陀騙我！明明說四果的人不再輪迴，為什麼我現在還在輪迴？」

事實上並不是佛陀騙他，而是他錯以為四禪的境界為四果。也有很多人在修行時有感應，就誤以為自己成道證果，非常危險，就是所謂的「見取見」。

5. 戒禁取見－非因計因、非道計道

　　最後一個叫做戒禁取見。以各種非道、不如法的戒為生天之因，或者是涅槃之道，這個叫做非因計因、非道計道。

　　譬如：在禪定中看到牛、雞升天，就以為要像牛一樣吃草，或者是像雞一樣金雞獨立，這樣就可以升天，所以就持了牛戒、雞戒。這個是錯誤的因，而產生錯誤的持戒行為。

　　有很多民俗禁忌事實上是沒有根據而且沒有道理的，但是我們卻覺得它是一個忌諱。例如不可以用手直接指月亮；或者是插香要用左手，不可以用右手；女眾在生理期時不可以去拜拜、不可以進廟；或是喪禮、葬禮時，有某一些生肖犯沖的人不可以參加、不可以出席。這些是民俗上的禁忌，但它並不是依據正確的因果之理而產生的，這叫做戒禁取見。

　　以上五種錯誤的觀念只要聽經聞法就可以導正知見。我們現在來熏修《金剛經》，來聽聞佛法，就是希望可以破除知見上的迷惑，有了正確的觀念，就可以斷除煩惱、生死。

思惑—貪、瞋、癡、慢

　　如果沒有斷除見惑，也沒有自覺自己的觀念是錯誤的，就會因此而產生錯誤的行為、錯誤的習慣，形成所謂的思惑。

　　思惑可以分成貪、瞋、癡、慢四種，這四種思惑是由於生生世世長久的薰染，以

至於已經變成習慣形成習氣，需要下一番功夫才能轉化去除。

這些煩惱的輕重又有品級，欲界有九品的貪、瞋、癡、慢，到色界、無色界的八地，每一地當中各有九品。三界九地，每一地各有九品，總共可以細分成八十一種品級。斷除煩惱，就要從上上品斷除，到最後微細的思惑也能夠去除。

如何破見思惑證聖果

見惑共有八十八使，思惑共八十一品。聽到見思惑有這麼多，有沒有覺得一個頭兩個大？看到多如牛毛的煩惱，真的不知道如何下手。

佛陀很慈悲，教導我們一套思惟觀察的觀行方法，依著四念處起正觀，依著四諦理修行，一步一步的可以破除見思惑的煩惱，最終證得初果、二果、三果、四果，到究竟阿羅漢的果位而破除見思惑，解脫三界的煩惱。所以我們要認識初果、二果、三果、四果是如何來認證的。

聲聞的修證，從凡夫要修到阿羅漢果，前後要經歷四個位次，就是四個果位。

初果為須陀洹，譯為入流。意思就是凡夫通過修行，斷盡見惑悟到真理，得入聖人之流。證得須陀洹果以後，永遠不會再墮入三惡道，再經過七次的天上人間往返修行後，就會證到四果阿羅漢。

證到須陀洹果後，繼續再斷思惑。如果斷除欲界的前六品思惑，稱為斯陀含果，剩下三品還沒有斷盡，因此斯陀含翻譯為一往來，意思就是需要在人間天上再往返一次，就可

以斷除欲界的煩惱，生到色界的五不還天。

　　三果阿那含，譯為不還。二果斷除欲界的前六品思惑，再繼續斷除欲界的後面三品思惑之後，欲界的煩惱都斷除，因此阿那含不會再回來欲界受生，稱為不還。證到阿那含之後，死後住在五淨居天，就是四禪的五不還天，在五不還天當中繼續修行，斷除上二界的煩惱，最後證得阿羅漢果。

　　四果阿羅漢，意為斷盡欲界、色界、無色界的見惑和思惑，究竟無餘，成就不再輪迴的聖果。證到阿羅漢的時候，會說四句偈：「我生已盡，梵行已立，所做已辦，不受後有。」就是不再來三界輪迴，不再有後面的生死。以上四種果位，前三果還沒有斷盡煩惱。到阿羅漢時，他斷除三界內的見、思二惑，所以稱為無學位。

須菩提！於意云何？須陀洹能作是念，我得須陀洹果不？須菩提言：不也！世尊。何以故？須陀洹名為入流，而無所入，不入色聲香味觸法，是名須陀洹。

初果入流 - 入聖人之流

　　佛陀問須菩提：「須菩提！於意云何？須陀洹能作是念，我得須陀洹果不？」須陀洹會有這樣的想法：我已經證得須陀洹果了嗎？
　　須菩提回答：「不也！世尊。」為什麼？
　　因為「須陀洹名為入流，而無所入，不入色、聲、香、味、觸、法，是名須陀洹。」

須陀洹是初果，初果叫做入流，入聖人之流。

要怎麼入流？要對於這個世間的所有色、聲、香、味、觸、法有正確的觀察，知道這一切法都是虛妄，不攀緣、不執取。其實「入流」，是「不入」，不入色、聲、香、味、觸、法塵，才能稱為入流，才能證到須陀洹的果位。

如果須陀洹想：我得須陀洹果，等於他起了一個念頭，執著於我「得」的觀念，是有所得的觀念，對於這個境界產生執取，那麼就不叫做入流。

凡夫在知見上產生的惑業，就是錯誤的見惑，須陀洹已經斷除這八十八種惑業，對於世間的色、聲、香、味、觸、法這五欲六塵之境，不會再起分別的執念，如果他還能起我已經得到須陀洹這個果位的念頭，表示他的我相還在，那麼見惑就沒有斷除，所以在這裡須菩提說須陀洹已經不入六塵之境，不起分別之心，因此須陀洹才可以稱為證得須陀洹。

總而言之，只要還有一丁點貪戀五欲、六塵，就會有輪迴生死的危險。

故事1：金碧峰禪師與紫金缽

宋朝有一位金碧峰禪師，禪定功夫頗為了得，能於天地之間藏身，來無影去無蹤。有一天閻羅王翻開生死簿，看到金碧峰禪師的陽壽已盡，但奇怪的是他早應該要來報到了，為什麼沒有來呢？因此閻羅王就派了兩個小鬼去抓金碧峰禪師。

小鬼們找到金碧峰禪師住的地方卻找不到這個人，沒有辦法交差，只好去找土地公。

土地公説金碧峰禪師是個大修行人，雖然陽壽已盡，可是他仍在入定中，還沒有出定之前誰也找不到他。

小鬼就説：「怎麼辦？這樣下去我們是交不了差的，請土地公想個辦法，我們必須要把他帶回去見閻羅王。」

土地公想了半天就説：「金碧峰禪師修行很好，皇帝供養他一個紫金鉢，他對這個紫金鉢愛不釋手，如果你能夠找到他的紫金鉢，你就可以找到金碧峰禪師。」

小鬼們一聽，就變成兩隻老鼠找到了紫金鉢並且把它推到地上。

紫金鉢墜地發出砰的一聲，馬上就聽到金碧峰禪師的聲音：「誰在動我的紫金鉢？」本來禪師已修到一念不生法界藏身，現在有了這麼一點點的牽掛，一起心動念就被這兩個小鬼給抓到了。

兩個小鬼抓到金碧峰禪師後很高興地説：「金碧峰你時間到了，現在跟我們走吧，向閻王報到去。」

金碧峰禪師很懊惱，「唉！修行修了一輩子，修得來無影去無蹤，卻被這個紫金鉢給障礙，貧僧修行就毀在這鉢上，紫金鉢真的是害人不淺。」

　於是就跟小鬼說：「我這一生都沒有犯錯，到哪裡都可以，但是一下子要把我帶走，總是要給我一個心理準備，麻煩兩位大哥，可不可以給我幾分鐘準備一下？」這兩個小鬼看金碧峰禪師是修行人就答應了他。

　兩個小鬼一放開金碧峰禪師，他馬上就把紫金缽給摔碎了，破了貪愛，兩腿一盤又入定去，同時還丟下一句話：「若要拿我金碧峰，猶如鐵鍊鎖虛空，鐵鍊鎖得虛空住，方能拿我金碧峰。」兩個小鬼就再也找不到金碧峰禪師了，因為金碧峰禪師對這個世間已經沒有任何一絲一毫的留戀。

　前面提到，須陀洹是聲聞四果第一階的聖人果位，要如何進入聖人之流？就是要不入流，不入色、聲、香、味、觸、法。金碧峰禪師的故事給我們一個省思，自己的修行有沒有辦法能像金碧峰禪師一樣，一點牽掛都沒有？如果有所牽掛，想多了、想久了，心就會被牽制而不得自在。

　寫經也是如此，不入色、不入聲、不入香、不入味、不入觸、不入法，無所住而生其心，專注於一筆一劃，不要執著於色，不要執著於字體，不要執著於自己的觀念，不要執著於自己的身體，放下所有的罣礙，放下我執，放下偏見，透過寫經觀照自心，如果發現自己還有執念，就用般若智慧來照破它，回到自己的本心本性，「應無所住而生其心」，當我們安住在這念清淨自性時，就不入色、聲、香、味、觸、法，這就是須陀洹的入流之境。

須菩提！於意云何？斯陀含能作是念，我得斯陀含果不？須菩提言：不也！世尊。何以故？斯陀含名一往來，而實無往來，是名斯陀含。

二果離相 - 不起分別心

斯陀含是二果，翻譯成一來果。為什麼叫做一來？因為初果斷了見惑以後，還有思惑還沒斷除。

思惑微細難斷，在三界九地當中，每一地都有九品的思惑，九九八十一，總共有八十一品，其中最難斷除、最使人顛倒的就是欲界的九品思惑。

因為欲界是欲望之界，欲界的眾生有三種根本的欲望：飲食、睡眠、男女。一切的眾生由於婬欲而生起煩惱，成為流轉生死的根本，這就是最粗、最重，也最難斷的惑業。

證到初果的聖人，接下來就積極的斷除思惑，雖然沒有辦法一下子九品完全斷除，能先斷除前六品就是二果的聖人，叫做斯陀含。還剩下三品的煩惱，只要再受一番的生死，天上人間一來一回，就可以把後面三品的思惑完全斷除，而超出欲界得證三果，所以斯陀含名為一來。

佛陀問須菩提：「斯陀含得到二果，有作是念：我得了斯陀含果嗎？」

須菩提回答說：「不也，世尊。」何以故？

因為「斯陀含名為一來，而實無不來。」斯陀含稱為一來果，從初果就已經不入色、聲、香、味、觸、法，不起分別心、不起分別惑來滋潤生死，更何況已經證得二果。對於欲界的惑能斷除就更不可能執著於一來之相，雖然稱為一來，事實上心裡並沒有分別這些往來之相，所以須菩提回答：「因為斯陀含沒有分別之念，稱為斯陀含。」

須菩提！於意云何？阿那含能作是念，我得阿那含果不？須菩提言：不也！世尊。何以故？阿那含名為不來，而實無不來，是故名阿那含。

三果離相 - 實無不來

證得三果的聖人，稱為阿那含。佛陀問：「阿那含會認為自己已經得三果了嗎？」須菩提回答：「阿那含名為不來，又名不還。」欲界的思惑斷除，不用來到欲界受生，所以是不還。

阿那含到色界四禪天中的五不還天繼續修行，在五不還天斷除上二界的思惑，最後證到阿羅漢，不用生起來之相，也不用起不來之相，不管來還是不來，他都沒有再起這個念頭。

須菩提！於意云何？阿羅漢能作是念，我得阿羅漢道不？須菩提言：不也！世尊。何以故？實無有法，名阿羅漢。世尊！若阿羅漢作是念，我得阿羅漢道，即為著我人眾生壽者。

四果離相－煩惱斷盡

阿羅漢是梵語，意思有三：第一殺賊，第二應供，第三無生。阿羅漢是能把三界以內的煩惱斷盡成就四果的聖人。既然已經證到無生的果位，這三界的一切法都不生，不生，怎麼還會起一個「我是阿羅漢」的這個法？所以根本沒有一個實實在在的法稱為阿羅漢。

意思就是說，阿羅漢只是一個假名，實際上並沒有一個實實在在的阿羅漢法，因此不說得了阿羅漢法。如果你認為有一個阿羅漢法，有一個阿羅漢法可證，那不是就表示你有生了嗎？就不是證得無生。

接下來就繼續說：「若阿羅漢作是念，我得阿羅漢道，即為著我人眾生壽者。」實際上沒有一個實實在在的阿羅漢法能被得到，如果阿羅漢認為自己是阿羅漢，那麼就是有「我相、人相、眾生相、壽者相，」怎麼能稱為阿羅漢呢？能、所差別的四相是眾生之相，如果我執、我相都沒有斷除，根本就不能說是阿羅漢。

世尊！佛說我得無諍三昧，人中最為第一，是第一離欲阿羅漢。世尊我不作是念，我

是離欲阿羅漢。世尊！我若作是念，我得阿羅漢道，世尊則不說須菩提是樂阿蘭那行者。以須菩提實無所行，而名須菩提是樂阿蘭那行。

須菩提舉己為例

最後須菩提拿自己來做例子、做證明。

佛陀的弟子當中有很多人修行很有成就，只要用功得不錯，佛陀都會讚歎他。

須菩提說：「佛陀，您讚歎過我，說我得到無諍三昧，人中最為第一，是第一離欲阿羅漢。您讚歎我是第一名，如果我因此而起貪著之心、名利之心，沾沾自喜，那怎麼能叫做無諍三昧呢？如果我有這個分別心，表示自己的心裡還有欲望，那麼就不是離欲阿羅漢，也不是無諍三昧，因為『我不作是念』，不認為自己很了不起，也不認為自己證得阿羅漢，更不認為自己是第一，所以佛陀才認可我是第一離欲阿羅漢，也認可須菩提是樂阿蘭那行者。」

阿蘭那翻譯成無諍，也叫做寂靜。須菩提得到了寂靜的功夫，世尊就讚歎「須菩提是樂阿蘭那行者」，最主要是因為須菩提實無所行。

故事 2：道信禪師度牛頭法融

　　禪宗四祖道信禪師有一天看到牛頭山有紫雲之氣，便知道這座山裡有奇異之人，於是親自來尋訪。

　　山腳下有一座寺廟，他問寺廟裡的僧人：「請問這裡有修行人嗎？」僧人覺得很奇怪就回答：「出家人哪一個不是修行人？」道信問：「哪一個是修行人？」僧人被問得啞口無言。

　　另外有一個僧人聽到他們的對話就來回答：「師父，您應該是要找這個人吧，在我們的後山大約十里的距離有一個懶融，他看到人不起坐也不合掌，可能是師父您要找的修行人。」道信禪師於是入山尋找這位懶融禪師。

　　懶融禪師本名叫做法融，因為都不理會他人，懶於應酬，所以大家都稱他是懶融。
道信禪師見到法融在大石頭上禪坐，果然見人不起亦不合掌。
道信問：「在此作甚麼？」　　　法融回答：「觀心。」
道信又問：「觀者何人？心是何物？」
法融聽到如此的問題，便知來者不是普通人，於是起坐作禮：「大德，您從哪裡來？」
道信回答：「貧道不決所指，或東或西。」意思是我是雲遊四海的。
法融問：「請問您認識道信禪師嗎？」

P191

道信問：「你為什麼問他？」

法融說：「嚮德滋久，冀一禮謁。」對禪師的德行仰慕已久，希望有一天能親自拜見。

道信就說：「貧道是也。」

法融問：「您為什麼會來？」

道信說：「特來相訪，請問這裡有沒有可以坐下來好好談話的地方？」

法融指後面說：「後面有一座小庵。」於是就引著師父到後面的小庵。到了門口，看到庵前的路上有老虎、野狼之類的動物在附近走動，道信舉兩隻手，有恐懼之勢。

法融就問：「師父，您還有這個在？」

道信反問：「這個是甚麼？」法融無語。

道信在法融的座位上寫一佛字，法融回到座位上時，看見佛字突然愣了一下，道信馬上說：「還有這個在。」法融於是稽首請說真要。

道信禪師說：「夫百千法門，同歸方寸，河沙妙德，總在心源。一切戒門、定門、慧門、神通變化，悉自具足，不離汝心。一切煩惱業障，本來空寂。一切因果，皆如夢幻。」一切萬法不離自性，自性本空，所以煩惱、業障，本自空寂。剛才看到虎、狼，道信有恐懼之狀，表示他會害怕；法融看到有佛字寫在座位上，如果他一屁股坐下去，是對佛不恭敬，於是他產生畏懼之心。害怕也好、畏懼也好，都是沒有了達煩惱、業障本來空寂，有一些些就還有一些些，有一絲絲的罣礙就還有一絲絲的罣礙，如果我們是觀心之人，就要了解心是什麼？能觀之人為何？

了解這個道理後，接下來應該要怎麼修行？

道信禪師繼續開示：「無三界可出，無菩提可求。人與非人，性相平等。大道虛曠，絕思絕慮。如是之法，汝今已得，更無闕少，與佛何殊？」既然跟佛沒有差別，性、相是平等的，那麼應該要如何來修呢？

「更無別法，汝但任心自在，莫作觀行，亦莫澄心，莫起貪瞋，莫懷愁慮，蕩蕩無礙，任意縱橫。」原來不起雜念、不起妄念，甚至於連善念、連觀行的正念都不起，只要任心自在即可。

但是有的人會誤解以為如此我們就可以任意妄為，不是的。

道信禪師繼續解釋，依著菩提自性而自在時，這個心的作用是「不作諸善、不作諸惡，行住坐臥、觸目遇緣總是佛之妙用。」佛陀的起心動念、行住坐臥都是無量的神通妙用，因為他是自在的，不會被世間的煩惱、五欲六塵所迷惑，因此他的境界，是「蕩蕩無礙，任意縱橫。」

最後道信禪師就做了一個結論：「快樂無憂，故名為佛。」

我們都最想要讓自己成為一個快樂的人，但為什麼總是不快樂？因為不知道「一切有為法，如夢幻泡影。」因此迷失自心而向外馳求，追求的結果就是自討苦吃。

　　現在了解一切諸法皆如幻化，只有這一念菩提自性是本自具足的，那就回到自己的真如。既然一切都具足、一切都不假外求，就不需要在意這個世間，不需罣心於世間的境遇、人情冷暖，所謂「但自無心於萬物，何妨萬物常圍繞。」

　　道信禪師在見法融之前，法融的修行有百鳥獻花、群猿獻果、紫雲成氣的神通展現，自從道信禪師見了法融禪師後，這些百鳥、群猿，通通找不到法融禪師，紫雲也沒了，這是好境界嗎？過去你的修行是有目共睹，乃至於禽獸、鬼神都能感應，現在把自己所有在世間的罣礙，通通收攝得一乾二淨，在天地之間了無蹤跡，這是法界藏身，這樣的修行，已經超越世間、出世間。

無諍三昧：不起諍心　無違無諍

　　須菩提解空第一，非常了解一切萬法本空之理，所以他說：「佛說我得無諍三昧，人中最為第一，是第一離欲阿羅漢。」

　　什麼是無諍三昧呢？無諍三昧相，常觀眾生不令心惱，多行慈愍。

　　無諍有二種：第一，以三昧力將護眾生，令不起諍心。第二，隨順法性，無違無諍。

　　須菩提是弟子當中解空第一的阿羅漢，不但得到無諍三昧，而且在三昧中始終「常善順法相，無違無諍。」內心既無諍，在外表現當然就是「不令心惱，多行憐愍。」不管是

對內對外，都能表現出和悅之氣與無諍之相。

　　無諍，就是不分別；而衝突對立、不和諧，就是諍。世間總是因為知見上的差異而諍，因為欲望追求而諍。諍有見諍與愛諍。見諍，就是知見上的衝突，每一個人都堅持己見，覺得自己的看法是最正確的，因此在自己的見解上爭論不休；愛諍，則是對於五欲、六塵有種種的追求佔有。

　　這個世間總是不平靜，大家都為了各自的見諍與愛諍而爭論，無諍，就是了達一切萬法本自空寂，自然而然就對於這些世間的諍不再相應，遠離所有的諍。

　　須菩提通達空性，能夠做到無諍、無惱，也因此成為眾比丘的表率，被佛陀認可為「中最為第一。」佛陀稱讚須菩提已證得無諍三昧，是「第一離欲阿羅漢」。須菩提卻不說自己得到什麼第一，如果他有第一的念頭，有這種分別念，那麼當然心裡就有了高低、上下的分別，怎麼稱得上是「第一離欲阿羅漢」？

離相契證實相

　　〈一相無相分〉談的就是離相，不只是對於一切色、聲、香、味、觸法要離相，對於所修得的果位也要離相，初果不做初果想、二果不做二果想，三果四果依然如此。

　　讀了〈一相無相分〉之後，用離相的心態，用不執著、不分別的念頭來面對我們每天

到的人、事、物，那麼我們就可以真正了解什麼是自在，什麼是金剛般若之心。寫禪，也是用這種不執著的心，外離於相，同時也內離於相。

達摩祖師談到入道的方法：「外息諸緣，內心無喘，心如牆壁，可以入道。」當我們在面對一切外境時心不攀緣，內心沒有起雜念、起妄念、起分別，這念心猶如牆壁一般如如不動，那麼就可以入無生之道，入實相之道。

外離於相名禪，內離於相為定。外離相，內離相，在自性當中產生殊勝且不受染的清淨功德，這就是我們寫《金剛經》練心最主要的目的。藉由寫經造塔讓自己外息諸緣，內心無喘，心就像牆壁一樣，就像金剛一樣無堅不摧，所有境界出現都不會被干擾，僅僅只有這一念清淨心現前。如此身、口、心合一，我們跟十方諸佛和須菩提融為一體，寫經就會進入無諍三昧。

溫故知新

問題 1. 何謂聲聞四果？

問題 2. 見惑主要有五種，是哪五種？

問題 3. 思惑有四種，是哪四種？

問題 4. 什麼是無諍三昧？

《金剛經》莊嚴淨土分第十

佛告須菩提，於意云何？如來昔在然燈佛所，於法有所得不？不也！世尊！如來在然燈佛所，於法實無所得。

須菩提！於意云何？菩薩莊嚴佛土不？不也！世尊。何以故？莊嚴佛土者，即非莊嚴，是名莊嚴。

是故須菩提，諸菩薩摩訶薩，應如是生清淨心，不應住色生心，不應住聲香味觸法生心，應無所住而生其心。

須菩提！譬如有人，身如須彌山王，於意云何？是身為大不？須菩提言，甚大！世尊！何以故？佛說非身，是名大身。

莊淨自性
嚴以生心
淨因不住
土果法身

前言：六祖的開悟因緣

〈一相無相分〉中討論了修小乘四果羅漢的境界，這一分〈莊嚴淨土分〉佛以自己的經驗來談如何應住，如何降伏其心。

在《六祖壇經》中，六祖惠能大師自述悟法傳衣的因緣，其中談到他有兩次開悟的過程：

第一次是他在嶺南做樵夫送柴去客棧，聽到一位客人正在誦持一部經典，他聽到「應無所住而生其心」這一句話時，當下有所領悟，這是他第一次的開悟。

悟到什麼？惠能大師悟到：「菩提本無樹，明鏡亦非臺，本來無一物，何處惹塵埃？」空性的道理。

第二次的開悟是五祖大師半夜三更在方丈室，以袈裟遮圍為他講《金剛般若波羅蜜經》，到〈莊嚴淨土分〉時，當下六祖大師大徹大悟：「一切萬法不離自性：何其自性，本自清淨。何其自性，本不生滅。何其自性，本自具足。何其自性，本無動搖。

何其自性，能生萬法。」

　　五祖弘忍大師肯定他與天人師、佛、世尊有無二無別的體悟，進而便將衣缽傳授於他。

　　究竟在〈莊嚴淨土分〉，六祖大師聽到什麼而有此體悟？

佛告須菩提，於意云何？如來昔在然燈佛所，於法有所得不？不也！世尊！如來在然燈佛所，於法實無所得。

故事1：釋迦牟尼佛得然燈佛授記

　　佛陀自述，過去九十一劫前，他作為善慧童子遇到然燈古佛時，由於供養佛七朵蓮花，發廣大願，發菩提心，然燈古佛為善慧童子授記：「汝於來世，當得作佛，號釋迦牟尼。」

　　先介紹釋迦牟尼佛跟然燈佛的因緣，在過去無數劫以前，釋迦牟尼佛曾經是一位修清淨梵行的善慧仙人，他很慈悲，為了眾生而發心，要幫助一切眾生離苦得樂。

　　在人壽八萬歲時，提播婆底城中有一位燈照王，以正法治國，而且慈愛人民，過著安定富足的生活，其樂融融。燈照王有一位太子，名為普光，普光太子儀表出眾，志趣不凡，後來太子出家求道，經過六千年的勤苦修行，證得無上佛果，名為普光如來，這就是然燈佛。

　　然燈佛成道了，消息傳到提播婆底城，燈照夫人聽聞太子成佛的消息，感到無比的歡

喜，舉國上下所有群臣百姓，乃至王公貴族都在想，當年捨棄轉輪王位，出家求道的普光太子現在已經成佛，我等亦當隨佛出家，於是眾人紛紛追隨然燈佛聞法求道。如來為大眾應機說法，其中四千位大臣、婆羅門等，證得阿羅漢果，也有八萬人民成就無生法忍。

然燈佛帶著八萬四千位阿羅漢來到提播婆底城的邊界遊行教化，燈照王得知消息，心大歡喜，於是下令整治國內所有的道路，以香水灑地，寶牀、幡蓋嚴飾，綿延數百里，還有種種珍貴的花莊嚴無比。燈照王希望自己是第一位持花供養然燈佛的人，於是下令國內所有的花都要送到王宮，不得私賣，也不可以在燈照王之前提前供養然燈佛。

此時，在山中獨自修行的善慧仙人做了一個夢，夢中有五個奇特的景象：第一、躺臥在大海之中；第二、頭枕須彌山；第三、海中的一切眾生進入其身內；第四、手執太陽；第五、手執月亮。

善慧仙人心想：「這個奇特的夢，到底是什麼意思？我應當要去請教有智慧的人。」於是善慧仙人動身前往城中，途中行經一群外道修行的處所，他想：「我應當向他們請教所夢之境，同時觀察他們所修的法門。」於是善慧仙人就跟這五百外道上座共相論道，經過論辯之後，五百外道上座完全被善慧仙人所折服，於是他們恭敬的請求要成為善慧仙人的弟子，並且各以銀錢一枚供養善慧仙人。

這個時候善慧仙人聽到其他外道們都在討論然燈佛到城內弘法的消息，心裡歡喜

踴躍，迫不及待地動身入城希望能見到然燈佛。

　　來到城裡，看到城裡的人都忙著在打掃莊嚴街道，於是就問其中一個人：「你知道在哪裡可以買到花嗎？」路人告訴他：「燈照王已經下令國內所有的花都不可以賣，你買不到花的。」善慧仙人感到非常懊惱，但是他仍然四處尋花。

　　遠遠地他看到一位宮女手中抱著一個花瓶，沒想到裡面突然湧現七朵蓮花出來，善慧仙人看到蓮花非常地歡喜，馬上就問這位宮女：「妳的花可否賣給我？」

　　宮女聽到有人向她買花，嚇了一跳，心想：「我已經很小心翼翼地把花藏在瓶裡了，為什麼還會被發現？」宮女低頭看了一眼手中的花瓶，發現蓮花不知道什麼時候已經露出瓶外。

　　宮女無奈地回答：「這些青蓮花必須送到皇宮裡，它們是要拿來供佛的，我不能賣給你。」

　　善慧仙人說：「我願意以五百銀錢購買五朵花。」
宮女心想，這些花值不了幾個錢，為什麼這個人願意付這麼多錢來買花？便問：「你買這些花做什麼？」

　　善慧仙人回答：「聽說今有如來出現於世，燈照王要請佛來應供，能夠遇到佛陀，猶

如遇到優曇缽花一般難得，所以我想要買花供佛。」

宮女又問：「你買花供佛，想求什麼？」善慧仙人毫不遲疑的回答：「為了能夠成就一切種智，廣度無量受苦的眾生。」

宮女聽了之後非常地感動，於是告訴善慧仙人：「我可以把花給你，但是我希望生生世世都能成為你的妻子。」

善慧仙人回答：「我是一個修清淨梵行的人，求的是出世解脫之道，我不能答應妳這個要求。」

宮女非常堅持：「如果不答應我，你就得不到這些花。」
善慧仙人只好答應，他說：「如果妳如此堅持，我只好答應妳的條件，但是我生生世世發願要行菩薩道，如果有人要求我布施頭、目、腦、髓、國城、妻子，妳絕對不能阻止我布施的心願。」

宮女回答：「沒有問題，我答應你的要求，也請你代我將這兩枝蓮花一同供養如來，願我生生世世不忘此一誓願，不離不棄。」

不久之後，燈照王帶領著王宮內所有的王子、大臣、貴族，捧著種種珍貴的名花與寶物，浩浩蕩蕩的出發，全國百姓也跟隨其後，只見燈照王和所有人依次供養然燈

佛，眾人也散花供養佛，而這些花都紛紛墜落在地上。

在人群中的善慧仙人注視著如來莊嚴無比的相貌，在心中默默發願：「願能成就一切種智，以拔濟所有苦難的眾生。」發願之後，便將手上的五枝蓮花散於空中，蓮花在空中化成莊嚴的蓮花臺。

接著善慧仙人將宮女所供養的兩枝蓮花也散到空中，兩朵花停在空中佛身的兩側，大眾從未見過如此種殊勝奇特的景象，非常的歡喜讚歎。

然燈佛稱讚善慧：「善哉，善哉！善男子！汝以是行，過無量阿僧祇劫當得成佛，號釋迦牟尼如來。」

這就是「然燈佛與我授記，汝於來世，當得作佛」的故事。所以在〈莊嚴淨土分〉裡佛陀問須菩提：「過去我在然燈佛的那個時候，有沒有得到什麼法？」

須菩提回答：「實無有法如來可得。」我們悟到一切萬法不離自性的這個道理後，「實無有法可得」的這個觀念，自然就能明白體悟。

佛陀告訴須菩提：「如果能體悟到實無有法如來可得，同樣地，佛身無所得，莊嚴淨土亦無所得。」

須菩提！於意云何？菩薩莊嚴佛土不？不也！世尊。何以故？莊嚴佛土者，即非莊嚴，是名莊嚴。

心淨則佛土淨

　　莊嚴佛土，一個是莊嚴，一個是佛土，所謂的莊嚴就是很漂亮，在佛法裡，對於一個美好的境界，用「莊嚴」兩個字來形容它。

　　如來的莊嚴之身，有正報之身、依報之身。正報有法身、報身、化身，都是無比的莊嚴與圓滿；乃至於清淨的佛土，十方諸佛的國土也是莊嚴無比。

　　佛陀問須菩提：「於意云何？菩薩莊嚴佛土不？」菩薩是否有一個佛土可以莊嚴嗎？有哪一個莊嚴佛土可得呢？

　　須菩提非常了解實相無相的道理，於是就回答：「不也！世尊。」為什麼？因為「莊嚴佛土者，即非莊嚴，是名莊嚴。」同樣再一次談到一切萬法不離自性，自性當中是實相。實相無相、無不相；莊嚴，即非莊嚴，是名莊嚴。

　　什麼世界是最美好的呢？就是清淨國土的世界。
　　在佛經裡，釋迦牟尼佛介紹，除了現在我們所住的世界外，還有很多美好的世界。在淨土經裡談到阿彌陀佛所住持的西方極樂世界是黃金為地、琉璃為池，眾寶莊嚴，

而且諸上善人聚會一處，這是一個世界上最舒服、最清淨、最莊嚴的世界。東方也有藥師佛的琉璃世界，沒有任何的痛苦。

對於修行人來說，我們希望能生在西方極樂世界，但是這個世界在哪裡？是在東方？還是在西方？還是南方、北方呢？

讀了《金剛經》，我們就知道一切萬法不離自心，所謂心淨佛土淨。

《楞嚴經》有四句話：「隨眾生心，應所知量，循業發現，寧有方所。」世界上的一切，都是隨眾生的心所展現出來的景象，而且是循業發現。譬如同樣是水，人看到的就是水，天人看到的是琉璃，鬼看到則是膿血，魚蝦看到如空氣一般。到底水是什麼樣子呢？就是隨著眾生的心循業發現。

那麼淨土在哪裡？如果心淨則佛土淨，為什麼我們的世界看起來是如此的不清淨呢？

《維摩詰經》裡舍利弗也曾經提出這樣的疑問。舍利弗思惟：「若菩薩心淨，則佛土淨。」那麼我的老師釋迦牟尼佛過去在當菩薩時，難道他的意念是不清淨的嗎？為什麼他的世界是如此的不清淨？佛陀知道舍利弗的想法，就問舍利弗：「你看到的世界是什麼樣子？」舍利弗說：「我看到這個世界丘陵坑坎，荊棘沙礫，到處都是穢惡充滿。」

當時有一位螺髻梵王就告訴舍利弗：「那是你的心有高下，而不是佛陀智慧所展現出來的世界。佛陀的世界是清淨的，是莊嚴的，但是因為仁者你的心透過你的偏見來看這個

世界，展現出來的就是一個不清淨的狀態。」

佛陀問舍利弗：「你要不要看看我眼中的世界？」佛陀以足指按地，當下三千大千世界呈現出無量的莊嚴，無量的功德。大眾不但看到這個景象，而且也看到自己就坐在寶蓮花上。

佛陀告訴舍利弗：「若人心清淨，便見此土功德莊嚴。」

《金剛經》裡面談到：「莊嚴佛土者，即非莊嚴，是名莊嚴。」這就是一切唯心造的觀念。以此反問自己，我們所看到的世界，究竟是清淨的國土，還是充滿各種苦難的地方呢？因此佛弟子們當發菩提心，一起來改變這個世界，就從自己的心清淨開始。

是故須菩提，諸菩薩摩訶薩，應如是生清淨心，不應住色生心，不應住聲香味觸法生心，應無所住而生其心。

如何生起清淨心

最後佛陀總結：「諸菩薩摩訶薩，應如是生清淨心。」要如何讓自性的功德能夠完全的展現？

從前面談到：「凡所有相，皆是虛妄，若見諸相非相，即見如來。」佛陀一一的

舉例不要執著所有的相，包括聲聞四果之相，也包括這一分所談到的莊嚴清淨的佛身、佛土之相。所以菩薩摩訶薩要明白，一切萬法不離自性。

　　如何讓清淨心生起呢？不應住色生心，不應住、聲、香、味、觸、法生心，應無所住而生其心。對於色、聲、香、味、觸、法，看透它的虛妄性，便不會著相，也不會落入無相的執著。

　　不執著一切六塵境界，卻能夠得到心真正的清淨，當我們無所住的時候，才能夠真正的生其心。

　　六祖大師在這一句「*應無所住而生其心*」體悟到無所住，而知道「菩提本無樹，明鏡亦非臺」的心性本空的道理。

　　到了弘忍大師為他開示《金剛經》後，在〈莊嚴淨土分〉的這一段徹底地明白一切萬法不離自性。心的「本體」本自清淨、本不生滅、本無動搖；心的「相」是本自具足，心的「用」則是能生萬法。

　　到這個地方就非常圓滿地回答須菩提的問題：「*云何應住，云何降伏其心。*」當我們用無住生心的清淨心，當我們用不執著的菩提心來行世間事，我們的生活就完全跟過去的煩煩惱惱是截然兩般。

譬如寫經，不住「色」生心，寫經的時候一筆一劃，專注的照著範本來書寫，放下個人的想法，放下個人的執念，寫得好看，自己心生貪著，沾沾自喜也是一種「住」；寫得不好看也不要懊惱，不要分別，繼續專心的修煉，同時也不住「聲」，聽到有人稱讚或有人批評，自己的心都要能保持正念。

　　不住香、不住味、不住觸、不住法，面對所有的境界都能了達一切諸法不離自心，凡所有相皆是虛妄，自然而然你就會越來越自在，心就可以從百花叢裡過，片葉不沾身。《華嚴經》裡面談到，菩薩的心「猶如蓮花不著水，亦如日月不住空。」就是在講這個道理。

須菩提！譬如有人，身如須彌山王，於意云何？是身為大不？須菩提言，甚大！世尊！何以故？佛說非身，是名大身。

法身非身故名大身

　　南朝傅大士云：「夜夜抱佛眠，朝朝還共起，起坐鎮相隨，語默同居止，纖毫不相離，如身影相似，欲識佛去處，祇這語聲是。」在生命當中，以身行經，以身行道就可以了解佛陀最後問須菩提的「譬如有人，身如須彌山王，於意云何？是身為大不？」如須彌山王之大的身，是什麼身呢？就是菩提心之身，就是法身。

　　「何以故？佛說非身，是名大身。」法身無形無相，佛陀說非身是絕對的大身，

而不是相對的大身。

　　寫經造塔，造得是自性金剛佛塔，契悟金剛之心，則在在處處，若有此經，即是諸佛住世。

温故知新

問題1. 六祖慧能大師有兩次開悟的因緣是什麼？

問題2. 善慧仙人在然燈佛那裡修行並被授記，他有得到法嗎？

問題3. 是否有佛土可以莊嚴？有佛土可得嗎？答案：

問題4. 如果心淨則佛土淨，為什麼我們的世界看起來並不清淨呢？

《金剛經》無為福勝分第十一

須菩提！如恆河中所有沙數，如是沙等恆河，於意云何？是諸恆河沙，寧為多不？須菩提言：甚多！世尊。但諸恆河尚多無數，何況其沙。

須菩提！我今實言告汝，若有善男子善女人，以七寶滿爾所恆河沙數三千大千世界，以用布施，得福多不？須菩提言：甚多！世尊。

佛告須菩提：若善男子善女人，於此經中，乃至受持四句偈等，為他人說，而此福德，勝前福德。

無漏功德
為說經偈
福德之性
勝寶沙相

前言：無為福勝

　　這一分的標題是〈無為福勝〉，表示在這一分裡要比較有為福和無為福哪一種最為殊勝。

　　在《景德傳燈錄》裡有一段描述梁武帝和達摩祖師的對話，達摩祖師遠從印度來到中國，見到南北朝時代最護持佛教的菩薩皇帝。

　　梁武帝見到達摩祖師，第一句話就問：「朕即位以來，造寺、寫經、度僧，不可勝記，有何功德？」

　　達摩祖師回答：「此但人天小果，有漏之因，如影隨形，雖有非實。」

　　對於皇帝來說，他期待的答案是歌功頌德，沒想到遇到達摩祖師不但不為他歌功頌德，還將他的發心歸類為人天小果，有漏之因，雖然有功德，可卻是人天小果。

　　《永嘉證道歌》裡談到：「住相布施生天福，猶如仰箭射虛空。勢力盡，箭還墜，招得來生不如意。」有為福是住相布施，住相布施的福報是生天的福報，雖然是生天果報，但就像朝著虛空射箭一般，當箭的力量耗盡時就會墜回地面。在達摩祖師的開示裡就講到人天小果猶如影子，隨形而有，是有漏之因，雖然有但並不實有，福報享盡依然會墮落，依然會輪迴。

　　皇帝不解，因此再進一步問：「如何是真功德？」
　　達摩祖師說：「淨智妙圓，體自空寂，如是功德，不以世求。」

　　真實的功德，不是用世間法能求取得來的，那要如何才能得到？「淨智妙圓，體自空寂。」這靈明妙覺的心、清淨的智慧、圓滿的自性、本自具足的這一念心，是人人皆有的，不知道這個道理就會在世間東求西找。一個人渴望成功，渴望名利富貴，種種世間的追求都是人之常情，但以有所得的心態修行求得的是人天小果，如果投注時間與精力修行最終招致的結果不如己意，我們就應該停下腳步思考一下，是不是自己的見地有錯誤，想要得到真實的功德，我們應該要珍惜自己寶貴的時間，不但要聞思修，還要解行並重，最重要的是看清楚自己的發心以免走上歧路，也才不會浪費了我們的生命。

　　在這一分當中，佛陀為須菩提分析什麼是真福，有為福是人天小果有漏之因，無為福才是真功德。既然要修行，花費了同樣的時間與同等的努力，我們就要了解什麼才是真實的修行，這樣才不枉此生與佛相遇。

須菩提！如恆河中所有沙數，如是沙等恆河，於意云何？是諸恆河沙，寧為多不？須菩提言：甚多！世尊。但諸恆河尚多無數，何況其沙。

恆河沙乘以恆河沙

這一分的一開始，佛陀問須菩提一道數學題：

「須菩提！如恆河中所有沙數，如是沙等恆河，於意云何？是諸恆河沙，寧為多不？」

世界上最多的數量就是無數，不可計數。一、十、百、千，這是可數的，但是到了不可數時，要如何來述說不可數的這個數呢？在佛經裡佛陀用恆河沙來比擬，來譬喻。

恆河是印度北方的一條河流，也是世界上有名的一條河，恆河流域孕育了印度文明，恆河中的沙到底有多少？

「如恆河中所有沙數，如是沙等恆河……」，恆河中的所有沙數，就是無量無數；如恆河中所有沙數的恆河，就是無量無數條的恆河。「是諸恆河沙」，如恆河中沙數一樣多的恆河，這些恆河中的沙累計起來，意思就是「恆河沙數」乘上「恆河沙數」的數量。

一條恆河的沙是無量無邊，無量無邊的恆河中的沙，更是無量無邊乘以無量無邊。《華嚴經》的〈阿僧祇品〉就談到數量的概念，數量，到最後已經沒有辦法計算叫做不可說不可說。

　　佛陀一開始舉了恆河沙數多的恆河沙之數問須菩提：「如此般的數是多嗎？」當然這是非常非常的多。

　　須菩提回答：「光是恆河沙數多的恆河已經是無數了，更何況這無數恆河中的沙呢？」

　　須菩提！我今實言告汝，若有善男子善女人，以七寶滿爾所恒河沙數三千大千世界，以用布施，得福多不？須菩提言：甚多！世尊。

無法計數的寶施福德

　　佛陀講這個數學是什麼意思呢？因為佛陀接下來就要來比較，這麼多這麼多的沙，這麼多這麼多的數量，如果跟後面這麼少這麼少的數量相比，會是什麼？透過反差來了解其中的差異。

　　佛陀問須菩提：「如果一顆沙代表一個三千大千世界，我們拿七寶來布施，以七寶裝滿剛才所計算出來的恆河沙數多的三千大千世界，裝滿了，拿來布施，得到的福報多不多？」

　　想想看，《地藏經》裡說：「捨一得萬報。」現在不只是捨一，是捨一整個三千大千世界滿載的七寶，不只是捨裝滿一個三千大千世界，還是裝滿無量無數恆河沙數的三千大千世界的七寶拿來布施，這樣布施的福報實在是無法計數的。

佛告須菩提：若善男子善女人，於此經中，乃至受持四句偈等，為他人說，而此福德，勝前福德。

受持此經之福更勝

須菩提說：「甚多。」這個甚多，是已經沒有辦法計算得多。

可是最後佛陀告訴我們，如此多的布施福德，縱使無量無數得多、超乎想像得多，都還比不上最後這一句：「善男子善女人，於此經中，乃至受持四句偈。」

哪怕只是受持《金剛經》裡的四句偈所得到的福德，勝過剛才所說的無量、無數、無邊的福德。

究竟這一部經，有多麼殊勝的力量？

到這裡，有的人可能難以理解，有這麼誇張嗎？聽經聞法，哪怕只有受持四句偈，為他人說，得到的福德竟然超過把無數恒河沙世界的一切七寶布施？

梁武帝不能理解的，也是我們很難理解的。梁武帝已經用他的生命造寺度僧，能做的大功德都做了，達摩祖師一句話：「毫無功德。」就否定他所有的努力，他當然無法理解。

《金剛經》裡這一段，把滿載的無數三千大千世界多的七寶拿來布施，如此大的福德、努力，竟然抵不過受持《金剛經》裡四句偈所得的福德？

究竟兩者間的差別在哪裡？

無念、無住、無修、無證

《四十二章經》第十一章施飯轉勝裡：「飯惡人百，不如飯一善人。飯善人千，不如飯一持五戒者。飯五戒者萬，不如飯一須陀洹。」乃至於「飯千億三世諸佛，不如飯一無念、無住、無修、無證之者。」

飯，是供養的意思。經文的意思是讓一百個惡人吃飽，不如供養一善人；供養一千個善人，不如供養一位持五戒者；供養一萬個持五戒者，不如供養一位阿羅漢，不如供養一位辟支佛；供養百億辟支佛，不如供養三世諸佛；到最後供養千億的三世諸佛，不如供養一位無念、無住、無修、無證之人。

由此可知，功德是可較量的。

一般人不了解這些道理，以為布施給好人和壞人都是一樣的，修廟、蓋學校、設立孤兒院，也都是一樣，都在做善事，事實上，每一件善事，所成就的功德果報不同，不但不同，而且相去甚遠。

以布施建設道場而言，也要看這個道場的目的和宗旨是什麼，是不是一個正法道場，這其中的差別是很大的，假使不明白布施供養當中的差別就會誤解。

也有人認為布施、濟貧才是功德，此類善舉普遍得到社會大眾的肯定與認同，而質疑供養出家人的意義，覺得道場只是使人得到心靈的安慰，建設道場難道有比濟貧、救災來

得重要？來得效益更大嗎？

這就是我們要深入了解的地方。

佛陀為我們分析，生命只求吃飽喝足，這是人的基本需求；若吃飽喝足之後，心裡沒有正確的觀念就會做出錯誤的行為。一個壞人吃飽喝足了，他就有力氣去吃喝嫖賭、綁架勒索、殺盜婬妄；一個好人吃飽了，他就有力氣去做善事、去幫助他人，如果你護持的是個菩薩，菩薩就會去帶動修菩薩行。可知，同樣是行善，所成就的功德果報相差甚遠，所以做善事要用智慧來善分別。

寫經造塔　無為福勝

《金剛經》這一分談到，佛陀為我們說明了為什麼用恆河沙般不可計數的三千大千世界的七寶來供養布施的福德，比不上打開《金剛經》受持其中一句四句偈的功德。

我們把自己的生命拿出一段時間來寫經造塔，就是這麼一個有智慧的選擇。

寫經，是藉由書寫、受持、讀誦，來修煉佛陀教導的般若智慧，寫經練心，在一字一句的書寫當中，我們就是金剛會上的須菩提，聆聽著佛陀的諄諄教誨，所以一定要用心來書寫，把它寫到心裡。

「念念從心起，念念不離心，念念歸自心。」寫經之前，先把這一段誦念三遍，

靜靜的思惟，默默的背誦，把它放在心裡就是受持。在生活中，時時記得佛陀的諄諄教誨，憶持不忘，我們的生命和金剛經融為一體，我們的生命就是一部《金剛般若波羅蜜經》。

「佛在靈山莫遠求，靈山只在汝心頭；人人有座靈山塔，好向靈山塔下修。」佛陀告訴我們：「於此經中，乃至受持四句偈等，為他人說」，勝過所有一切的功德。這麼殊勝的事情，我們都領受；這麼殊勝的寫經，我們都已經在做，表示在這個世界上，我們是希有難得的善男子、善女人。好好的安住在當下，把心靜下來，一念不生，安住在《金剛般若波羅蜜經》一字一句中，這一念心是世間最珍貴的寶物，大眾善自護持。

溫故知新

問題1. 要如何用心才能得到真實的功德？

問題2：為何用無數三千大千世界的七寶來布施，竟然抵不過受持《金剛經》裡四句偈所得的福德？

問題3：有為福和無為福的差別為何？

《金剛經》尊重正教分第十二

復次，須菩提！隨說是經，乃至四句偈等，當知此處，一切世間天、人、阿修羅、皆應供養，如佛塔廟，何況有人，盡能受持、讀誦。

須菩提！當知是人，成就最上第一希有之法，若是經典所在之處，即為有佛，若尊重弟子。

供法處尊
子佛經重
說隨持正
就成行教

前言：尊重正教

　　這一分名為〈尊重正教分〉，對正教升起無比的敬仰。佛陀告訴須菩提：「若是經典所在之處，即為有佛」、「如佛塔廟」。

　　印度的寺廟稱為塔廟，在佛陀入涅槃後，佛弟子們將佛陀的遺骨或是聖人的遺骨起塔供養，這是在印度的習慣，所以凡是有塔之處，等同佛陀與聖弟子住錫之處。而《金剛經》所在之處，就如同佛陀的塔廟一樣，表示這一部經所流通之處，等同於佛陀住錫之處。

　　流通的方法有兩種：一個是經文字句所在之處；另一個就是依著經典修行的弟子們，凡是發菩提心的善男子、善女人修習《金剛經》就等於是行動的經典。

復次，須菩提！隨說是經，乃至四句偈等，當知此處，一切世間天、人、阿修羅，皆應供養，如佛塔廟，何況有人，盡能受持、讀誦。

受持讀誦

　　修持《金剛經》的方法，有受、持、讀、誦等。

　　「隨說是經，乃至受持四句偈等。」受，就是受其文；持，就是持其義。領納於心，叫做受；憶持不忘，叫做持。

　　學習《金剛經》以來，把《金剛經》放在心裡，聽聞一字一句後領納於心，叫做「受」，我接受了《金剛經》的教導，把降伏其心的方法放在心裡，隨時在生活當中練習，時時刻刻不忘記自己要發菩提心，這叫做憶念不忘，就叫做「持」《金剛經》。
要如何加強受持的信受力呢？透過讀與誦。

　　讀，就是依文而讀；誦，就是熟讀經文、能夠背誦。只要讀誦十遍、百遍，這一部經是可以背誦下來的。

　　經文憶持在心，在生活的某一種情境時，《金剛經》的字句會現前，甚至是遇到境界，在我們過不去或起煩惱時，《金剛經》的教導或經文就會突然出現。譬如思及「一切有為法，如夢幻泡影。」既然如此，還有什麼境界是過不去的呢？又有什麼人是要懷恨在心的呢？當我們受、持、讀、誦此經之後，會發現生活變得很自在，而且處處都是般若的妙用。

　　般若的生活從受持讀誦《金剛經》開始，受持《金剛經》的修行人稱為「金剛經行者」，無論到哪裡都能發揮《金剛經》的般若力量，舉手投足都不忘經典的教導，這樣的行者就等同於是一部行動的《金剛經》，這也是一種流通的方式。

故事 1:「當知此處,即為是塔」的感應

《金剛經持驗錄》裡有一個記載,明朝弘治年間嘉興府真如寶塔傾頹,大眾商議良久,都認為應該要重新修建,當時有一位頭陀僧名叫懷林,拖著三丈長的鐵鏈到處去募化,歷時二十餘年才完工。

頭陀僧起初在蘇州承天寺出家,平日飲酒吃葷不守佛門戒律清規,有一天頭陀在外面乘涼,忽然走來兩名冥卒鎖住他的頸部,頭陀看到冥卒手上持有牒令,上面寫了十多人的名字,他的名字也赫然在其中。頭陀向兩位冥卒賄賂,跟兩位冥卒商量希望稍緩七天,等其他的人都追齊後再一道前往冥府,兩位冥卒點頭答應。

次日清晨,頭陀便將昨夜遇到冥卒的事告訴所有的徒眾,並且將後事交代妥善。其中有一位徒眾就說:「真如寺有一位禪師道行頗高,何不前往求救?」頭陀心想,與其在寺中等死不如前往一試,說不定還有一線生機,就立刻束裝前往。

到了真如寺,頭陀一見到禪師便傷心得痛哭流涕,向禪師稟告上情,懇請禪師施救。禪師說:「真如寺的佛塔即將倒塌,如果你肯真誠的發心,願意去募化款項來修建佛塔,我就教授你方法,保證冥卒無法抓你。」

頭陀聞言又驚又喜,立刻在佛前至誠頂禮發誓,果真不死就去募化修建佛塔。
立誓完畢,禪師便將手上的念珠交給頭陀,告訴他:「你在這七天當中不要睡覺,

就在我的房間裡一心專誦《金剛經》，經中的『當知此處，即是塔。』這兩句話你細心體會就足夠自救。」頭陀遵照禪師的指示足不出戶，一心讀誦。

七天後兩位冥卒來到禪師住的地方對禪師說：「有一位命中註定要死的頭陀僧逃來此地，請求您指示。」禪師回答：「他在房中，你們去抓他吧！」

冥卒剛踏入房間就張皇失措地退出來說：「房間裡只看見一座寶塔放出奪目的光芒，使我們的眼睛無法睜開。」

禪師此時才告訴冥卒：「他誦最上勝法又發勇猛的大願，雖是天龍鬼神也對他無可奈何。你們暫且回去稟覆冥王，就說懷林僧由某某禪師暫留修塔，功德幽冥均沾，你們不會有罪的。」冥卒不得已，只好回去將上情回覆冥王。

頭陀僧經此大難不死，不敢再蹉跎歲月，於是製造鐵鏈鎖住自己，不論寒冬炎夏，跪在人車輻輳的道路上向善男信女化緣，如此竟在有生的餘年完成修塔的大功德。

萬般帶不去，唯有業隨身，懷林僧能在七天的期限中跳出人鬼關頭，只因一心怕死專精誦經。

《金剛經》說：「在在處處，若有此經，一切世間天人阿修羅，所應供養，當知此處即為是塔，皆應恭敬作禮圍繞，以諸花香而散其處。」懷林和尚誦經現出光明寶塔，別說冥使對他無可奈何，即使閻羅王親臨現場也要肅容頂禮。

抄寫經典，得龍天護祐

　　過去印刷術還不發達時流通經典都是用親手抄寫的方式，現在因為印刷術發達，取得經典就比以往簡單，但反而造成很多人不珍惜也不尊重。

　　寫這部經的心態就要把它當成是這個世間唯一一部會流傳於世的《金剛經》，而寫的過程就是在修煉般若智慧，用我們的心跟佛陀的心相感應，相應的結果，所書寫的這一部經就會發揮神奇的力量。

　　一切世間天、人、阿修羅要供養這一部經，是看到這一部經在這裡，而不會分別字體的美醜。書寫之人清淨的發心自然感得天人阿修羅等來護法，因此我們要珍惜自己的菩提心，書寫的每一刻，每一個當下都小心翼翼的書寫、受持、讀誦，用尊重之心來書寫、受持、讀誦，就會有無上的功德，就能成就最上第一希有之法。

故事 2：龍褲祖師奇聞

　　明朝嘉靖年間漳州有一位姓郭的貧苦之人出家修行，但他不知如何修行，於是每天就只能在寺裡做苦工。

　　有一天一位行腳僧在寺裡掛單，看他每天忙忙碌碌，就問他日常做什麼功課，他回答：「我一天就是做這些苦事，不知修行的方法。」這位行腳僧就告訴他參「念佛

是誰」。於是他就照著這位行腳僧所教的，在每天忙碌的工作之中把這個「誰」字在心頭醞釀、照顧。

後來他隱居在石巖之中修行，以草為衣，以木為食。他家裡還有母親和姐姐，聽說他在石巖中修行很辛苦，母親就讓姐姐拿一匹布和一些食物去給他，當姐姐把食物和衣服送到巖中時，這位和尚動也不動，叫他也不答應，於是姐姐只好把這些東西放在巖中轉身離去，過了十一年，姐姐再去看他時，看到那匹布依然還在那裡沒有動。

後來有一位逃難的人迷路來到山裡，看到這位和尚衣服破破爛爛的住在巖洞中，逃難的人肚子餓，問和尚有沒有東西吃？只見這位和尚就在石崖邊撿一些石頭放到鍋裡一煮，吃起來就像洋薯一樣，這位逃難的人覺得這和尚真是一個奇僧，但是和尚叮囑他不要向外人說起這些事。

又過了一些時候，和尚想：「我在這裡修行這麼多年，總是要出去結結緣吧。」於是就下山在大馬路邊搭了一座茅棚，做著奉茶、施茶的工作。

有一天他看到許多僧人走在路上，經過他的茅棚時，他問這些僧人要去哪裡？原來當時明朝神宗皇帝的母親皇太后死了，要請高僧做佛事，皇太后託夢給皇帝，說在福建漳州有高僧，於是皇帝派人到漳州迎請所有在地的僧人進京做佛事。

這位和尚就問：「我可以一起去嗎？」大眾看到他這個樣子就回答：「你長得這麼苦惱，

怎麼能同去呢？」他就說：「我雖然不能念經，但我可以替你們挑行李。」於是大眾就答應了，他就幫這些僧人挑行李一起進京去。

到了皇宮，一個一個僧人走進了皇宮，卻又一個一個卻被請了出來。到這位苦惱和尚時，他走到皇宮的門前，突然雙膝跪下合掌不入。看門的人問他為什麼不進來？他回答：「地下有金剛，所以不敢進來。」

看門人稟告皇帝，皇帝知道聖僧到了，於是親自前來迎接。

原來皇帝想要測試這些僧人哪一位才是真正有道之士？於是命人把一部《金剛經》埋在門檻之下，不知道的僧人，都一一跨過門檻進門，只要跨門檻進門的，皇帝就給他一點供養請他回去，只有這位和尚在門口就跪下，表示他知道這門檻底下有一部金剛經。

神宗皇帝非常高興就跟這位和尚說：「何不倒身而入？」對哦，如果我們倒立而入，這一部經它就在我們的頭頂，就不會對經典不恭敬，於是他便打了一個筋斗翻進來。

神宗皇帝對和尚非常地恭敬也用心地款待，希望他為皇太后超度，同時請問和尚要如何準備這個壇場？要怎麼佈置？

和尚回答：「明天五更天開壇，只要搭個檯子，上面一幅幡引，香花燈果一席就可以。」

　　神宗皇帝心裡非常不高興，覺得這樣太簡單寒酸，不夠隆重，但因為和尚前面的表現讓皇帝覺得他應該是有道之士，所以皇帝也就半信半疑地去準備。

　　第二天早上，只見和尚升座說法，登臺問訊，持幡到靈前說了一句：
　　「我本不來，你偏要愛。一念不生，超生天界。」
　　法事完畢，和尚對皇帝說：「恭喜太后得解脫。」皇帝很懷疑，認為這樣草草了事這功德真的能得到嗎？
　　正在疑惑之時，太后的聲音從空中傳來：「請皇上禮謝聖僧，我已得超生天界了。」

　　皇帝很驚喜，就在內庭設齋供養，並且跟和尚說，只要是和尚喜歡的東西就供養給和尚，可是和尚東瞧瞧西看看也沒有看上什麼物品，也沒有希罕什麼東西。

　　只是他直盯著皇帝所穿的褲子目不轉瞬，皇帝就說：「師父，您喜歡這件褲子是嗎？我多做幾件給您。」和尚回答：「不用，我就要你身上穿的這一件。」於是皇帝當場就把褲子脫下來給他，並且封他為龍褲國師。

　　吃完飯後，皇帝帶龍褲國師到御花園遊覽，園內有一座寶塔，龍褲國師看到寶塔非常地歡喜，徘徊瞻仰。皇帝說：「國師喜歡這個塔嗎？」他回說：「這個塔非常好。」皇帝又說：「我可以把這個塔供養給國師。」正要叫人來拆塔送去漳州時，龍褲國師說：「不需拆送，我拿去便是。」說完就把這個塔放進袖中騰空而去。皇帝非常歡喜，因為從來沒有見過這麼神奇的場面。

這個故事記載在清朝乾隆皇帝的《龍溪縣誌》中。

一句簡單的開示：「我本不來，你偏要愛，一念不生，超生天界。」只要一念不生，可以超越法界。為什麼？

《金剛經》教我們「應無所住而生其心」，沒有雜念，沒有妄念，不攀緣色、聲、香、味、觸、法，那麼我們的心，金剛般若之智就能夠現前，所生的心就是菩提心。在面對人物種種境界的考驗歷練時也不會影響到這一念清淨心，就能超越種種法界。

由此可知，《金剛經》的力量不可思議，能放光動地照破無明，當我們開始發心受持誦，乃至於四句偈，還可以成就無數的天人阿修羅等護法的歡喜恭敬以及護持。

此外，如果有人讀了這一部《金剛經》，依著《金剛經》的道理，來受、持、讀、誦為人解說，乃至於依教奉行，就等於透過行經讓這一部經流通在這個世間。

須菩提！當知是人，成就最上第一希有之法。若是經典所在之處，即為有佛，若尊重弟子

最上第一希有之法

佛說一切法是為了讓一切大眾發菩提心，離一切苦得究竟之樂。當我們開始受持讀後，我們的人生也開始發生改變，很多人學習佛法後變得更有智慧，更能與人為善，同時到自利利他，這是非常正向的帶動。讀誦經典所發生的變化成就許多善男子、善女人發菩心而四處行菩薩道，所以隨著大眾的發心，隨著大眾在生活中待人接物應對進退去利樂

情，這一部《金剛經》就會一直流傳在這個世間。

　　寫完金剛塔後，把它供養在家裡、公司，或是結緣流通作為法的供養，凡是掛上金剛經塔之處，就等同於塔廟，就是佛住錫在此處。有什麼殊勝的效果呢？「一切世間天、人、阿修羅，皆應供養。」天龍護法就會來護持經典所在之處，所有的邪魔外道都會遠離，不幸的事件也會減少，消災免難，平安吉祥，這就是最好的鎮宅之寶。

　　「當知是人，成就最上第一希有之法。」佛陀是如語者、不誑語者，他講這是第一希有的，就表示在這個世間，我們已經在做最希有的發心。《華嚴經》說：「諸供養中，法供養最。」在這個世間，處處流布《金剛經》，日日行持《金剛經》，就是對這個世間最大的供養以及最殊勝的護持。

溫故知新

問題 1. 為什麼經典所在之處如佛塔廟？
問題 2. 在印度，供奉佛陀舍利的地方稱做甚麼？
問題 3. 一切世間天、人、阿修羅，皆應供養的地方是？
問題 4. 受、持、讀、誦《金剛經》有甚麼功德？

《金剛經》如法受持分第十三

爾時，須菩提白佛言：世尊！當何名此經？我等云何奉持？

佛告須菩提：是經名為金剛般若波羅蜜，以是名字，汝當奉持。所以者何？須菩提！佛說般若波羅蜜，即非般若波羅蜜，是名般若波羅蜜。

須菩提！於意云何？如來有所說法不？須菩提白佛言：世尊！如來無所說。

須菩提！於意云何？三千大千世界所有微塵，是為多不？須菩提言：甚多。世尊。

須菩提！諸微塵，如來說非微塵，是名微塵。如來說世界非世界，是名世界。

須菩提！於意云何？可以三十二相見如來不？不也。世尊！不可以三十二相得見如來。何以故？如來說三十二相，即是非相；是名三十二相。

須菩提！若有善男子、善女人，以恆河沙等身命布施，若復有人，於此經中，乃至受持四句偈等，為他人說，其福甚多！

如題假名
法緣體空
受慧福甚
持而不疑

前言：如法受持

這一分〈如法受持分〉，須菩提提出兩個問題：一個是經題，一個是奉行受持此經。佛陀會為每一場法會命名，從經題可以看到整部經的重點，這一部經稱為金剛般若波羅蜜，佛陀說：「以是名字，汝當奉持。」如果要修持此經，只要奉行經名即可。

此經的經名意即修煉般若智慧，般若智慧猶如金剛一般，其用最利，其體最堅，能破除一切障礙到達最究竟的彼岸，達到波羅蜜的圓滿境界。因此如果你想要斷煩惱，證菩提到彼岸，就要受持讀誦「金剛般若波羅蜜」，這是關鍵字。

由經名可知，修行的次第就是依著般若起修，般若最殊勝圓滿的境界即是「波羅蜜」，就是達到三輪體空：能修之心、所修之境、修習之法三者皆了不可得，當體即空，這是最圓滿的教法。

因此接下來，佛陀強調修般若智能離一切相，包括能修、所修，以及其中的妙法。佛陀運用非、即這兩個字：「佛說般若波羅蜜，即非般若波羅蜜，是名般若波羅蜜。」佛陀說的般若波羅蜜，如果從空性的角度來說，它是非般若波羅蜜；當我們不

執著於般若波羅蜜之相，就是真正的了解什麼叫做般若波羅蜜；這個就是離相的修行，讓我們不要著相。

一般人會執著於一切的相，所以先以「非」來破相、離相，最後連空也不執著，成就當下即是的實相般若，這是修煉的層次，先從假入空，再從空出假，最後空假雙離，更究竟之理，就是即假、即空、即中，這是中道第一義諦。

以下從三個角度來談。

須菩提！於意云何？如來有所說法不？須菩提白佛言：世尊！如來無所說。

一、如來說法之相是無所說

第一、佛陀問須菩提「如來有所說法不？」須菩提回答：「世尊！如來無所說。」佛陀所說的三藏十二部經的教法猶如標月之指，透過標月之指而認識月亮，目的是月亮，並非指頭。法就像標月之指，是故如來無言無說，如果我們不明白佛說的法是為了要明白自心，則很容易對佛法產生執著，如果執著如來有所說法，就不能了解如來所說的法。

在前面第七分，佛陀也曾經問須菩提：「如來得阿耨多羅三藐三菩提耶？如來有所說法耶？」須菩提當時回答：「如我解佛所說義，無有定法名阿耨多羅三藐三菩提，亦無有定法如來可說。」佛陀說：「我說了四十九年的佛法，可是沒有說一個字。」

故事 1：回贈燒餅的禪機

　　有位禪宗祖師叫做龍潭崇信禪師，他就了悟這個道理。

　　龍潭崇信禪師少年時寬愍好施，以賣燒餅為生，他家住在天皇寺附近的一個巷子裡。寺廟裡住了一位和尚，道德高遠，龍潭崇信禪師特別尊重這位老和尚，每天都會送十個燒餅去供養這位和尚。

　　這位和尚叫做天皇道悟禪師，道悟禪師每次接受燒餅後，總是留一個回贈給龍潭崇信禪師並且說：「吾惠汝，以蔭子孫。」意思就是我把它布施給你，造福後代的子孫。

　　有一天，崇信禪師突然想：「明明燒餅是我拿去供養師父的，為什麼他還回贈給我呢？難道是有其他的意思嗎？」

　　於是崇信禪師來到天皇寺問道悟禪師，道悟禪師回答：「是汝持來，復汝何咎？」餅是你拿來的，我把它返還給你，有什麼不對嗎？

　　崇信禪師一聽，似有所悟，於是追隨道悟禪師出家，崇信禪師出家後就留在道悟和尚身邊做為侍者。

　　過了一段時間，有一天，崇信禪師就跟道悟和尚說：「某自到來，不蒙指示心要。」自從出家以來，您從來沒有給我指示過禪宗的心要。

　　道悟和尚回答：「自汝到來，吾未嘗不指汝心要。」

　　崇信禪師一聽，非常驚訝，便問：「何處指示？」

　　道悟禪師說：「汝擎茶來，吾為汝接；汝行食來，吾為汝受；汝和南時，吾便低首。何處不指示心要？」你拿茶來奉，我就接下來；你拿食物來供養，我就接受；你來頂禮，

我就低頭回禮；隨時都在指示心要啊！

崇信禪師不明其意，沉思良久。

道悟和尚說：「見則直下便見，擬思即差。」崇信禪師一聽，如遊子還家，若貧人得寶，豁然開解，歡喜踴躍，禮謝師父。

又問：「如何保任？」

道悟禪師說：「任性逍遙，隨緣放曠，但盡凡心，別無聖解。」指出修行就是隨緣，而平常心是道。

隨緣不變

悟道的人吃茶吃餅揚古道，穿衣吃飯都是神通妙用，日常生活當中，保持一念不生，人在哪裡心就在哪裡，沒有雜念，沒有煩惱，每天都是自在。

天皇道悟禪師告訴崇信禪師：「我沒有說法嗎？你奉茶來我就喝，你供養食物我就吃，你對我作禮我就回禮。喝茶、吃飯、穿衣、應對、待人接物，難道不是佛法嗎？」

太虛大師講：「人成即佛成，是名真現實。」很多人以為要佛言佛語才叫做修行，卻忽略平常心才是道。每天用什麼心來喝茶？用什麼心來做事？用什麼心來聽人說話？就知道我們是如何看待修行這件事。

《金剛經》是講般若智慧的一部殊勝教法，打開《金剛經》，一開始你就會看到佛陀示範怎麼修行：「世尊食時，著衣持缽，入舍衛大城乞食。於其城中，次第乞已，還至本處。飯食訖，收衣缽，洗足已，敷座而坐。」像佛陀這樣的聖人，神通如此廣大，只要一聲令下，

所有的人都會來排隊供養，何必還要自己一步一步的走進舍衛大城，一家一家的敲門化緣呢？可見在平常的生活中，沒有高高在上的佛，只有踏踏實實的佛，每天腳踏實地的過生活，這就是般若智慧的最高境界。

所以「佛陀說一切法，即非一切法，是名一切法。」如來有所說法嗎？有，就在舉手投足之間，就在他的身教言傳當中。天皇道悟禪師對於龍潭崇信的教導就是如此，在待人接物，在喝茶吃餅，在師徒相處當中，成就般若的圓滿。反思我們學佛後，是否成為一個更好相處的人？還是變成了一尊高高在上的佛像呢？

須菩提！於意云何？三千大千世界所有微塵，是為多不？須菩提言：甚多。世尊。須菩提！諸微塵，如來說非微塵，是名微塵。如來說世界非世界，是名世界。

二、放下擁有依報之境的追求

接下來，佛陀又再進一步問，能修之人，自身圓滿最高的目標就是正報莊嚴，也就是佛三十二相的相好功德之身；於所對之境，就是三千大千世界，三千大千世界是最大的，可是三千大千世界卻是無數的微塵累積而來的，這樣說起來微塵是多嗎？須菩提就回答：「甚多。世尊。」是非常非常的多。

但是，從究竟義來看，微塵為什麼是多呢？因為它並不是有量的微塵，而是無量的。

修學《金剛經》的行者要如何突破這個有量呢？佛陀告訴須菩提：「諸微塵，如來說非微塵，是名微塵。如來說世界非世界，是名世界。」不論是最小最小的微塵，

還是最大最大的世界都是沒有自性的，所以並沒有所謂實在的微塵與世界。

　　大眾如果不了解本無自性的觀念，就會落入實有而著相，進而不斷地追求擁有這個世界的一切，以為擁有一席之地，以為擁有片片段段的「微塵」，在這個無量無數的微塵累積起來的世界中，我們就會迷失於追求所有的「有」。世間如幻之理眾生不明白，很容易就迷失在有限當中，同時還追求最大化，想要擁有資產，要擁有房子，要擁有名利，要擁有地位，要擁有一切，這些都是微塵所累積出來的假相，不明白這件事就很容易迷失在這個世界裡不斷地輪迴。

《楞嚴經》中微塵的透析

　　在《楞嚴經》裡，佛陀對物質的結構有很精彩的討論。

　　佛陀說：「汝觀地性，麤為大地，細為微塵，至鄰虛塵，析彼極微，色邊際相，七分所成，更析鄰虛，即實空性。」「若此鄰虛，析成虛空，當知虛空，出生色相。」佛陀把物質化整為零，分析成微塵，逐一不斷地細分後，最小最小的單位，叫做鄰虛塵，接近虛空的塵，它的結構就是「色邊際相，七分所成。」這個色邊際相，就是色法的最小單位，我們會發現，如果再繼續分析下去，它其實是空性。空性當中還會有塵嗎？空性沒有塵，但是如果我們不了解這個道理，很容易把微塵執為實有。

　　執著小的微塵，大的世界當然就更看不破、放不下。所以佛陀說：「你說最小的微塵，是微塵嗎？非微塵。你說最大的世界，是世界嗎？也非世界。」如此詰問，讓我們破除對一切依報的假想，以及錯誤的執著。

須菩提！於意云何？可以三十二相見如來不？不也。世尊！不可以三十二相得見如來。何以故？如來說三十二相，即是非相，是名三十二相。

三、不追求能修之正報三十二相

接下來，對能修之人，佛陀以最殊勝的佛身來詰問。

佛陀的身是三十二相，眾生的身是業報之身，三十二相是怎麼修來的呢？佛陀修行是三大阿僧祇劫修福修慧，最後一百劫修相好，從頭到腳的圓滿大人相。

舉例來說：足下平滿相，佛陀的足底平直柔軟，安住密著地面，這是佛陀在因位修菩薩道時，行六波羅密所感得之相；佛陀的手指細長，是由於恭敬禮拜師長，破除憍慢心所感得的相，也表示壽命長遠，令眾生愛樂皈依之德；佛陀的指間有縵網交互連絡的紋相，由於修四攝法，攝持眾生而有；身放光明之相，佛的身光普照三千世界，是因為佛陀發廣大心，修無量的願行而感得的相。

佛陀的威德有多麼殊勝呢？

過去在佛入涅槃後一百年，有一位優波毱多尊者，他是禪宗的西天第四祖，這位尊者度化無量無數的人，德行高遠，當時的人都稱他無相好佛。

優波毱多尊者知道有一位一百二十歲的比丘尼曾經在年輕時見過佛陀，於是想要拜訪這一位比丘尼。比丘尼知道尊者要來拜訪她，便在門的上方用鉢盛滿麻油，想要測試這位尊者是否具足威儀。

優波毱多尊者來到這位比丘尼的家，輕輕推開門，結果麻油灑出了一些些。

　　比丘尼非常感慨地說：「時代真的不一樣了，就算是佛陀最調皮搗蛋的弟子六群比丘來開門，也絕對不會灑出一滴的油。」

　　尊者此時不但很是慚愧，同時也非常的嚮往。在當代修行修得最好的尊者，還是難免威儀不具足而讓這個油灑出了一些，從這樣的反差裡我們就知道佛陀的教法、佛陀的僧團以及佛陀的威德是多麼地不可思議。優波毱多尊者請教比丘尼：「聽說您見過佛陀，可不可以請您說一些佛陀的事蹟呢？」

　　比丘尼說：「我那時候年紀很小，聽到佛陀要來村裡，大家都很歡喜，我也跟著大眾一起出來迎接佛陀，結果見到佛陀身上一片光明，非常的感動，佛陀的光照射之處，得病的人病都好了；煩惱的，都捨離了煩惱。佛陀的威德，凡是見者、聞者、頂禮佛的，都能得到殊勝的教化，這是佛的相好、佛的殊勝、佛的慈悲、佛的攝受。」

　　這個時代，離佛越來越遙遠，修行或是信心遠遠比不上過去的時代，但是聽到佛陀三十二相的故事我們就知道，今生我們能夠遇到佛陀是多麼的殊勝難得。

　　《金剛經》裡佛陀說如來所說的三十二相，「即是非相，是名三十二相。」所以佛陀修這個相好，是一個功德圓滿的自然象徵，能讓大眾生起嚮往之心，但並不是為了要追求相好，以相好為目的而修這一切的法。

　　修行是要從發心上來用功，而不是要追求果報，聽到佛陀有種種的威德，要了解他是怎麼成就的，佛陀過去也是如此一步一步地修行直到最後的圓滿，我們修行要以佛為榜樣，現在就是三大阿僧祇劫的起點，佛怎麼想、怎麼說、怎麼做，佛弟子亦步亦趨，跟著佛的思想、佛的心、佛的言、佛的行，一定可以圓滿成佛。

須菩提！若有善男子、善女人，以恆河沙等身命布施，若復有人，於此經中，乃至受持四句偈等，為他人說，其福甚多！

用般若智慧來過生活

我們要怎麼受持《金剛經》呢？因為這一部經的重點在教我們用般若智慧來過生活，如果我們受持這一部經，乃至於只有受持其中的四句偈道理，所有成就的福報是超過用恆河沙等身命布施的福報。

前面叫我們要離相不要執著，最後又告訴我們福報很大，如果沒有真的了解佛陀說法的重點與深意，很容易就會感覺自相矛盾。事實上持經的功德的確是不可思議，但為什麼它不可思議呢？因為《金剛經》教我們的道理是可以破除我們的執著的。

所以修行要回到自己的本心本性，要一般人無所求的修行是不容易的，但我們要求就要求到最究竟、最殊勝的圓滿，而不要求短暫的色、聲、香、味、觸、法，因為它是不可得的，如果汲汲追求這些不可得的法反而重增煩惱。既然我們想要追求快樂，就要認識什麼才是真實的快樂，這樣才不會以苦為樂，或是因為自己的錯解，反而陷入無止境的痛苦中。看清楚生命的實相，這才是般若智慧最殊勝的妙用，只要一直謹記在心，念念不愚，常行般若，這就是一行三昧。

故事 2：慧海禪師參訪馬祖禪師

禪宗公案中有這麼一個記載，說大珠慧海禪師去參訪馬祖道一禪師，馬祖大師就

問他：「上座從什麼地方來？」

慧海禪師回說：「我從越州大雲寺來。」

馬祖大師又問：「大德，你為了什麼事來到此處？」

慧海禪師說：「我來求佛法。」

馬祖大師聽完只有說：「老僧這裡什麼也沒有，求什麼佛法？自家寶藏不顧，拋家散走做什麼？」

慧海禪師繼續問：「請教和尚，哪一個是慧海的寶藏？」

馬祖大師回答：「當前問我的這個，就是你自家寶藏，一切本自具足，無欠無少，運用自在，何假外求。」當下大珠慧海禪師悟明心地，知道自心本來就圓滿無缺，不需要東奔西求。

人人皆有本具的佛性，在哪裡？就在師父說法大眾聽法的這一念心，同樣地寫經也是用這一念心來寫。我們今生得遇佛陀的教法，不要入寶山而沒有取寶，非常可惜，人生短暫時間不多，把握難得的機緣與修行用功時間，靜下心來，萬緣放下，就用這一念清淨的心受持、讀誦、書寫金剛般若波羅密經。

溫故知新

問題 1. 這裡公布了正式的經名為何？

問題 2. 三輪體空指的是甚麼？

問題 3. 佛陀以世間最小的「微塵」和最大的「世界」為代表，來觀世間萬法，由般若智慧可以體悟到什麼？

問題 4. 佛陀問「可以三十二相見如來不？」是要大家去追求三十二相嗎？

《金剛經》離相寂滅分第十四

爾時，須菩提聞說是經，深解義趣，涕淚悲泣，而白佛言：希有！世尊。佛說如是甚深經典，我從昔來所得慧眼，未曾得聞如是之經。
世尊，若復有人，得聞是經，信心清淨，即生實相，當知是人成就第一希有功德。世尊，是實相者，即是非相，是故如來說名實相。
世尊！我今得聞如是經典，信解受持，不足為難，若當來世後五百歲，其有眾生得聞是經，信解受持，世人即為第一希有。
何以故？此人無我相、無人相、無眾生相、無壽者相。所以者何？我相即是非相；人相、眾生相、壽者相，即是非相。何以故？離一切諸相，
即名諸佛。
佛告須菩提：如是如是！若復有人，得聞是經，不驚、不怖、不畏，當知是人，甚為希有。
何以故？須菩提！如來說第一波羅蜜，即非第一波羅蜜，是名第一波羅蜜。
須菩提！忍辱波羅蜜，如來說非忍辱波羅蜜，是名忍辱波羅蜜。
何以故？須菩提！如我昔為歌利王割截身體，我於爾時，無我相、無人相、無眾生相、無壽者相。何以故？我於往昔節節支解時，若有我相、
人相、眾生相、壽者相，應生瞋恨。
須菩提！又念過去於五百世，作忍辱仙人，於爾所世，無我相、無人相、無眾生相、無壽者相。
是故，須菩提！菩薩應離一切相，發阿耨多羅三藐三菩提心，不應住色生心，不應住聲香味觸法生心，應生無所住心，若心有住，即為非住。
是故佛說菩薩心，不應住色布施。
須菩提！菩薩為利益一切眾生故，應如是布施。如來說一切諸相，即是非相；又說一切眾生，即非眾生。
須菩提！如來是真語者、實語者、如語者、不誑語者、不異語者。須菩提！如來所得法，此法無實無虛。
須菩提！若菩薩心住於法，而行布施，如人入闇，即無所見。若菩薩心不住法而行布施，如人有目，日光明照，見種種色。
須菩提！當來之世，若有善男子、善女人，能於此經受持讀誦，即為如來以佛智慧，悉知是人，悉見是人，皆得成就無量無邊功德。

離相希有
相義深有
寂而靜有
滅無生有

前言：離相寂滅

這一分名為離相寂滅。寂滅是佛的境界，如何能達到佛的境界？「離一切諸相，即名諸佛。」即成就如來寂滅之境。

爾時，須菩提聞說是經，深解義趣，涕淚悲泣，而白佛言：希有！世尊。佛說如是甚深經典，我從昔來所得慧眼，未曾得聞如是之經。

深解義趣而涕淚悲泣

在這一分中，須菩提聽聞《金剛經》，他的反應是涕淚悲泣，這對解空第一的阿羅漢尊者來說是一個非常不尋常的反應。

阿羅漢已經遠離貪、瞋、癡、慢、疑、邪見等根本煩惱，不會再受到輪迴生死的影響，須菩提又是解空第一的聖弟子，怎麼會哭泣？怎麼還有情緒呢？

須菩提對佛陀說：「我從昔來所得慧眼，未曾得聞如是之經。」為什麼他會有這

樣的反應？主要是因為他深解義趣，因此可知當我們聽聞佛法到深解義趣時，內心會有一種非常殊勝的善根展現。

　　阿羅漢證到空性，得到的是慧眼，聽到《金剛經》的般若深義時，承認他從來沒有聽聞、沒有理解過。原來空性的道理在他解空第一的理解範圍還是遠遠的不足的，所以他終於明白般若之空不是他原先粗淺的了解，因此在這裡就是「深解義趣」。

　　經云：「自皈依佛，當願眾生，體解大道，發無上心。」對於佛法的理解，可以用意識心，用頭腦思辨的方式去了解，或僅只是字面上的理解，但若要「體解大道」，真正透達生命實相、真正的體會佛陀所說的深義，就不只是字面上的解釋，而是要深刻的體悟。

　　修行有解悟與證悟兩個方面，不管是從義理上的理解來解悟，或是從修證上實際的行持來證悟，目的都是希望徹底的了解。

世尊，若復有人，得聞是經，信心清淨，即生實相。當知是人成就第一希有功德。世尊！是實相者，即是非相，是故如來說名實相。世尊！我今得聞如是經典，信解受持，不足為難，若當來世後五百歲，其有眾生得聞是經，信解受持，是人則為第一希有。何以故？此人無我相、無人相、無眾生相、無壽者相。所以者何？我相即是非相；人相、眾生相、壽者相，即是非相。何以故？離一切諸相，即名諸佛。

淨信生實相

　　《金剛經》從一開始須菩提提了「云何應住，云何降伏其心」的問題後，佛陀一步一

步的抽絲剝繭，舉例、反覆譬喻的論證般若離相之理，所以聞經到此，須菩提會涕淚悲泣，是因為他已經完全了解，深解義趣使然。

但須菩提想，他能理解自己的體會，可是別人卻沒有辦法理解他的理解，因此就進一步地繼續說明：「若復有人，得聞是經，信心清淨，即生實相。當知是人成就第一希有功德。」對於實相的體悟可以透過《金剛經》的體會，理解它、相信它。

《金剛經》講得是生命的實相，學習這一切的法，究竟要了解什麼？

人來到世間，生從何來茫然無知，死往何去渺渺茫茫。順治皇帝出家讚僧歌說：「未曾生我誰是我？生我之時我是誰？長大成人方是我？合眼朦朧又是誰？」如果迷迷糊糊地就在這個人間活著卻不了解實相而無知迷惘，空在人間走一回，多可惜啊。

我們要真的了解自己，了解生命，必須要能夠突破種種的假相，所以須菩提說：你的信心要建立在哪裡呢？信心要建立在信仰實相上。

究竟什麼是實相

究竟什麼是實相？

「實相者，即是非相，是故如來說名實相。」原來我們要了解的實相，也沒有一個「相」可得。

那要如何來了？這裡須菩提就提到要「無我相、無人相、無眾生相、無壽者相。」

「離一切諸相，即名諸佛。」離一切諸相，離什麼相呢？

所有的相不外乎我相、人相、眾生相、壽者相，所以在經中反覆地提到這四相。

我相，是以「我」為中心的思惟模式，這其實是一個錯誤的認知。

「我」是一個假合體，由色、受、想、行、識五蘊假合而成，色沒有我、受沒有我、想也沒有我，行、識亦如是。可是我們不知道，因此就在無我的假合中錯以為有一個我，有了這個「我」，所有的思惟模式都是依據我的經驗、我的感覺、我的利益、我的好惡而產生所有的對立衝突與追求。

煩惱從這個「我」延伸，而有了所謂的「人」、「我」之爭，身邊的人依照「我」來分類，我喜歡的，例如情人眼裡出西施，怎麼看怎麼順眼，怎麼看怎麼喜歡；我不喜歡的，不管多麼有道理，我心裡就是不舒服、不能接受，總是百般的挑剔，這個就是人的分類方式。人從好惡出發，到最後就產生冤與親，這些不平等造成種種的眾生之相。

所謂「眾生」，就是眾多的生死，眾多的生滅，大的就是世界的成住壞空，小的就是人和一切有情的生生死死，乃至於我們的心每天都在生住異滅當中遷流不息，如果要看透生命的真相和生死的謎題，一定要能跳出這個生死的迷思，「無我相、無人相、無眾生相」，最後跳離壽者相。

「壽」就是壽命，也就是時間，凡人都在追求長壽，追求永遠不壞，如果我們依據的是生滅，不管是生滅的心，還是生滅的世界之相，得到的一定是生滅的果，所以這個世界是沒有所謂的永恆的。

只有離一切的生死之相，才能證到寂滅之境，才能真的明白什麼是不生不滅。

《金剛經》裡最重要的是教我們要離相，「應無所住」，不只是無我相、人相、眾生相、

壽者相，還要離法相，乃至離六塵之相，離一切相，所謂生滅心滅。生滅心、生滅相能徹底地遠離才能真正的寂滅現前，所以說「離一切諸相，即名諸佛。」這個世間不外乎就是我相、人相、眾生相、壽者相，當我們能知道這些相都不是真相，自然就能契入寂滅之境。

故事 1：野鴨子，飛過去了

禪宗祖師百丈懷海禪師在馬祖大師的座下修行，有一天跟著馬祖禪師出外行腳，在路上看到一群野鴨子飛過去。

馬祖問：「是甚麼？」

百丈禪師就回答：「野鴨子。」

馬祖說：「什麼處去也？」

百丈回答：「飛過去也。」

馬祖突然把百丈的鼻頭一扭，百丈禪師因鼻子負痛而失聲大叫。

這時馬祖說：「又道飛過去也。」當下百丈突然言下有省。

回到侍者寮，百丈突然嚎啕大哭而且還哭個不停。

同樣是侍者的同事就問他：「你是想念你的父母嗎？」

百丈說：「沒有。」

同事問：「你是被人罵了嗎？」

百丈說：「不是。」

同事問：「那你哭什麼呢？」

百丈：「我的鼻子被馬大師扭得痛得不得了。」
同事又問：「你是不是有什麼事惹到師父，讓師父不歡喜？」
百丈說：「你自己問和尚去。」

　　好事者就趕快跑去問馬大師：「師父、師父，懷侍者是有什麼因緣不契合師父的心不合師父的意？他現在正在寮房裡痛哭呢，大家問他，他說叫我們來問您，到底發生什麼事？」
　　馬祖就說：「你們自己去問他，他懂得。」
　　同事一聽，咚咚咚又跑回來，就跟百丈講：「和尚說你會了，叫我們問你。」
　　沒想到百丈一聽，突然哈哈大笑。
　　同事說：「剛才在哭，現在又笑，到底是為什麼呢？」
　　百丈就回答：「是啊，剛才哭呢，現在笑了。」同事們全部都一頭霧水。
　　百丈哭什麼？百丈因為鼻子很痛，所以他哭了，哭是表達他的痛，他知道痛。
　　後來馬大師就說他懂了，懂佛法了，他聽到就笑了。

　　剛才會哭的那一個，跟現在在笑的這一個，是同一個嗎？
　　前面馬大師問他野鴨子在什麼處？野鴨子飛過去了。既然飛過去了，那你為什麼還記得飛過去這件事？意思是牠飛過去了，為什麼還在你的心上留下痕跡？所以過去了嗎？沒有過去。因此馬大師扭了他的鼻子，什麼飛過去，野鴨子早就不在了，干你什麼事？藉由扭鼻子，百丈突然痛得不得了，當下清醒，原來過去的是野鴨子，沒有過去的，是當下這念心。

後來侍者們再問百丈，你剛才為什麼哭，但現在卻在笑？因為剛才的情境是鼻子很痛，該哭就哭，而現在是已經不用緬懷過去，因為事情已經過了，所以哈哈大笑。

既不活在過去也不活在未來，飢來吃飯睏來眠，聽起來是多麼地簡單，只是要我們時時活在當下，了解所有相的本體都是空性的，更執著不得。別人說你好，別人說你不好，別人笑你、罵你，都是什麼呢？都是我相、人相、眾生相，既然這些都不是實相，那麼何妨讓這個「相」自生自滅呢？

當我們能無我相、人相、眾生相、壽者相時，「離一切諸相，即名諸佛」，就是寂滅之境，這就是須菩提所體悟的甚深經典之義。

所謂的實相，須菩提說連他這樣對於空性的理解已經是諸弟子中最上第一，仍然未曾聽聞過如此殊勝的教法。可知《金剛經》所談的實相是非常殊勝的，也難怪須菩提會涕淚悲泣。

故事 2 ：常啼菩薩求法之路

在《大般若經》卷三百九十八、三百九十九中，記載著一位常啼菩薩的事蹟。

常啼的意思就是常常在哭泣。很多人都覺得出家修行的人清心寡欲，看淡世間的一切，早已杜絕過多的喜怒哀樂等情緒。《楞嚴經》中的阿難尊者，數度淚灑楞嚴會上，是因為他並未證得離欲阿羅漢的果位，情有可原，為何常啼菩薩也像阿難一樣愛哭呢？

常啼菩薩住在阿蘭若處，祈求甚深般若波羅蜜多。

　　有一天，他突然聽到空中有聲音告訴他：「善男子。汝可東行。決定得聞甚深般若波羅蜜多。」

　　常啼菩薩聽到這個消息後歡喜踴躍，即刻啟程向東而行。

　　走了沒有多久，心裡就想：「我為什麼沒有問這空中的聲音往東走要走多遠？要走到哪裡去？要找誰才能夠聽聞到般若波羅蜜多之法呢？」

　　於是搥胸悲歡愁憂啼哭，經過了七個晝夜，「不辭疲倦。不念睡眠。不思飲食。不想晝夜。不怖寒熱。」心不散亂，只有一心念著：「我應該要向誰求取般若波羅蜜多之法？我為什麼沒有問清楚，如今該如何是好呢？」結果因此就哭了七天七夜。

　　人有誠心，佛有感應，佛陀被他的虔誠感動，於是現身說法：「善男子，你是如此的勇猛精進，愛樂恭敬求法之心，從此東行，經過五百踰繕那的距離，有一個城叫做妙香城，城裡有一位法湧菩薩，常常為無量百千有情宣說般若波羅蜜多之法，你去向法湧菩薩求法，得聞般若波羅蜜多甚深之法。」

　　於是常啼菩薩歡喜踴躍，心心念念地朝向妙香城，求取般若波羅蜜多之法。聽聞般若波羅蜜多之法，便能永斷種種虛妄分別，有所得見，疾證無上正等菩提。

　　常啼菩薩的哭泣是因為他求法心切；須菩提的哭泣，是因為他深解了般若實相的義理，當我們契悟生命的實相大徹大悟時，也會像《楞嚴經》的阿難尊者一樣，悲欣交集。

　　須菩提能深解義趣，對於身在佛世時的他來說，並不是非常困難的事，因為佛陀就在眼前，但是，在佛陀入涅槃後，後五百歲的末法眾生聽聞到這樣的經典道理能信解受持的，實在太不容易了，此人的善根是第一希有，此人的慧根也是第一希有。為什麼？如果一個

人有很強的我相、人相、眾生相、壽者相，他對於甚深般若的義理是沒有辦法相應，是沒有辦法體會的。

信心清淨 即生實相

《金剛經》〈如理實見分第五〉：「凡所有相，皆是虛妄，若見諸相非相，即見如來。」因此須菩提就說：要成佛，契入寂滅之境，只有離一切諸相才能成就。這也就是前面所說的：「若見諸相非相，即見如來。」

如何契入實相？在這裡談到：「信心清淨，即生實相。」

佛法的信，有初信、正信，到深信。

剛剛開始學習佛法是初信，很多人是一種初始的信仰，覺得佛法是心靈的安慰，覺得聽聞佛法可以得到解脫的功德，可以得到智慧的滋潤。

第二個層次是正信，慢慢地我們會發現，當我們正信因果，相信佛陀所說的人人皆有佛性，人人當發菩提心，人人皆當成佛這樣的道理，而且信解受持，依著佛陀的教理在生活中實踐，就會知道原來佛陀不是要讓我們相信一個外在的佛，而是自皈依、自依止，啟發自性的清淨法身佛。

到了第三個階段，透過聽聞佛法，透過實踐，實際上解行並重，到最後就能契悟甚深之義理，此即深信。信心達到了百分之百，而且真正啟發了清淨的自性，那麼就會生出實相的殊勝功德，實相是無相、無不相，真空生出妙有。

　　佛陀有三身：契入法身，清淨無為；契入報身，是依著智慧而產生無量的功德相；化身則是智慧之用，可以有各種不同的現身說法，在不同的生活、不同的場域，扮演不同的角色，每一個角色都能夠恰到好處。

　　法身、報身、化身，三身皆不離實相，實相是如此的殊勝，而且它就在我們的生活中產生作用，就在現世的生活裡產生生命的質變與量變。

佛告須菩提：如是如是！若復有人，得聞是經，不驚、不怖、不畏，當知是人，甚為希有。何以故？須菩提！如來說第一波羅蜜，即非第一波羅蜜，是名第一波羅蜜。

須菩提！忍辱波羅蜜，如來說非忍辱波羅蜜，是名忍辱波羅蜜。何以故？須菩提！如我昔為歌利王割截身體，我於爾時，無我相、無人相、無眾生相、無壽者相。何以故？我於往昔節節支解時，若有我相、人相、眾生相、壽者相，應生瞋恨。須菩提！又念過去於五百世，作忍辱仙人，於爾所世，無我相、無人相、無眾生相、無壽者相。

是故，須菩提！菩薩應離一切相，發阿耨多羅三藐三菩提心，不應住色生心；不應住聲香味觸法生心，應生無所住心。若心有住，即為非住。是故佛說菩薩心，不應住色布施。

須菩提！菩薩為利益一切眾生故，應如是布施。如來說一切諸相，即是非相；又說一切眾生，即非眾生。須菩提！如來是真語者、實語者、如語者、不誑語者、不異語者。須菩提！如來所得法，此法無實無虛。

須菩提！若菩薩心住於法，而行布施，如人入闇，即無所見。若菩薩心不住法而行布施，如人有目，日光明照，見種種色。

須菩提！當來之世，若有善男子、善女人，能於此經受持讀誦，即為如來以佛智慧，悉知是人，悉見是人，皆得成就無量無邊功德。

菩薩行的嚮導—第一波羅蜜

佛陀回應須菩提「深解義趣，涕淚悲泣」而告訴須菩提：「若復有人，得聞是經，不驚、不怖、不畏，當知是人，甚為希有。」能在聽聞《金剛經》後心生歡喜全然接受，這樣的人的確是非常希有的。

行菩薩道，要達到圓滿與究竟，一定要離一切相，要怎麼樣離相呢？以「無我相、無人相、無眾生相、無壽者相」行六波羅蜜，接下來，佛陀舉了六波羅蜜裡的三個波羅蜜：般若波羅蜜、忍辱波羅蜜、布施波羅蜜來深度解說。

修六波羅蜜，最重要的是第一波羅蜜，也就是般若波羅蜜。

般若是六波羅蜜的眼睛，做任何事智慧之眼如果沒有張開，就像走路不長眼很容易跌倒，般若波羅蜜有如眼睛，是我們修菩薩行的嚮導。

如來說第一波羅蜜，即非第一波羅蜜，是名第一波羅蜜。在修般若時，怎樣才是圓滿呢？要能不即不離，不著「我相、人相、眾生相、壽者相」，沒有一個「我」在修般若波羅蜜，也沒有般若波羅蜜之法，就是在修般若波羅蜜。從空、假、中，從「非」、「即」的角度來談如何修得圓滿。

故事3：忍辱仙人

接下來這一段是非常重要的一個舉例，佛陀以他自己過去做為忍辱仙人受到歌利王割截其身時，如何圓滿了忍辱波羅蜜的修行。

　　過去五百世以來，佛陀作為忍辱仙人在山裡修行。

　　有一天，歌利王帶著妃子們來到山間漫遊，走累了，歌利王就去休息，妃子們則四處逛逛，見到忍辱仙人在修行覺得很好奇，就請教忍辱仙人在做什麼，忍辱仙人就為妃子們開示修行的法要。妃子們很有善根，聽得津津有味，忘記她們的歌利王正在睡覺。

　　歌利王醒來時發現妃子們通通不在身邊，便到處尋找，看到妃子們竟然圍著一個不知哪裡來的野人興高采烈地談天說地。

　　歌利王頓時怒火中燒，馬上指責忍辱仙人：「你勾引我的妃子！」

　　忍辱仙人說：「您誤會了，您的妃子們很有善根，正在聽我說法。」

　　被憤怒沖昏頭的歌利王怎麼可能相信忍辱仙人的話，於是歌利王說：「既然你在修忍辱，那麼我就讓你忍忍看，看你忍不忍得住？」

　　歌利王拿起他的劍，狠心地把忍辱仙人的手跟腳割下來，忍辱仙人遭遇如此殘酷地對待，在被節節支解時他非常地平靜，還跟歌利王說：「我非但不怨恨你，而且還要感謝你給我這樣一個考驗和境界，反而幫助我圓滿了忍辱波羅蜜的修行，將來我成佛一定第一個度你。」

　　忍辱仙人的回應讓歌利王非常地驚訝，他更加的不信：「我不相信這個世間有人遇到這種對待時還能不生瞋恨，還發願要度我，你根本就是在說笑話，你要怎麼證明給我看呢？」

　　忍辱仙人說：「如果我所發的誓願是真實的，天地為證，我的手腳馬上復原。」他的手腳果然馬上就恢復原狀。

修行難免遇到各式各樣的境界，有合理的，有不合理的，不管合不合理，境界就只是境界。

　　佛陀說：「為什麼我在面對歌利王如此非理的對待時還能不起瞋恨心呢？因為當時我的心『無我相、無人相、無眾生相、無壽者相。』由於遠離了四相，所以心是在寂滅的境界，寂滅是不起煩惱如如不動的，這樣的狀態就沒有什麼境界能夠傷害得了。」

　　你在生氣嗎？只要還有那麼一點點氣，只要心裡還有那麼一點點的不舒服、不自在，就是我們起了「我相、人相、眾生相、壽者相」的分別，不管境界強不強大，合不合理，不管那個人可惡或可愛，修忍辱，一定要反求諸己，看見自己當下的一念心，而不要在境界上分別計較。

傳心法要－攀緣心支解六根

　　黃檗禪師在《傳心法要》裡，從心法的角度談了忍辱仙人和歌利王的故事。
　　有人問黃檗禪師：「如我昔為歌利王割截身體，如何？」
　　黃檗禪師回答：「仙人者即是你心。歌利王好求也，不守王位，謂之貪利。如今學人，不積功累德，見者便擬學，與歌利王何別？」意思就是不能安住在自己的心，心遊外境四處攀緣，就像歌利王割截身體。
　　怎麼割截呢？「如見色時，壞卻仙人眼。」眼睛攀緣色，就把眼睛割截了；「聞聲時，

壞卻仙人耳，乃至覺知時，亦復如是，喚作節節支解。」

歌利王是誰？是我們的攀緣心；仙人是誰？是我們的清淨心。當我們的心不能安住四處攀緣時，就是像歌利王一樣，把我們的眼、耳、鼻、舌、身、意節節支解了，這是從「理」上來談歌利王與忍辱仙人故事的意義。

忍的五個層次

忍有五種層次，從伏忍、信忍、順忍、無生法忍，到最後的寂滅忍。

1. 伏忍

伏忍，是遇到境界時，先把自己的瞋恨心、煩惱心調伏。你罵我一句，我先學習不回應；你給我境界、阻撓，我先不用瞋心、恨心來回應，先讓自己的心保持平靜，降伏其心。

能夠做到伏忍要有基本的定力，遇到境界時要先停下來，讓自己的心平靜下來，這個就是對境不生心，不會讓事態越發嚴重。

但是，如果只有「伏」而沒有斷煩惱，這個煩惱壓在心裡越演越烈，不是內傷就是外傷。內傷，就是自己心裡憤憤不平變成心結，或怨天尤人，或自怨自哀，有的人還因此得了憂鬱症；外傷，在外面受了委屈，回到家裡面對家人，就開始把氣轉移到自己的親人、朋友身上，最愛你的人何辜，他為什麼要無條件地接受你的憤怒呢？不管是內傷還是外傷，通通是兩敗俱傷。

2. 信忍

伏忍之後，要進一步精進用功，建立正確的信念，就進入第二個階段「信忍」，因有正確信念而忍。相信因緣果報，相信緣起性空，相信人人皆有佛性，相信這是自己發菩提心的因緣，把境界作為道業增進的逆增上緣，最好用的就是《金剛經》這一段。

佛陀為了要讓大眾相信佛陀的方法是究竟有效的，他自己做為忍辱仙人，面對歌利王如此對待時，竟然一點都不回應，看起來忍辱仙人受盡種種的委屈，可是兩個人的結局是什麼？結局就是後來佛陀修行圓滿成就佛的果位，而歌利王成為佛陀的第一個弟子憍陳如。憍陳如為什麼有得度因緣？因為佛陀當時發了誓願要度化歌利王，隨著佛陀的願力，歌利王果然成為佛陀的第一個弟子。

從這段因緣變化中我們看到佛陀逆轉厄運的智慧，一般所謂的冤親債主，都是冤冤相報，這一生你殺了我，下一生就換我殺你，一命抵一命，但命運之輪到了佛陀的身上，他竟然改寫了劇本，歌利王割截忍辱仙人的身體，忍辱仙人回應以無比的慈悲和願力，發願勢必度你，讓你成就阿羅漢的果德。

這一生，佛陀終止他們冤冤相報的宿命，而變成師徒互相度化，互相成就的殊勝法緣。看到佛陀的示範後，我們要如何面對生命中的歌利王？選擇當忍辱仙人？還是選擇以牙還牙、以眼還眼的模式繼續糾纏？一生又一生，無有止盡地繼續恩怨情仇的戲碼呢？

　　佛法提供另外一種人生的選擇，命運的主導權是掌握在自己手上，當時忍辱仙人也是如此的深信，會不會成佛是自己的選擇，而不是你遇到誰。遇到阻礙你的人，把他作為逆增上緣，反而更策勵你用功成就你的忍辱波羅蜜。

　　如果能轉境，表示智慧已經生起，這個就是信忍。

3. 順忍

　　有正確的觀念、正確的信念，面對一切的境界就能轉，因此碰到任何狀態都能安忍於心，漸漸地就開始順心了。

　　所謂的順忍，事事如意、事事順心，其實是因為當我們面對境界時是隨緣的，知道這一切是因緣法，順應著因緣而隨緣不變。不變的是我們的發心，我們的清淨，不管走到哪裡，始終都用自己最正向的態度來面對所有的境界，如此一來什麼都是好的境界。

故事 4：有智慧的大臣

　　過去有一個大王，身邊有一個很有智慧的臣子，他常常跟大王說：「好事情不一定是好事情，壞事情也不一定是壞事情。」

　　有一天，大王跟臣子出去巡遊，走在山中，大王心情很好，覺得今天一切都很順利，路邊有一棵蘋果樹，樹上結實累累，他跟大臣說：「我想要吃蘋果。」大臣馬上就幫他摘了一顆最飽滿、最大的蘋果。

大王非常高興地説：「今天我自己來削蘋果。」大臣把刀子拿給大王，大王從來沒有自己削過蘋果，削著削著，不小心把手指的一片肉給削到了，頓時血流如注，痛得哀哀大叫。

　　這時大臣不但沒有安慰國王還在國王的耳邊説：「國王，沒關係，壞事不一定是壞事。」國王真的是無法忍受就叫他閉嘴，他説：「你走，我現在心情不好，你不要讓我看到。」大臣只好默默地離開國王。

　　國王心情不好就瞎走亂走，不小心迷路了，眼見著天色已晚，突然間山裡跑出來一群野人，嘰哩咕嚕的，就把大王五花大綁綁回去了。

　　原來這些土人要祭天，需要找一個活人來祭祀，他們把國王全身上下都扒光綁在祭祀台上，大王心想：「這下子完蛋了，叫天天不應叫地地不靈，唉，都怪我把大臣給趕走了，現在誰來救我啊？」

　　部落的祭司走出來，仔細地檢查今天晚上的祭品，從頭檢查到腳，從腳再檢查到頭，突然這個祭司指著國王流血受傷的手，搖搖頭，嘰哩咕嚕的不知道在講什麼，就把國王給放走了。

　　原來祭祀天神的祭品是不可以見血的，如果見血表示是不吉利的，而且這個祭品也不可以留在部落裡要趕快放走。

　　國王大難不死狼狽地逃回皇宮，回到皇宮後就把大臣找來，説：「你説得是對的，壞事不一定是壞事，如果我的手沒有受傷，那我今天難逃一死，我要謝謝你，同時也要對你道歉，我罵了你一頓把你趕走，你能夠原諒我嗎？」

　　大臣聽完國王的敍述後馬上對著國王頂禮三拜：「謝謝國王把我趕走，如果您沒有趕我走，現在躺在祭祀台上的就是我了。」

　　塞翁失馬焉知非福，當我們遇到任何不如意不順遂時，轉念想一想，所有的發生必有其因緣，不妨利用這樣的因緣來用功。

　　譬如在疫情期間，因為疫情的關係哪裡都不能去，這時候，也未嘗不是休養生息精進用功的最佳時刻，假日不外出，在家靜下心來寫經，讓自己的身心得到佛法的滋潤，甚至透過寫經靜心、定心，還能夠明心，哪怕只有念那麼一句四句偈也能成就無邊的功德，開啟無邊的智慧。

　　我們了解這一切都是最殊勝的因緣，每一個當下都是獨一無二的安排，就會事事順心，所謂的順忍就是如此。

4. 無生法忍

　　當我們了解諸法空相，不生不滅、不垢不淨、不增不減，就證到無生法忍。
初地的菩薩，斷了我執，證了我空；八地菩薩，斷了法執，證了法空，所以無有「生」與「法」的分別，叫做無生法忍。

5. 寂滅忍

　　依此清淨的本體發大誓願，實踐布施、持戒、忍辱、精進、禪定、般若、方便、願、力、智等十波羅蜜，等覺、妙覺智慧，達到究竟圓滿，就是寂滅忍，就是佛的境界。

忍辱波羅蜜，即非忍辱波羅蜜，是名忍辱波羅蜜，一樣依著「無我相、無人相、無眾生相、無壽者相」來修忍辱波羅蜜。因此在這裡，佛陀就做了一個小結：「菩薩應離一切相，發阿耨多羅三藐三菩提心。」離相而發心，離什麼相？離「我相、人相、眾生相、壽者相」發菩提心。

布施波羅蜜－不住法而行布施

佛陀在此段説的重點就是布施波羅蜜。「布施」是最容易入手的法門，佛陀説：「不應住色布施，不應住聲、香、味、觸、法布施。」

要怎麼布施呢？「菩薩為利益一切眾生故，應如是布施。」不為任何的目的，只為成就一切眾生。

佛陀再一次地強調，布施要離一切相，如果沒有離相的布施就是有所住，若菩薩心住於法而行布施，就像人入暗室當中，眼前什麼都看不見；反之，若菩薩心不住法而行布施，就像人雙眼健全，加上日光明照，可以看得清清楚楚。

黃檗希運禪師説，捨有三種層次：大捨、中捨與小捨。「內外身心一切俱捨，猶如虛空無所取著，然後隨方應物，能所皆忘。」這個是大捨。「若一邊行道布德，一邊旋捨，無希望之心。」這個是中捨，其中的旋捨是指行道布德時，隨作隨捨，無希

望獲得福德之心。「若廣修眾善，有所希望，聞法知空，遂乃不著。」這個叫做小捨。

「大捨如火燭在前，更無迷悟；中捨如火燭在旁，或明或暗；小捨如火燭在後，不見坑阱。」了解這個道理後，我們就依著《金剛經》裡面所談得，要不住法而行布施，不住法就是離相，離相布施就可以成就寂滅的境界。

最後，「當來之世，若有善男子、善女人，能於此經受持讀誦」佛陀就肯定如此的善男子、善女人，一定可以成就無量無邊功德，真正達到明心見性，見性成佛，這是真功德。

溫故知新

問題1. 解空第一的「須菩提」為何哭了？
問題2. 什麼是實相？
問題3. 「離一切諸相」，是指離什麼相呢？
問題4. 忍分哪五種層次？

《金剛經》持經功德分第十五

須菩提！若有善男子、善女人，初日分以恆河沙等身布施；中日分復以恆河沙等身布施；後日分亦以恆河沙等身布施，如是無量百千萬億劫以身布施。

若復有人，聞此經典，信心不逆，其福勝彼。何況書寫、受持、讀誦，為人解說。

須菩提！以要言之，是經有不可思議，不可稱量，無邊功德。

如來為發大乘者說，為發最上乘者說。若有人能受持、讀誦、廣為人說，如來悉知是人，悉見是人，皆得成就不可量、不可稱、無有邊、不可思議功德，如是人等，即為荷擔如來阿耨多羅三藐三菩提。

何以故？須菩提！若樂小法者，著我見、人見、眾生見、壽者見，即於此經不能聽受讀誦，為人解說。

須菩提！在在處處，若有此經，一切世間天、人、阿修羅所應供養。當知此處，即為是塔，皆應恭敬，作禮圍繞，以諸華香而散其處。

持誦讀自利
經典廣演說
功顯劫身施
德供經塔處

前言：受持《金剛經》有不可計數的功德

　　這一分是透過功德較量，讓大眾了解持《金剛經》的功德。
　　首先，佛說：「若有善男子、善女人，初日分、中日分、後日分，以恆河沙等身布施。」初日分，指早上；中日分，指中午；後日分，指晚上，意思就是從早到晚，都以恆河沙等身來布施。

　　布施有財布施、法布施、無畏布施三種，如果有人用生命來布施，其實這是非常不得了的殊勝功德；但是如果有人聽聞經典，生了清淨的信心，深信不疑，是超過用無量百千萬億劫的生命來布施的功德。

　　佛陀這樣的比較聽起來有一點誇張，但是前一分佛陀講：「如來是真語者、實語者、如語者、不誑語者、不異語者。」因此，我們要相信，佛陀不隨便做這樣的比較，既然佛陀會做這種比較，表示一定有很深刻的內涵。
　　接下來佛陀又說，不只是生起信心，還有「書寫、受持、讀誦、為人解說」也都是功德。

在《法華經》〈法師品〉裡說到有五種法師：第一是書寫的法師，第二是受持的法師，第三是讀經的法師，第四是誦經的法師，第五是解說的法師。過去印刷術不發達，書寫經典是一種流通經典的方式，也是一種修行，當我們了解經典的內容之後，還可以為人解說，能夠推廣，這種發心是勝過用無量生命來布施的。

佛陀說：最切要的來說，《金剛經》有「不可思議，不可稱量，無邊功德。」

金剛經為誰而說

佛陀所說的法都是應病與藥，古德說：「說法不應機，猶如閒言語。」《金剛經》是為誰而說？怎麼會有這麼不可思議的功德？

這一部經是「為發大乘者說，為發最上乘者說。」這一部經聽聞後會發菩提心。

從《金剛經》一開始須菩提的提問：「善男子，善女人，發阿耨多羅三藐三菩提心，云何應住？云何降伏其心？」就可以知道這一部經是佛陀為發菩提心的善男子、善女人所說的經。發了菩提心又能夠堅持，依著《金剛經》裡的道理來行持，「如來悉知是人、悉見是人，皆得成就不可量、不可稱、無有邊、不可思議功德。」因為發了菩提心、發了大乘心就是大乘行者。大乘跟小乘最大的差別就是發菩提心的修行人，他的修行目標不是只有自己成就，而是成就所有一切眾生。

不管是卵生、胎生、濕生、化生，不管是哪一種眾生，哪一種層次，認識、不認識，喜歡、不喜歡，通通都發一個平等的悲願：我願度化一切眾生，而且是讓一切眾生「皆令入無餘涅槃而滅度之」，就是每一個眾生都成佛，我就會成佛，有這樣發心的人，他就是真正的發菩提心。

荷擔如來家業的最上乘行者

這個發心說起來容易，但要堅持到底其實是非常不簡單的，因此如來就說，如果有這樣的人，他就是荷擔如來家業的大乘行者，最上乘的行者。

一般世俗人都知道「積善之家，必有餘慶；積不善之家，必有餘殃。」有一句俗話講「富不過三代」，都是講家族在傳承的過程中如果沒有好的延續，家業就不能夠長久。

佛陀是三界導師，四生慈父，如來就是家族的大家長，大家長把家業傳承下來，後世的弟子，應該如何把這個家業繼續承擔下來呢？

如來的家業是什麼？就是弘法利生的家業，以利生為事業，以弘法為家務。

在《華嚴經》第七十九卷裡，彌勒菩薩向善財童子介紹菩薩的家，家族成員有：「般若波羅蜜為母，方便善巧為父，檀波羅蜜為乳母，尸波羅蜜為養母，忍波羅蜜為莊嚴具，勤波羅蜜為養育者，禪波羅蜜為澣濯人，善知識為教授師，一切菩提分為伴侶，一切善法為眷屬，一切菩薩為兄弟。」

　　如來之家裡，菩薩是我們的兄弟，所以大眾在道場中，彼此間都互稱為師兄，大家就像家庭中的兄弟姐妹一樣，一起行菩薩道。

　　如來之家的家法和家教是什麼？以「菩提心為家，如理修行為家法，諸地為家處、諸忍為家族、大願為家教，滿足諸行為順家法，勸發大乘為紹家業，法水灌頂一生所繫菩薩為王太子，成就菩提為能淨家族。」

　　彌勒菩薩在講菩薩的家，如來的家，以及家法和家教。家族的成員就是六波羅蜜，所有發菩提心的人，都會以六波羅蜜為行持，因此發菩提心的善男子、善女人，自動就成為如來之家的家族成員，《金剛經》所提到發菩提心的善男子、善女人，就是佛的弟子，成為佛陀的弟子，最主要的工作就是把如來這個大家長的理念以及他的發心繼續延續下去。

　　佛法的弘傳是代代相傳，法則以心印心，雖然大眾來自不同地方，一旦發了菩提心，無論胎生、卵生、濕生、化生，大家都同得法性之身，不分彼此，佛的弟子在這個時空當中，繼續延續佛陀的理念及教法。

　　《金剛經》裡教大眾要發菩提心，「受持、讀誦、為人解說」菩提心的殊勝功德，以及它的妙用，這就等於把佛陀的家業延續下去，這就是「荷擔如來阿耨多羅三藐三菩提」的意思，因此我們身為佛弟子，就應該要有這樣的承擔。而我們發心受持、讀誦這部經，發心守護這一部經，發心流通、推廣這部經，就是真正發菩提心、發了最上乘之心。

經典所在之處即為有佛

最後佛陀説:「在在處處，若有此經，一切世間天、人、阿修羅所應供養。當知此處，即為是塔，皆應恭敬，作禮圍繞，以諸華香而散其處。」凡是供奉經典之處，或者是有善男子、善女人發了菩提心，依《金剛經》的內容來行持，乃至於讀誦，就會有天、人、阿修羅前來護法。當知此處，就像是佛的塔廟一樣，就像是佛在世一樣。

故事 1：魏旻持誦推廣金剛經

在《金剛經持驗錄》上，有很多持誦《金剛經》殊勝功德的記載。

唐朝有一位魏旻，遂州人，在貞觀年間得病身亡，結果過了幾天後，又再甦醒過來。他告訴家人，在這幾天裡他被冥使帶到冥府的過程，與他同時被帶到冥府的共有十多人，其中還有一位和尚。

到了閻羅殿上，閻羅王首先就問和尚:「你一生曾修過什麼功德？」和尚回答:「我平生只有持誦《金剛經》。」閻羅王聞言就合掌，很恭敬地讚嘆説:「善哉善哉，法師受持讀誦《金剛經》，當得生天的果報，為何來此呢？」話都還沒説完，就出現天人散花飄香來迎接法師升天去了。閻羅王就責罵鬼使錯抓和尚同時杖責五十下。

輪到魏旻時，閻羅王查看了一下生死簿，發現魏旻也是被錯抓的，閻羅王就問:「平生修了什麼功德呢？」魏旻就回答:「我生平從來沒有讀誦經典，只有讀前朝一位大文豪的文章，我對他的文章是滾瓜爛熟。」

　　閻羅王就說：「你認識這一位大文豪本人嗎？他雖然文章寫得好，但是他是個大罪人，你知道嗎？」

　　魏旻回答：「我雖然讀他的文章，但是我不認識他本人。」

　　閻羅王就派鬼使帶著魏旻到這一位大文豪受報的地方，只看到一隻大烏龜有數個頭。

　　鬼使就告訴魏旻說：「這位就是你最崇拜的大文豪。」他們又繼續往前走了幾步，看到一個人自稱就是那個大文豪本人。他說：「我生平喜歡引經據典做文章毀謗佛法，也因為這樣的過失，這個罪報就是在地獄當中受盡各種責罰苦不堪言，剛才你所看到的烏龜就是我。」

　　鬼使帶著魏旻回到殿上，魏旻就向閻羅王稟告：「我已經見過那個人了，我現在要怎麼辦？」

　　閻羅王說：「這個大文豪生前因為誹謗佛法，所以在地獄中受盡各種刑罰又受龜身之苦，這些你都親眼看見了，你的陽壽未盡被鬼使誤抓，但是既然你有這樣的因緣，我希望你看到你所崇拜的人，又看到和尚因為持誦《金剛經》而升天，現在放你還陽，切莫再毀謗大乘經典，務必要勤修福慧才能得善報，而且你要用這些事去勸發他人，讓世間人不要再毀謗大乘經典。」

　　魏旻甦醒後，到各地的寺廟去尋找，後來終於找到一座寺廟裡有這一部《金剛般若波羅蜜經》，魏旻馬上請法，把這一部《金剛經》請回去，日夜不停地念誦，把全部的經典背得滾瓜爛熟，精讀、誦持，不敢懈怠，並且把自己的這一段經歷到處去告訴所有的人。遂州向來是蠻荒落後之地，殺生、捕獵造罪的人很多，魏旻到處去推廣《金剛經》後，大

家都發菩提心，而且開始發心受持、讀誦《金剛經》，把原來的陋習都改了。

到了四月十五日，突然有一個人騎著白馬來到魏旻面前說：「當日拘捕你時，你僅剩兩年的壽命，放你返陽後，你已經受持《金剛經》一萬遍，而且勸化他人除惡向善廣植功德，再加上你平日讀誦般若經不輟，以此無量功德得以延年到九十，壽終必生淨土。」

聽完後，魏旻更加地用功，更加地有信心。

故事 2：龍天護法守護此經

《持驗錄》中有很多這樣的故事，當然有些人會心生羨慕，會覺得為什麼好像別人讀經都會有很殊勝的感應跟功德，要知道讀經不是在求感應，但是讀經一定有功德，什麼功德？比如一整天聽聞佛法，發菩提心學經；或是一整天受持讀誦，萬緣放下，一念淨心。這一整天的功德從消極的來講，沒有造作惡業，沒有到處攀緣，也沒有說人是非，眼睛看到的是經，耳朵聽的是經，心裡想的是經，身體寫的也是經，身口意都在清淨的法界，這一天就是無上的功德。

《淨土經》裡講到，在娑婆世界從早到晚不起瞋心，不起煩惱心，一日淨修無漏之業，如此的功德勝過在淨土為善百年的功德，所以不要小看這件事。

只要靜下來，聽著經、讀著經、寫著經，乃至心裡跟般若智慧相應，所有的天人阿修羅，他們是佛陀的護法能感應到我們心的念頭，一定會來恭敬作禮圍繞，到這個地方來供養、來護持，守護著道場，但凡夫的肉眼是看不到天人阿修羅前來供養的。

　　以前有一位老和尚每天都會在禪房當中靜坐，有一天他在靜坐入定時，看到在另外一邊僧房的上方，有好幾位護法神在守護著。剛開始這些護法神的表情都很虔誠、很莊嚴、很專心，似乎在聽什麼內容，可是漸漸地，這些護法神的神情就變得很奇怪，慢慢地就現出很生氣的樣子，到後面就散光了。

　　和尚出定後覺得事有蹊蹺，就找了當時在這個僧房裡的兩位僧人來問話：「你們剛才在做什麼？」這兩位僧人說：「我們剛才在談論佛法，就是我們今天聽了佛經後彼此在相互討論。」

　　和尚又問：「後來呢？」這兩個僧人就開始支支吾吾講不出來。

　　和尚就告訴他們：「你們兩個一定是在散心雜話吧？因為我在定中看到護法神本來很歡喜地在聽聞你們二位的談論，最後卻開始生氣了，甚至遠離你們兩位，可見得你們兩個在那個時候失去正念了。」

　　心，雖然無形無相，若是智慧正能量，它會充滿了光明；如果心起了煩惱、起了無明，它就會充滿黑暗。所以一切世間天、人、阿修羅，為什麼來供養這一部經呢？因為這一部經典所在之處，就像是佛在一樣；佛陀在這個世間宣說著無上的妙法，因此這些護法就都來護持佛法。

　　我們來誦經，發的心是菩提心，跟佛陀所說的菩提心相應，以心傳心、以心印心，當我們在書寫、受持、讀誦，為人解說這一部《金剛般若波羅蜜經》時，我們的心就跟如來的心一樣沒有差別，所以一切世間天人阿修羅也跟我們的心相應而來護持，恭敬地供養。

　　大眾不要小看自己發心來寫這一部經，也不要小看自己聽聞這一部經，從自己的身口

意開始來發心、來用功，自然就在淨化這個世間。

金剛經塔是鎮宅之寶

推動百萬造塔的活動，就是希望在這個世間至少有一百萬座《金剛般若波羅蜜經》塔來流通，如果有百萬座佛塔在這個世間，等於在在處處都有這一部經典，那麼世間就會有諸多的菩薩、護法現身來護持。

有一位居士的女兒要去加拿大留學，住宿的地方是一座百年的建築，聽說那棟房子曾經鬧鬼，她非常緊張，問她父親應該要怎麼辦？她父親就把自己所寫的一幅金剛經塔讓女兒帶到加拿大去作為鎮宅之寶。

一個月後，女兒告訴父親，真的非常神奇，當她拿出金剛經塔時，隔壁的鄰居是巴基斯坦人，來幫她把這個塔掛在客廳，這個巴基斯坦人非常的歡喜，他說他的太太是韓國人，她也有一幅金剛經塔。她覺得這是一個非常神奇的祝福，有一股神祕的力量，在不同的國度，竟然都流通著金剛經塔。在那一瞬間，他們感覺到心的交流。

智慧的信仰是超越人種、超越地域、超越不同身份，以及不同膚色的，自從掛上這幅塔後，她覺得這棟房子不再像過去的感受一樣，心裡增加了一股安定的力量，住得安心，學習上也沒有任何的障礙。

一個不認識中文字的人，看到這個經、這一幅塔，到底看到的是什麼？天、人、阿修羅，他看的是這個字的字體，是楷書、是隸書、是篆體嗎？還是看到佛陀在為這

個世間宣說大法呢？

「若是經典所在之處，即為有佛，若尊重弟子。」因此能潔穢邦而成淨土，娑婆世界可以轉變成清淨的國土，希望大眾一起努力，共同發心，千人寫經百萬造塔需要大眾一起來護持。

這一分〈持經功德分〉告訴我們，現在所有點點滴滴的發心都是非常殊勝且珍貴的，我們要把這樣殊勝珍貴的《金剛經》塔及法喜繼續推廣下去，讓更多的人可以同霑法益。

溫故知新

問題 1. 為何受持《金剛經》，有不可計數的功德？

問題 2. 小乘行者 為何不能荷擔如來家業？

問題 3. 為何龍天護法要守護金剛經？

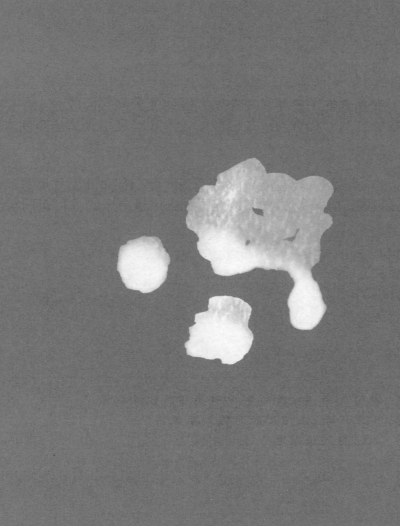

《金剛經》能淨業障分第十六

復次，須菩提！善男子、善女人，受持、讀誦此經，若為人輕賤，是人先世罪業，應墮惡道。以今世人輕賤故，先世罪業，即為消滅，當得阿耨多羅三藐三菩提。

須菩提！我念過去無量阿僧祇劫，於然燈佛前，得值八百四千萬億那由他諸佛，悉皆供養承事，無空過者。

若復有人，於後末世，能受持讀誦此經，所得功德，於我所供養諸佛功德，百分不及一，千萬億分，乃至算數譬喻所不能及。

須菩提！若善男子、善女人，於後末世，有受持讀誦此經，所得功德，我若具說者，或有人聞，心即狂亂，狐疑不信。須菩提！當知是經義不可思議，果報亦不可思議。

能持不墮
淨心增緣
業果難思
障疑不信

前言：能淨業障

　　這一分名為〈能淨業障分〉，主要是談受持讀誦《金剛經》後，會產生一個非常重要的功能，叫做能淨業障。

　　迴向偈裡有一句話：「願消三障諸煩惱，願得智慧真明了。」三障就是煩惱障、業障和報障。不能悟到自己的心本自具足、本自清淨，就會起煩惱；起了煩惱又不能消滅煩惱，就會隨著煩惱造業產生業障，不管是善業、惡業，都是生死之業；有了生死之業就會受到果報，就有果報的障，叫做報障。這三障讓身心不能自在，根本原因就是因為沒有智慧。

　　遇到任何的問題、任何的煩惱，你不知道如何解決，就會順著煩惱而造作種種的業，這是平常的行為法則。別人傷害了我，我心裡不但沒有辦法轉化消化這個境，有些人就會變本加厲的十倍、百倍、千倍的奉還；如果沒有辦法去報復，就會一直懷恨在心忿忿不平，心難以平靜，到最後自己還是很苦。

復次，須菩提！善男子、善女人，受持、讀誦此經，若為人輕賤，是人先世罪業，應墮惡道。以今世人輕賤故，先世罪業，即為消滅，當得阿耨多羅三藐三菩提。

轉化業障的步驟

　　有人問，讀了這一部經後，會不會再遇到不公平的待遇呢？會不會受到別人的輕賤呢？輕，就是輕視；賤，就是被他人壓迫、欺負、看不起，包括遇到逆境。會不會再遇到這些冤家？這些傷害你、看不起你、作賤你的人呢？答案是：會！人生不如意事十常八九，難免會遇到逆境、挫折。

　　大部份的人遇到境界、挫折時選擇冤冤相報，沒完沒了，或是消極地說：「這都是我前世欠他的，欠債還債。」其實，這些都不是積極、正向的想法，也不能真正地解決問題，因為用這種心態來回應障礙，用的是煩惱心而不是智慧心，並沒有真正解決這些煩惱或逆境。如今已經受持讀誦了般若經典啟發智慧後，面對逆境就可以不再重複過去的惡性循環模式，才能徹底轉化惡業。

　　那要如何轉化這個業呢？又要如何面對所遭遇的輕賤呢？

一、藉境練習無我之心

　　首先要知道，我們這一生所遇到的一切境界都是有因緣的，如果遇到一個不認識你、不了解你，甚至是傷害你、逼迫你的人時，這也是有緣的，是沒有結到善因緣的緣。而已經修習般若智慧的善男子善女人遇到逆緣逆境，他們會怎麼想？如果是佛陀遇到這種狀況，他又會怎麼想？會怎麼看？會怎麼回應呢？

在〈離相寂滅分〉裡，佛陀曾經談過他如何面對歌利王。

歌利王對他割截身體，有種種的傷害和無理的對待，而佛陀當時用正念、正向的方式回應他，甚至有更大的願力，發願成佛後一定要度歌利王。

佛陀為什麼有這樣的信心來度化歌利王？

有人在前面挖了一個坑準備要害你，因為你有智慧看到這個坑，你可以選擇不要掉進去，而不是明明看到有一個坑，摔進去之後很生氣，一直不斷地咒罵或自怨自艾。所以，你看到有人故意挖了一個坑讓你跳進去，你可以有智慧地選擇不要掉到那個坑裡。

更積極一點的，為了不要讓別人也掉進這個坑，發心把這個坑填滿，填坑的過程，可能會耽誤你的行程，但這是我們願意做的犧牲，雖然有種種的辛苦，但這是一個菩薩行、菩薩心的展現，是能把業障、煩惱轉化成一個功德的機會。

有智慧的人面對境界，把它當成是一種挑戰，藉這個境界來練心，讓自己的智慧更增長；沒有智慧的人只能懷恨在心，找機會以牙還牙、以眼還眼。

我們現在已經學佛了，佛弟子面對這個境界要跟佛看齊，面對它、接受它，而且還能以慈悲心來轉化彼此間的關係。《金剛經》說人人皆有佛性，菩薩的心是沒有我相的，也因為心中已經沒有我相，這時你就沒有一個「我」可受傷，也沒有一個「我」可被輕賤，這是轉化業障的第一步。

二、將逆緣轉化成增上緣

　　第二步，了解、同情他人的無知與無明，理解對方的不理解，我們知道真實的自己是什麼狀況，可是他人不一定認識真實的我。智慧不夠的人往往活在自己的虛妄相想中，活在痛苦、煩惱中，所以才會選擇用傷害、攻擊的方式，來凸顯出自己的價值，來肯定自我，甚至覺得自己占了上風。很多人以為要保護自己就要打敗別人，事實上這是最笨的做法，因為結了惡緣，最後自己就會深陷種種的障礙，終至兩敗俱傷的下場。

　　學佛的人可以看清楚因緣的法則及因果的循環，所以在因上來努力，停止自己的雜念，停止自己的煩惱，用慈悲心、智慧心、般若力來面對所有的境界。這時候，這一些業障和被輕賤的境界，就變成一個菩提心的考驗，如果通過了，我們的修行就更上一層，這些考驗反而變成增上之緣，稱為逆增上緣。

　　曾經有位居士來上課，聽經聞法後告訴師父，他覺得佛法是真理，從今天開始，他每天都要跟同事打招呼，尤其是最不喜歡的那一位同事。一個禮拜後，他又回來上課，師父關心地問他：「你這一個禮拜以來廣結善緣的心得是什麼？」

　　他說：「師父，不要再提了，所有的同事都給我很好的回應，唯獨我最討厭的那個人，他就當做沒看到。我心想，沒關係，我是佛弟子，不要跟他計較；第二天，我又再這樣做，每一個人都跟我回應，唯獨那個人還是當做沒看到；到第三天，我就決定不要再跟他打招呼了，因為這種人不值得我跟他打招呼。」

　　我就問他：「你來道場的第一個動作是什麼？就是去禮佛，對吧？禮佛，就是跟佛陀

打招呼，請問你禮佛時有沒有期待佛陀給你回禮？」

他一想：「誒，對喔！」

我們對佛陀頂禮時從來沒有期待佛陀要對我們回禮，為什麼這個同事沒有給你回禮，你卻那麼生氣呢？原來是因為你對他是有期待的，什麼期待？你以為你念一部經，改變自己，決定要對他笑一笑，別人就理所當然應該要回應你嗎？這種期待，表示我們還是著相的，並沒有真的發心。

人人皆當成佛　禮敬所有人

慈悲對待一切眾生是因為我有慈悲心，我願意發願跟一切的眾生結一個廣大的善緣，而不是因為對方會回報我們，或因為對方是誰，如果能夠像禮佛一樣，沒有期待、無欲無求，只是用最虔誠的心來禮敬所有的人，心一定會不一樣。

在《法華經》裡有一位常不輕菩薩，他常講一句話：「我不敢輕於汝等，汝等皆當作佛。」不管遇到誰，他都是發自內心地無比地恭敬。

「四眾之中，有生瞋恚心不淨者，惡口罵詈言：是無智比丘，從何所來？自言我不輕汝，而與我等授記，當得作佛。我等不用如是虛妄授記。」剛開始很多人都覺得不能理解，覺得這人是個傻子，或者懷疑是不是另有目的？你對我微笑一定是另有目的，你是不是想要利用我？想要傷害我？

常不輕菩薩始終都保持一貫的態度，我對你恭敬，我對你有無比的敬仰，因為你一定會成佛。剛開始不能理解的人，甚至還會起很大的煩惱，打他的、罵他的都有，常不輕菩薩還是繼續堅持。打他的人要打他時，他就跑得遠遠的，在很遠的地方還是說：「我尊敬你，我非常的恭敬你，因為你一定會成佛。」

漸漸地大眾都能接受，甚至因為常不輕菩薩不斷地說著、不斷地強化著，很多人都被感動，而且也開始相信大眾一定會成佛的這件事。常不輕菩薩最後去哪裡了呢？常不輕菩薩最後成佛了，成道了，因為他相信人人皆有佛性，人人皆當成佛。
為什麼常不輕菩薩可以這麼坦然地接受所有的境界？因為他對自己的信念深信不疑。

開悟，就是明白人人皆有自性，在任何一剎那間，都有機會能悟明心性，見自本心、悟自本性即是如來。《金剛經》給我們這種啟發，我們相信自己一定可以成佛，相信一切眾生皆有佛性，這時面對所有的境界就可以化解所有的不善意。一個人，由於不認識自己的佛性，才會做出傷害他人的事，如果認識了自己與他人真實的本性，會打從內心生起無比的尊敬與恭敬。

故事1：富樓那冒險回鄉

富樓那尊者是佛弟子中說法第一的阿羅漢。
有一天，富樓那尊者前來拜見佛陀，他頂禮佛陀後就向佛陀辭行。
他說：「世尊，我想要回到我的家鄉，在西方的輸盧那國弘法。因為我家鄉的人民非

常地需要佛法，那裡沒有佛法。」

　　佛陀就問富樓那：「輸盧那國的人民凶惡、殘暴、粗俗、無禮，喜歡罵辱他人，那麼如果有人罵你、毀謗你，你應該怎麼辦？」

　　富樓那就回答：「如果他們兇惡無理地辱罵、毀謗我，我就想，他們還算是賢善而有智慧的人了，因為他們只是兇惡無理地辱罵我，還沒有動手打我，或用石頭丟我。」

　　佛陀又問：「如果他們動手打你，或者用石頭丟你呢？」富樓那就回答：「如果他們動手打我，或用石頭丟我，我就想，他們還算是賢善而有智慧的人，因為他們只是打我，或是用石頭丟我，還沒有用刀砍殺我。」

　　佛陀再問：「如果他們真的用刀杖砍殺你呢？」富樓那回答：「如果他們真的用刀杖砍殺我，我就想，他們真的還算是賢善而有智慧的人了，因為他們只是用刀杖砍殺我，還沒有真的殺死我。」

　　佛陀說：「如果他們真的把你殺死了呢？」富樓那就回答：「世尊，那我就要謝謝他們，色身本來就是終歸壞滅的，我已經證得阿羅漢的果位，即使色身衰敗、死亡都無所謂，但也因此我得以證入無餘涅槃清淨安樂的境界，所以要感謝他們讓我可以入無餘涅槃。」

　　佛陀聽到富樓那的回答就讚歎他：「你有如此的願力可以去輸盧那國弘法了，去

度化那些尚未得度的人，讓心中未得安寧的人得到安寧，讓未得涅槃的人也得到涅槃。」

　　由於富樓那慈悲的態度，很快地，許許多多輸盧那國的人民都皈依了佛教，還有五百人受持五戒。富樓那還在輸盧那國建立了五百座寺廟，每一個寺廟都得到當地人民的護持，佛法因此廣為流通。

　　這個故事告訴我們，遇到任何境界可以如何轉境，只要有一念的清淨心，一定可以把所有的業障都變成資糧。

　　《金剛經》裡說：善男子、善女人，讀誦受持此經，如果遇到被人輕賤的事，其實這個人正是我們的善知識，他幫我們消了惡業。所以佛陀說：「是人先世罪業，應墮惡道。以今世人輕賤故，先世罪業，即為消滅，當得阿耨多羅三藐三菩提。」

　　想想，如果我們過去世的罪業本來應該要墮惡道的，結果今天只要被這個人罵個五分鐘、十分鐘，甚至於造謠、毀謗，就可以免除墮惡道的惡報，而且最後還會成佛，如果從交換的角度來看，你是寧可去惡道而不願意受人輕賤，還是受到他人輕賤後免除墮惡道的果報呢？

　　只要我能面對一切輕賤之境不起煩惱，甘心甘受，我的業障就消除了，而且還會成佛，這不就是最划算的重報輕受嗎？受持、讀誦《金剛經》就可以把這個惡業消除。
如此看來，受持經典真的是很大的福分，甚至可以不在六道輪迴當中頭出頭沒。

須菩提！我念過去無量阿僧祇劫，於然燈佛前，得值八百四千萬億那由他諸佛，悉皆供養承事，無空過者。

若復有人，於後末世，能受持讀誦此經，所得功德，於我所供養諸佛功德，百分不及一，千萬億分，乃至算數譬喻所不能及。

末世持經功德殊勝

接下來，佛陀再次肯定持經的功德。

佛陀說在過去無量阿僧祇劫，他在八百四千萬億的無量佛前供養、承事。承事，就是做為侍者，意思是每一尊佛出世時，佛陀都做為侍者來侍奉佛，並聽聞佛的教法，表示佛陀的經驗實在是非常的廣大；佛陀的福報也是非常的不可思議。

但佛陀說，他這樣的功德，還比不上在末法時代受持讀誦《金剛經》的功德。由此可知我們在末法時代修持《金剛經》可以得到極為殊勝的功德，這實在是非常不可思議。

須菩提！若善男子、善女人，於後末世，有受持讀誦此經，所得功德，我若具說者，或有人聞，心即狂亂，狐疑不信。須菩提！當知是經義不可思議，果報亦不可思議。

淨念轉業　狐疑難信

佛陀最後說：「如果我真的把受持讀誦《金剛經》的功德和盤托出，恐怕大部分

的人都沒有辦法了解，甚至還會狂亂、狐疑不信。」狐疑就是懷疑不信，沒有辦法相信受持經典真的有這麼大的功德，聽了不但不相信，還會產生誹毀，甚至有的人會覺得就是老王賣瓜自賣自誇罷了。

　　其實這是一般人錯誤的見解，讀經之後，有了般若智慧，所以面對一切境界不跟貪瞋癡相應，心念清淨就有轉境的能力，如同這一分的標題，叫做能淨業障，而不是沒有業障。不管學佛、沒學佛，修行、沒修行，人生就是有種種的功課，有種種的挑戰，沒有修行前，遇到任何煩惱的境，很容易就用錯誤的方式去處理它，結果就會越演越烈，煩惱無明倍增，學佛之後，懂得停看聽，遇到境界會先靜下來思惟調伏自心。

　　忍也是有層次的，第一個階段是伏忍；接下來還要生起正確的觀念，叫做信忍；有了信忍後心就調順了，叫順忍；到最後契悟無生之理，叫作無生法忍；然後到了佛，就是寂滅現前，叫寂滅忍。這些層次，並不是壓抑或逃避，而是根基在真正的智慧生起上。學佛是最積極的，化逆境為逆增上緣，境界越多，成就也越高；煩惱越多，練習的機會也越多。

故事2：提婆達多是我善知識

　　佛陀有一位弟子叫提婆達多，與佛陀同為王族，是佛陀的堂兄，為人非常地傲慢，得到神通後，心裡對佛陀非常地不服氣，覺得為什麼大家都要聽佛陀的？他覺得自己跟佛陀不相上下，為什麼大家都不遵從他呢？因此他就利用一些手法讓僧團分裂，然後又去蠱惑阿闍世王，讓阿闍世王弒父殺母篡奪王位。他跟阿闍世王說：「你來做新王，我來做新佛。」因此造成僧團很大的危機。

佛陀對於提婆達多所有惡行並沒有深陷困擾，反而在《法華經》中提到，提婆達多是我的善知識，因為提婆達多的原因而讓我圓滿了六波羅蜜、慈悲喜捨等等的修行。佛陀面對提婆達多給他的種種破壞和惡意並沒有心生瞋恚，反倒更顯出佛陀的智慧以及修養，最後提婆達多因為造了五逆重罪所以身陷地獄。

有一天，提婆達多的弟弟阿難想要到地獄去探訪提婆達多。阿難來到地獄問了守門的獄卒：「請問提婆達多現在關在哪裡？不知道他過得如何？」
這個獄卒就問他：「你要找的是哪一尊佛的提婆達多呢？」
阿難此時才知道，原來每一尊佛成道的過程裡都有他的提婆達多。

你的提婆達多是誰呢？每一個人的生命中都有提婆達多。面對提婆達多，佛陀的智慧讓提婆達多成為成就他功德圓滿的逆增上緣，成為他的善知識，我們要向佛學習，也要用本具的智慧，讓我們生命中所有的違緣、所有的障礙，都變成向上的資糧，才不枉費學習這個無上甚深微妙之法，遇到這些境界都能用正確的態度、正向的思考來面對。轉境，就是關關難過關關過，到最後就可以破除所有的疑惑，不管是見思惑、塵沙惑，或者是無明惑，最後成就的是一個圓滿的果報。

所以最後佛陀說：「須菩提！當知是經義不可思議，果報亦不可思議。」持經，經典的道理是不可思議的，它會讓我們產生無比的力量、無比的智慧，成就最殊勝的阿耨多羅三藐三菩提，無上正等正覺的果報，這個果報是萬德莊嚴，的確是不可思議。

溫故知新

問題 1. 受持讀誦此經，以今世人輕賤故，先世罪業，則為消滅。是哪位菩薩來消滅的？用哪些方法來消滅？

問題 2.「末世眾生受持讀誦此經，所得的功德」與「釋迦牟尼佛於過去無量阿僧祇劫，所供養諸佛的功德」兩者的差距有多少？

問題 3. 末世眾生受持讀誦此經的功德。佛陀有完全揭示嗎？

《金剛經》究竟無我分第十七

爾時，須菩提白佛言：世尊！善男子、善女人，發阿耨多羅三藐三菩提心，云何應住？云何降伏其心？

佛告須菩提：善男子、善女人，發阿耨多羅三藐三菩提心者，當生如是心，我應滅度一切眾生；滅度一切眾生已，而無有一眾生實滅度者。何以故？

須菩提！若菩薩有我相、人相、眾生相、壽者相，即非菩薩。

所以者何？須菩提！實無有法，發阿耨多羅三藐三菩提心者。

須菩提！於意云何？如來於然燈佛所，有法得阿耨多羅三藐三菩提不？不也。世尊！如我解佛所說義，佛於然燈佛所，無有法得阿耨多羅三藐三菩提。佛言：如是如是。

須菩提！實無有法，如來得阿耨多羅三藐三菩提。

須菩提！若有法如來得阿耨多羅三藐三菩提者，然燈佛即不與我授記：汝於來世，當得作佛，號釋迦牟尼！以實無有法，得阿耨多羅三藐三菩提，是故然燈佛與我授記，作是言：汝於來世，當得作佛，號釋迦牟尼！

何以故？如來者，即諸法如義。若有人言：如來得阿耨多羅三藐三菩提。須菩提！實無有法，佛得阿耨多羅三藐三菩提。

須菩提！如來所得阿耨多羅三藐三菩提，於是中無實無虛，是故如來說一切法，皆是佛法。

須菩提！所言一切法者，即非一切法，是故名一切法。

須菩提！譬如人身長大。須菩提言：世尊！如來說人身長大，即為非大身，是名大身。

須菩提！菩薩亦如是，若作是言：我當滅度無量眾生，即不名菩薩。何以故？須菩提！實無有法名為菩薩。是故佛說：一切法，無我、無人、無眾生、無壽者。

須菩提！若菩薩作是言：我當莊嚴佛土，是不名菩薩。何以故？如來說莊嚴佛土者，即非莊嚴，是名莊嚴。須菩提！若菩薩通達無我法者，如來說名真是菩薩。

究因無果
竟中虛實
無可得之
我見離報

爾時，須菩提白佛言：世尊！善男子、善女人，發阿耨多羅三藐三菩提心，云何應住？
云何降伏其心？

佛告須菩提：善男子、善女人，發阿耨多羅三藐三菩提心者，當生如是心，我應滅度
一切眾生；滅度一切眾生已，而無有一眾生實滅度者。何以故？

須菩提！若菩薩有我相、人相、眾生相、壽者相，即非菩薩。

重提二問－顯四點不同

這一分名為〈究竟無我分〉，佛陀又再一次重新提起貫串《金剛經》的兩個問題：
云何應住，云何降伏其心。

昭明太子將《金剛經》科分為三十二段，分為信、解、行、證四個階段。第一分
到第八分，依「降、住」這兩個問題生起修行的信心；從第九分到第十六分，依據這
兩個問題來闡述降伏其心、云何應住所需要的認識。須菩提在這個階段已經深解義趣，
而涕淚悲泣。

從第十七分開始，將其深解的義趣，如實地起修，進入「行」的階段。

此分所提的問題及佛陀的回答，與第二分、第三分非常相似，但是兩相比較後會發現，有四點不同：

第一：對象根器不同。在第二分時，須菩提為善男子、善女人提問，初發菩提心者，應該要如何學習？如何安住？而在第十七分，這個善男子、善女人已經深解義趣了，是深刻明白道理的善男子、善女人。

第二：發心的深淺不同。前面是初發心，發的是上求佛道，下化眾生的願心；現在是發修行證果的證悟之心，是發起深心要修行、要證果。

第三：妄心粗細的不同。前面提問時，妄想是粗的，還有我相、人相、眾生相、壽者相，是凡夫的妄想；現在提到的妄心，則是已經通達般若的義理，只是還有微細的執念，在這個時候，修行就要抽絲剝繭有更深層的修練。

第四：降伏內外的不同。前面要除去心外的境界之相，所以佛陀前面回答「無住生心」是不著色、聲、香、味、觸、法而生心；現在是要去除心內的執著，就是要把重重的我見、人見、眾生見、壽者見這些觀念徹底去除。

明白了這四種差別，那麼這一分的重點在哪裡？

所以者何？須菩提！實無有法，發阿耨多羅三藐三菩提心者。

須菩提！於意云何？如來於然燈佛所，有法得阿耨多羅三藐三菩提不？不也。世尊！如我解佛所說義，佛於然燈佛所，無有法得阿耨多羅三藐三菩提。佛言：如是如是。

須菩提！實無有法，如來得阿耨多羅三藐三菩提。

須菩提！若有法如來得阿耨多羅三藐三菩提者，然燈佛即不與我授記：汝於來世，當得作佛，號釋迦牟尼！

以實無有法，得阿耨多羅三藐三菩提，是故然燈佛與我授記，作是言：汝於來世，當得作佛，號釋迦牟尼！

「究竟無我」為「實無有法」

這一分最重要的，就如同標題所示「究竟無我」，什麼才叫做究竟？究竟就是實相。實相是什麼？就是沒有我相、人相、眾生相、壽者相。無此四相就是最究竟之法。為什麼？

實則沒有一法，發阿耨多羅三藐三菩提心者。這是什麼意思？

很多人剛開始學佛最常生起的疑問，就是什麼叫做菩提心？發菩提心，會得到什麼結果？

發菩提心，就是發要成無上正等正覺的心；發菩提心的結果就是圓滿成佛。

　　什麼叫做圓滿成佛呢？

　　佛說，他過去在然燈佛的時代遇到然燈佛，然燈佛為他授記：「汝於來世，當得作佛，號釋迦牟尼。」就是連他未來的果報會成佛，而且名號叫做釋迦牟尼，然燈佛都已經很明確地為他授記了。

　　佛陀說，從因上說，無有法名「發阿耨多羅三藐三菩提心者」，乃至從果上言，也無有法「得阿耨多羅三藐三菩提」。

　　不論是因上的發菩提心，或是果上的得到阿耨多羅三藐三菩提，都實無有法，這樣才叫做究竟無我。

　　前面講：「實無有法，發阿耨多羅三藐三菩提心者。」然後下面就講：「實無有法，如來得阿耨多羅三藐三菩提。」簡單來說，因或果通通都是了不可得。

　　了不可得就是得，因為當我們能認識「是諸法空相，不生不滅，不垢不淨，不增不減」，自然而然就會以無所得的心來行菩薩道。

破除我執、法執、空執，得佛授記

「無我相、無人相、無眾生相、無壽者相」，有三個層次的執著：

第一是我執的我相、人相、眾生相、壽者相；
第二是法執的我相、人相、眾生相、壽者相；
第三是對空相的執著。

修行學佛首先要破除我相，我們每見到一個人，心裡很快地會生起一個分別，欣賞或不欣賞，喜歡或不喜歡，有意見或沒意見，我們會依著自己的感覺去判斷，這個分別的基礎就是「我相」。依著「我相」，我們會自然而然不假深思地把人事物都做了歸類，這種分類方式就是禪宗祖師所說的：「見山是山，見水是水。」基本上每一座山都有它的姿態，可是我們的世界觀是狹隘的，而且是以「我」為中心的，如果偏好哪一種風景、哪一種特質，就不相應於另外一種。

發菩提心的菩薩要去除我相，開始破除我，怎麼破除？了達所有的我相是因緣和合，假合而成的，照見五蘊皆空，所以五陰無我。

進一步，破除法執的我相，了解無我的道理，知道「一切有為法，如夢幻泡影。」契入無為法，明白空性的道理，但如果對於「空」產生執著，這也是一種我相，只是法執的我相與一般所認為的我執之相不同，較為細微。

現在修行學佛，覺得以前的人生是顛倒的，是被浪費的，但是如果反過來執著禪定的境界，執著空，這種好的境界也會變成侷限，把心限制住而不得自在。

破我相這四相，三個層次裡，最困難的就是最微細的空執，現在透過發菩提心，降伏其心這個方法，進一步把這四相徹底地破除，叫做究竟無我。

所以到這個階段，佛陀說「實無有法」，你所認為的真實乃至於涅槃，它都不是真實的，即使你已經得到圓滿的佛果，但佛果也不是真實的，通達這個道理，然燈佛就為釋迦牟尼佛授記。

何以故？如來者，即諸法如義。若有人言：如來得阿耨多羅三藐三菩提。須菩提！實無有法，佛得阿耨多羅三藐三菩提。

須菩提！如來所得阿耨多羅三藐三菩提，於是中無實無虛，是故如來說一切法，皆是佛法。

如來者即諸法如義

進一步來說，實無有法，其實就是實相的道理。

佛說：「如來者，即諸法如義。」當我們真的了解「實無有法」就能不執著任何一個法，不執著我、不執著法、不執著空，「於是中無實無虛」，從發菩提心到最後成就

佛果，「因」跟「果」之間沒有實法，但是也沒有虛法，無實無虛。這時才是真的通達實相的道理，如果修行人了解這件事就是真的通達佛法。

什麼是佛法？如來說一切法皆是佛法。

所謂「青青翠竹，盡是法身，鬱鬱黃花，無非般若。」「一花一世界，一葉一如來。」一切時，一切處所，常行般若，這時候就是真正實相的境界。

凡夫總是以貌取人，用社會的眼光看待人的學歷、身份、財富、地位、容貌，用這些條件評價他人，不但沒有辦法正確地思考，也常常看不清楚事實真相，有了分別心，就好像心裡有一把尺，對於所有的人、事、物，就有「取」跟「捨」，這時候看待所有的事物是沒有平常心的，也沒有辦法真的明白實相的道理。

佛陀眼中的眾生和世界是什麼呢？

佛說人人皆有佛性，我們能不能看到每一個人時，都看到他成佛的可能性？還是依然用我們自己的我相、我執、我見來分別？

所以佛陀說：「佛說一切法，即是佛法。」因為一切法，即非佛法，是名佛法。當我們能不用自己的我見來評判這個世間時，所有的法都是佛法。

　　但是，所有的法，也不是佛法。什麼意思？菩薩低眉是無量的慈悲，菩薩的金剛怒目，難道不是無量的慈悲嗎？

　　所以最重要的是放下我們心裡的我見，自然就能徹見實相。

故事1：法達法師與六祖的機緣

　　《六祖壇經》裡，有一段法達法師與六祖的機緣。

　　法達法師七歲出家，常誦《法華經》，來頂禮六祖大師時，頭不至地。

　　六祖當下喝斥他：「禮不投地，何如不禮？汝心中必有一物。蘊習何事耶？」頂禮時頭不著地，沒有恭敬心，還懷著輕心、慢心，不如不禮得好。你的心中一定有所執著，你平常都在修什麼法門？

　　法達法師回答：「我念《法華經》已經三千部了。」

　　《法華經》總共有七卷，精進的念誦，一天可以念一部，如果每天一部，念三千部至少要花十年，這種修行的功夫，應該算是數一數二的精進，可是六祖聽到後跟法達法師說：「汝若念至萬部，得其經意，不以為勝，則與吾偕行。汝今負此事業，都不知過。」六祖說：你如果念到一萬部，真的懂了《法華經》而不覺得自己了不起，那你就可以跟我平起平坐，

可以不用頂禮我，但是你今天辜負了自己的用功，誦了三千部的《法華經》卻得到一個傲慢，而且自己還不知道。

六祖説：「禮本折慢幢，頭奚不至地？有我罪即生，亡功福無比。」禮佛本來是為了要降伏我慢，你現在禮佛連頭都無法觸地頂禮，表示你的心裡有一個「我」在，有了我相，這個過失會把我們累積的福報與功德折損，枉費你累積這麼多的福報與修行。

法達法師非常地慚愧，六祖大師這番話讓他真的降伏了自己的傲慢，於是法達法師重新恭敬地請法於六祖。

六祖點明他《法華經》裡不明白之處：「諸佛世尊，唯以一大事因緣出現於世。」佛陀為了要開、示、悟、入佛之知見，讓一切眾生都明白人人皆能成佛，人人皆有佛性的道理才示現在這個娑婆世界。

經過六祖的指導，法達法師豁然開朗，他問：「那這樣我還要繼續誦經嗎？」

六祖大師就説：「經有何過，豈障汝念？」

誦經、禮佛、打坐，這些方便法是為了要讓我們明白自己的心，明白了心，破除了我見和執念後，就真的能了解「一切法皆是佛法」，又不會執著任何一法，這就是實無有法的真實義，當我們明白實無有法的道理後，就知道原來這個世間一切法都是

佛法。

法達法師不明白一切法都是佛法的道理，他就會對人有分別，覺得自己學了很多，就產生傲慢的心，沒有辦法對一個不識字的人頂禮，也沒有辦法放下自己的身段虛心請益。

當我們破除一切相，就不會執著於某一種形式、某一種狀態才是你所認同的，而是一切法皆是佛法。

最後六祖說：「心迷法華轉，心悟轉法華，誦經久不明，與義作讎家；無念念即正，有念念成邪，有無俱不計，長御白牛車。」六祖大師點明問題不在「經」，而是你懂不懂，心如果不明白，沒有悟道，誦多少的經都被經所轉，被誦經的數量所轉。

同樣地我們來寫《金剛經》，如果不明白寫經是為了明白自心，就會被自己寫的字體、寫了幾幅、寫得狀態、寫得美感，或是環境，又或是眾人的評價而轉了。寫到最後，反而執著了寫經而失去了自己的本心。

所以要能轉法華，要轉經，叫做心悟則能轉經。

怎樣才叫做轉經呢？能破除所有的我相、人相、眾生相、壽者相，達到無雜念、無執念、無妄念的究竟之念，這時候「無念念即正」，這樣就可以長御白牛車，直至佛的寶所，這才是佛法殊勝的道理。

佛陀講到究竟無我，就是把我相、人相、眾生相、壽者相，以及所有的法相和空相全部都破除，達到一切法皆是佛法。

須菩提！所言一切法者，即非一切法，是故名一切法。

須菩提！譬如人身長大。須菩提言：世尊！如來說人身長大，即為非大身，是名大身。

須菩提！菩薩亦如是。若作是言：我當滅度無量眾生，即不名菩薩。何以故？須菩提！實無有法名為菩薩。是故佛說：一切法，無我、無人、無眾生、無壽者。

須菩提！若菩薩作是言：我當莊嚴佛土，是不名菩薩。何以故？如來說莊嚴佛土者，即非莊嚴，是名莊嚴。須菩提！若菩薩通達無我法者，如來說名真是菩薩。

菩薩通達無我法 – 會歸於中道

　　接下來佛陀就舉了兩個例子：第一個例子，「譬如人身長大」；第二個例子，叫做「莊嚴佛土」。

　　所謂的身相，佛說人身長大，是大身嗎？

　　最大的身，叫做圓滿報身，是三十二相八十種好，非常地莊嚴。《阿彌陀佛讚》說：「白毫宛轉五須彌」，佛陀三十二相的白毫相光可以迴轉五個須彌山，一個須彌山就是一個世界，五個須彌山就是五個世界，這個白毫相光是如此地莊嚴，如此地清淨。

佛陀問須菩提：「這樣算是大身嗎？」

須菩提說：「是。」雖然說是大，可是如果是相對有相的大，它就不是真的大，真正的大身是什麼？就是佛陀的無見頂相，才是真實的大身。

黃檗禪師《傳心法要》裡記載，有人問黃檗禪師：「無邊身菩薩，為什麼不見如來頂相？」

黃檗禪師說：「實無可見，何以故？無邊身菩薩便是如來，不應更見。但無諸見，即是無邊身。若有見處，即名外道。」

這段對話很有趣，無邊身菩薩，顧名思義，就是他的身是無邊的；如來的無見頂相，顧名思義就是他的頂，沒有人見過佛陀的頂，因為佛陀的頂是沒有邊際的，是無限無窮的高。

無邊身跟無見頂，究竟誰高呢？

黃檗禪師就回答：「實無可見。」為什麼？因為其實無邊身菩薩就是如來。自己看不到自己，自己也不需要看見自己，自己就是自己，所以到達究竟無我時，已經沒有我。沒有我，就是心、佛、眾生，無有差別。

從這個實相去觀看、去思考，如來所說的大身，即非大身，是名大身；如來所說的莊嚴佛土，即非莊嚴，是名莊嚴。

不管是身相也好，淨土也好，正報、依報都是實無所見，也就回應前面所講的：「**實無有法，發阿耨多羅三藐三菩提心者。**」「**實無有法，如來得阿耨多羅三藐三菩提。**」因為「**如來說一切法，皆是佛法。**」

開佛知見－外不迷境，內不迷心

怎麼樣契悟呢？回應到六祖大師所說的：「世人外迷、內迷；外迷於境，內迷於心。」如果外不迷境，內不迷心，「於相離相，於空離空」，就能「一念心開」，這就叫做開佛知見。佛是誰？佛就是自己的心。

寫經，就要能了解這個道理，不要執著於能寫的心，也不要執著於所寫的字、所寫的經塔，不迷於心，不迷於境，就是寫經的當下。

寫就是如實地寫，清清淨淨地寫，清清楚楚明明白白地寫，沒有雜念，沒有妄念，全神貫注，沒有好、沒有壞，自然而然就能遠離顛倒夢想，菩提心自然現前。

用這樣的體悟回到生活中繼續保持無念、無住、無著，自然就明白什麼叫做一切時中，一切處所，念念不愚，常行般若，這就是寫經的最高境界，也就是這一分裡所

說的：「云何應住，云何降伏其心。」

問題 1. 須菩提在第二分及第十七分中都問到「云何應住，云何降伏其心」佛陀的回答有何分別？

溫故知新

問題 2. 什麼叫做「究竟無我」？

問題 3. 為什麼如來說一切法皆是佛法？

《金剛經》一體同觀分第十八

須菩提！於意云何？如來有肉眼不？如是，世尊！如來有肉眼。須菩提！於意云何？如來有天眼不？如是，世尊！如來有天眼。須菩提！於意云何？如來有慧眼不？如是，世尊！如來有慧眼。須菩提！於意云何？如來有法眼不？如是，世尊！如來有法眼。須菩提！於意云何？如來有佛眼不？如是，世尊！如來有佛眼。

須菩提！於意云何？如一恆河中所有沙，佛說是沙不？如是，世尊！如來說是沙。須菩提！於意云何？如恆河中所有沙，有如是沙等恆河，是諸恆河所有沙數佛世界，如是寧為多不？甚多，世尊！

佛告須菩提：「爾所國土中，所有眾生若干種心，如來悉知。何以故？如來說諸心，皆為非心，是名為心。所以者何？須菩提！過去心不可得，現在心不可得，未來心不可得。」

一心當下
體性無別
同智恆沙
觀己如佛

前言：一體同觀

　　這一分名為〈一體同觀分〉，所謂的一體，就是凡聖同體的體，一切眾生都是同體共生，了達這個道理，就能了解、通達一切世間的實相。

　　在這一分當中，有幾個重點：第一、五眼，第二、過去心、現在心、未來心。

　　須菩提！於意云何？如來有肉眼不？如是，世尊！如來有肉眼。須菩提！於意云何？如來有天眼不？如是，世尊！如來有天眼。須菩提！於意云何？如來有慧眼不？如是，世尊！如來有慧眼。須菩提！於意云何？如來有法眼不？如是，世尊！如來有法眼。須菩提！於意云何？如來有佛眼不？如是，世尊！如來有佛眼。

什麼是五眼

　　首先來認識什麼是五眼。

眼，指的是智慧，隨著智慧的高低有五種不同的層次，就是肉眼、天眼、慧眼、法眼及佛眼。

〈五眼偈〉談到：「天眼通非礙，肉眼礙非通，法眼能觀俗，慧眼了真空，佛眼如千日，照異體還同。」

一、肉眼

第一、肉眼，「肉眼礙非通」。

肉眼，就是父母所生之眼，看到色塵。每個人的肉眼不盡相同，有的人是遠視，有的人是近視，有的人是散光，有的人是色盲；肉眼所看的境界也有所不同，譬如人的肉眼看到的世界和狗看到的世界，或夜行性動物所看到的，都有所不同，這些不同表示眾生的肉眼隨著不同的業力而有差別。

除此外，隨著執著會有偏見，譬如「情人眼裡出西施」，就是因為懷著愛慕之心來看待喜歡的人，所以對方所有的行為都被偏見所美化，一旦不喜歡這個人，縱使他還是一樣，我們的心也有不同的分別。

「肉眼礙非通」，不管是物質世界的觀察，或是你自己心理狀態的觀察，肉眼都是有障礙的，這是隨著每一個人的身體、業力的不同而產生的差別相。

二、天眼

第二、天眼，「天眼通非礙」。

天眼，就是天人之眼，可以超越現在所見的世界，即一般所稱的「千里眼」，可以看得非常遠。

天眼通，能預見未來，或是看到除了人的肉眼所見世界外的訊息，譬如有人會看到鬼，有人會看到天，有人會看到光，有人會看到不同的景象。

得到天眼有兩種方法：第一種是果報而得，由於多生累劫的禪定、善法，與生俱來自然就有這種能力；另外一種是修來的，因為修戒、定、慧而成就。

「天眼通非礙」，天眼不是另外生出一個功能，而是排除肉眼的障礙而能通達，可以由善業所感或是定力所得，但天眼還只是在三界內的眼。

三、慧眼

第三、慧眼，「慧眼了真空」。

所謂的慧眼，就是智慧之眼，是由於戒、定、慧的功德力而產生的智慧，這個智慧可以破除業力，是羅漢之眼，聖人之眼。

智慧何來？第一從定力而來，因戒生定，因定發慧；第二是從聞思修而來，聽聞佛法，觀察思惟，起正觀。

〈五眼偈〉裡提到的慧眼，為「慧眼了真空」，能夠認識到空性的道理，明白因緣和合，緣起性空，就可以破除六道輪迴的假相，慧眼能了真空，是羅漢能成道證果

的智慧。

　　很多人聽經聞法，甚至研究佛法，道理上講得通，但是遇到事還是轉不過來，這就是智慧的力量不夠。

四、法眼

　　第四、法眼，「法眼能觀俗」。

　　慧眼觀空，能認識空性的道理；但是法眼能從空出假，觀察這個世間的一切假有。法眼是菩薩之眼，菩薩要廣度一切眾生，除了要了達空性的道理不執著外，還要從真空當中生起妙用，知道每一個人都不同，可以應機施教，應機說法，「應以何身得度，即現何身」。所以觀世音菩薩有了這個法眼的智慧，就可以千百億化身。

　　我們有一句俗話說：「見人說人話，見鬼說鬼話。」就是他要度人時，他就用人的語言邏輯、人的思惟模式來對應；當他面對鬼道眾生時，就用能應鬼道的根性機宜度化鬼道的眾生。

　　凡聖體同，依體起用，心生十法界，有十法界不同的因果妙用，眾生隨著不同的屬性與業報有不同的障礙，菩薩的法眼能通達不同形形色色的眾生，而給予不同的法門。所以「法眼能觀俗」，這是從空出假的俗諦智慧。

五、佛眼

　　第五、佛眼，「佛眼如千日」。

「佛眼如千日」，就像一千個太陽在這個世界上，如果你達到佛的智慧，就無所不照、無所不見，佛光普照，所有的眾生都得到佛陀的慈悲與智慧，是無緣大慈、同體大悲的圓滿境界。

照異體還同－心的本體是相同的

「照異」，指能照的功能，所照的範圍與境界，肉眼、天眼、法眼、慧眼及佛眼，這五眼所照層次有所不同，但是「體」是相同的，此即「一體同觀」。「一體」指五眼之體相同，「同觀」，指依體起「觀」之用，有五眼之層次。通達這個道理，就能啟發本具的、潛在的功能。

佛陀問須菩提：「如來有沒有肉眼、天眼、慧眼、法眼及佛眼？」須菩提説：「如來具足這五眼。」

雖然五眼的功能、智慧的層次有所不同，可是「照異體還同」，佛陀與眾生在智慧的展現、神通妙用有所不同，但佛陀和眾生心的本體是相同的，沒有差別。既然如此，如來具足的五眼，眾生理當具足，如來有肉眼，我們也有肉眼；那麼，如來有佛眼，我們也應該有佛眼。

修行學佛，要發心成佛，發心具足佛陀的圓滿智慧，成為和佛陀沒有差別的覺者。這個世間，沒有天生的釋迦牟尼，也沒有自然的彌勒，佛陀和我們一樣，也是多生累

劫的修行。我們是佛陀的過去，是佛陀的因地，眾生是尚未成就的佛，佛是修行圓滿的眾生。

　　了解這五眼的觀念，我們應該起慚愧心，覺得雖然具足五眼，卻被肉眼障礙其他智慧，同時，也要生起學習之心，佛陀也是如此地精進而修得智慧的圓滿得到五眼的功德，佛弟子等有為者亦若是。

須菩提！於意云何？如恆河中所有沙，佛說是沙不？如是，世尊！如來說是沙。須菩提！於意云何？如一恆河中所有沙，有如是沙等恆河，是諸恆河所有沙數佛世界，如是寧為多不？甚多。世尊！

佛陀知眾生心

　　佛陀為什麼在這邊算沙呢？

　　因為佛陀接下來要告訴須菩提，如來的智慧可以到多麼廣博的程度，即使像是這麼多數量的世界中的眾生心，如來都能夠了知、了達，佛陀的智慧是如此不可思議。

　　當一個人想要認識另外一個人時，縱使朝夕相處都還不一定能了解對方，所謂知人知面不知心，即使同一個屋簷下共處一輩子也還不一定能了解，很多人甚至從來也沒認識過真實的自己，更何況是他人呢？

所以有些人常常會感嘆心事誰人知，普天之下有誰能了解我呢？可是我們想想看，連自己都不認識自己，更不要說去了解別人了，這些都是因為眾生只侷限在肉眼，智慧未開，看任何事情都帶著我執、我見，所以什麼都看不到、都看不清，帶著有色的眼光，帶著我見的偏執來觀看這個世間，根本沒有辦法認識真相。

　　佛陀前面提到究竟無我，沒有我相、人相、眾生相、壽者相，所以他的智慧可以開啟到佛眼的高度，這樣的佛眼，對於所有的眾生，不只是這個世界的眾生，還包括恆河沙數的世界裡的眾生，每一個眾生的心，他都能了知。如來的智慧真是不可思議！

故事 1：外道以樹葉數量考驗佛陀的智慧

　　從前有個外道想要考驗如來的智慧，就問佛陀：「這一棵樹上有多少樹葉？」佛陀就向他說了一個數。

　　這個外道不相信，於是他偷偷地從樹上摘了兩片樹葉藏在手心裡，又再問佛陀：「佛陀，現在這一棵樹上有多少樹葉？」佛陀又講一個數，果然就是扣掉外道手心那兩片葉子。

為廣度無邊眾生而具足一切智

　　佛陀為什麼能有如此廣博的智慧？因為佛陀發願廣度一切眾生。

要度一個人如果你不能了解他的心，怎麼度他？怎麼能解他的心結？怎麼能幫助他走出痛苦？走出他的煩惱？所以佛陀因為累生累劫廣度無量的眾生，所以具足一切智的智慧，通達無量無邊眾生的心。

有時候我們渴望別人了解，但又害怕讓人知道自己的心裡話，因為如果打開自己的心，會不會得不到善意的回應？會不會得到的是出賣和背叛？所以有些事，當我們沒有辦法告訴別人也沒有辦法化解時，來學習佛法，我們可以百分之百的相信佛陀，佛陀不但能了解眾生的心，還可以化解眾生的煩惱。

「佛說一切法，為治眾生心；若無眾生心，何用一切法。」我們來學佛，最重要的是要明白自己的心，可是眾生因為被自己的心所障礙，被自己的執著所障礙，身在苦裡當局者迷，常常不知道如何走出來，佛法，適應各種不同眾生的根性，依據不同的眾生心而提出解套的方法，最終目的就是要讓一切眾生離苦得樂。

佛告須菩提：爾所國土中，所有眾生若干種心，如來悉知。何以故？如來說諸心，皆為非心，是名為心。所以者何？須菩提！過去心不可得，現在心不可得，未來心不可得。

諸心皆為非心

為什麼如來可以了解、通達一切眾生心？因為「如來說諸心，皆為非心，是名為心。」

心有真心與妄心，一般所謂的受、想、行、識，是妄心，因為某一種因緣、某一種過往、某一種經歷、某一種境界而產生的心的狀態、心的感受，不管是情緒（受）、想法（想）或者是記憶（識），這些是狹隘的，而且是一段一段拼湊起來的一個生命印記，這些印記是真的嗎？

順境時得意洋洋，可人生不如意事十常八九，一旦失去這些光環、這些順利，我們的心就會產生失落，所以「得」的時候，要知道快樂的覺受它不是真實的心；「失」的時候，也不要懊惱沮喪，因為它也不是真實的心。

快樂也好悲傷也罷，這些都只是個因緣，這一段、一段的生命經驗，不管是稱、譏、毀、譽、利、衰、苦、樂，都不過是水上的風，風吹過後，平靜的水面就會產生一波一波的水波，這個水波，也只是因風而顯現，很快地就會恢復原狀。波就是水，水就能起波，如果你不清楚波原來是個假相，是個因緣生滅之法，你就會在得意時執取得意的境界，在失意時因失去而懊惱悲傷不已。

三心了不可得

因此佛陀說：為什麼一切心皆為非心呢？因為「過去心不可得，現在心不可得，未來心不可得。」

過去是什麼？每個人都有過去，如果甲和乙兩個人昨天吵架，吵完架後各自訴苦、

各自表述，如果你是甲的朋友，你聽到的都是甲的對，乙的錯；如果你是乙的朋友，你聽到的就是乙的對，甲的錯。同樣一件事，甲乙雙方的看法各自不同，到底誰對誰錯？

事實上，沒有絕對的對錯，只是立場不同，造成觀感迥異，可知其虛妄性，但人的記憶，偏好於記得自己願意記得的部份，只記得自己的角度，一旦事過境遷，在回憶起同樣一段過往時，這個過往究竟真實的相貌為何，已經無法還原。

「過去心不可得」，過去是一個生滅的因緣，因緣無常，這個無常一發生，你也沒有辦法回到過去，縱使再回到相似的過去情景，也不是真實的過去，因為這個世間的每一個瞬間都是獨一無二的，過去是了不可得的。

《大智度論》提到：「若過去過去，則破過去相；若過去不過去，則無過去相。」過去如果會過去，終究沒有辦法得到一個過去，這叫破過去相，因為過去一直在過去；但是如果過去不過去的話，就沒有過去相了。用這個邏輯來觀察，的確「過去」是了不可得的，同樣地，現在也是，未來也是。

因此，很多人過去受了傷，在傷痛中走不出來，其實他不是困在過去，而是對於過去的執念，過去的記憶過不去。

療癒過去傷痛的方法

你要如何走出過去呢？心理學家建議我們，要走出悲傷的過去和傷痛的記憶可以用四

種方法：第一、運動，第二、健康的生活方式，第三、有力的社會支持，譬如參加公益團體，參加助人的團體，或者是參加一個社團的活動得到社會的支持，第四、尋求專業的心理治療。

這些方法看似有用，但是如果你執著過去是真實的，那麼過去的傷痛就是真實的，對於「真實」的認知，你如何能化解呢？如果仇恨也是真實的，那你要如何放下仇恨呢？

最徹底的方法，還是《金剛經》裡所提到的，你要能徹底地了解「過去心不可得，現在心不可得，未來心不可得。」唯有這種大智慧，知道這些都是虛妄的，都不是真實的，連傷痛也不是真實的，才能徹底地治療內心的傷痛。

佛陀解眾生的心結就是讓眾生有這種觀察的智慧，學《金剛經》，一定要明白這一段非常殊勝的教理，它可以徹底地療癒我們所有的痛苦和傷痛，而不是暫時的慰藉，不是念念經讓你忘記，放空，不是如此而已，而是生起正觀，觀察「一切有為法，如夢幻泡影。」放下過去心、現在心、未來心，徹底地擺脫妄心的困擾，徹見實相。

總結：三心不可得，肉眼至佛眼

學習《金剛經》，要藉由經典來明白自心，讀了「過去心不可得，現在心不可得，

未來心不可得。」後，在生活中，回頭看看自己的過往，有沒有過不去、走不出來的事情？有沒有過不去的過去？這過去把我牽絆了，會影響到現在的生活。我們最大的障礙，就是被自己的前塵往事所影響，能真正知道「過去心不可得」，你就可以有一個全新的生活。

未來呢？很多人說：「師父，我現在先忙，我以後一定會好好來學習的。」這些都是未來的期待，但是從來沒有期待到的未來，只有錯過再錯過。我們一生又一生，不斷地與佛和佛法相遇，又不斷地錯過了佛陀，每一次得遇在當下最殊勝的得度因緣，得遇開悟的最佳時機，卻因為我們自己的過去心和未來心，而沒有辦法好好的活在當下、承擔當下，沒有辦法做個全然獨一無二的自己。

好好寫經，把過去心、未來心，以及現在心都放下，用這一念不生不滅的清淨自性直下承擔，當下無念、無雜，沒有妄想、沒有分別地就這麼寫經，寫經的當下，沒有其他的念頭。回到日常生活後，依然如是如是地繼續過著《金剛經》的生活，我們的心就會開始從肉眼提升到慧眼，乃至於到最後成就一切智，圓滿佛眼的功德。

溫故知新

問題 1. 經文中提到的五眼為何？
問題 2. 何謂一體同觀？
問題 3. 為什麼過去心、現在心、未來心皆不可得？

《金剛經》法界通化分第十九

須菩提！於意云何？若有人滿三千大千世界七寶，以用布施，是人以是因緣，得福多不？如是，世尊！此人以是因緣，得福甚多。

須菩提！若福德有實，如來不說得福德多，以福德無故，如來說得福德多。

法起因空
界緣寶施
通達無礙
化度一切

前言：法界通化

　　這一分〈法界通化分〉，延續前面〈一體同觀分〉之理。
　　體悟「過去心不可得，現在心不可得，未來心不可得。」這個道理之後，佛陀就再一次問須菩提：「如果用三千大千世界七寶來布施，是人以是因緣，得福多不？」

　　這裡強調四個字，「以是因緣」，以什麼因緣呢？就是以前面第十八分所體悟到的道理：三心不可得，人空、法空、空空的道理來行布施，這樣的福德多嗎？
　　須菩提回答：「世尊！此人以是因緣，得福甚多。」如果契悟空性的道理，所得到的福德是「甚多」。

　　這個「甚多」，有多麼多呢？第四分〈妙行無住分〉就談到這件事情，佛陀說如果用無所得的心，不住色、聲、香、味、觸、法的心來行布施，所得到的福德，就像東方虛空、西方虛空、南西北方、四維上下虛空一般無量無邊。
　　因為修福德的心要以不執著、不住之心來行布施，才能破除住相布施的缺失，所以佛陀的結論：「若福德有實，如來不說得福德多，以福德無故，如來說得福德多。」

　　這段經文，不是在比較用七寶布施的功德，或是受持讀誦《金剛經》的功德，哪一項的福德比較多？這一個地方直接舉例，同樣是行財布施，以七寶來布施，只要你的心能提升，不住相而行布施，得到的效益是無量無邊。

　　所以不是討論做什麼事、修什麼法為勝，而是強調用什麼心在做事和行法。

佛眼所見諸法平等

　　延續前面第十八分講的＜一體同觀＞，同樣面對三千大千世界，凡夫肉眼看到的，處處都是障礙；天人的天眼所見的，雖然是通達，依然還是在三界內；羅漢獨具慧眼能了達空性，但是他的廣度不夠，還有微細的塵沙惑未除；菩薩通達萬法，所以具有千百億化身的法眼；佛眼如千日，佛光普照，無處不通達。

　　以佛眼來看待這個世間，是一個什麼樣的情境呢？

　　三千年前，菩提樹下佛陀成道證果講得第一句話：「奇哉！奇哉！大地眾生皆有如來智慧德相，只因妄想執著而不能證得。」在佛的眼中，一切眾生皆有佛性，一切眾生皆能成佛，佛的心沒有我執、我見，就是諸法平等。

　　諸法平等是什麼？諸法平等，就是所有的眾生，不管是卵生、胎生、濕生、化生，是男、是女，是美、是醜，是貧、是富，都具有成佛的潛在的能力，都可以有成佛的機會。

　　但是眾生的肉眼看出來的為什麼都是障礙？因為大眾看人都是憑著自己的好惡而產生相應或不相應，所以不是人生不如意事十常八九，而是因為我們總是戴著有色的眼鏡，用

我執、我見的眼鏡在看待這個世間。用這種心來行布施，來修一切法，甚至為人演說，所得到的效應，跟用佛的心來為人演說，哪一個多？

佛陀在累生累劫的修行中，割肉餵鷹，捨身飼虎，國城妻子都可以布施，他也是行財布施，但他用的是佛的心、不執著的心，所以同樣是財布施，卻成為無上的法供養。所以重點不是遇人不淑，或者是不如意事十常八九，而是我們用什麼心來面對？如果我們的意能「如是如是」，這就是在在處處，都能自在的秘訣。

所以這裡談到「以是因緣」，什麼樣的因緣？就是「過去心不可得，現在心不可得，未來心不可得。」三心了不可得，沒有分別，沒有妄想，沒有取捨，所體悟到的實相，所看到的世界，才是最廣博的。這裡佛陀再一次強調：「若福德有實，如來不說得福德多，以福德無故，如來說得福德多。」

故事 1：婆子點心

唐朝有一位德山宣鑒禪師，俗姓周，幼年出家，他精研戒律，對於大小乘諸經所說的道理都能貫通旨趣，因為擅長講解《金剛經》，所以有周金剛的美譽。

禪師曾經跟他的同學說：「一毛吞海，海性無虧。纖芥投鋒，鋒利不動。學與無學，唯我知焉。」意思就是他已經明白所有實相的道理，對於有學、無學，成道證果的聖人之境，只有他能通達，普天之下應該很少有人能像他這樣了。

　　後來他聽說南方弘揚禪宗的頓悟法門並不推崇自己所學的經教基礎，他就憤憤不平的說：「出家兒千劫學佛威儀，萬劫學佛細行，不得成佛。南方魔子敢言直指人心，見性成佛，我當攝其窟穴，滅其種類，以報佛恩。」

　　禪師擔起自己注疏《金剛經》的《青龍疏鈔》，離開四川向南而去。

　　在往南方途中，德山禪師遇見一位在路邊賣餅的老婆婆，卸下擔子想買點心充飢。

　　老婆婆指著擔子問：「這是什麼？」

　　德山禪師回答：「青龍疏鈔。」

　　老婆婆又問：「講得是什麼經？」

　　禪師回答：《金剛經》。

　　老婆婆便問：「您這麼會講《金剛經》，我有一個問題請問，您若答得出來，就供養您點心，若答不出來，到別處去。」

　　德山禪師想，一個老婆婆也自以為懂《金剛經》，心裡很不以為然，但還是很客氣地請婆婆直說無妨。

　　老婆婆問：「《金剛經》裡講，『過去心不可得，現在心不可得，未來心不可得。』不知上座點得是哪個心？」

　　德山禪師當下無言以對。一輩子研究《金剛經》，閱經無數，卻回答不了路邊老婆婆一個簡單問題，於是他放下了自以為是向老婆婆請益：「請問老婆婆的師父是誰？我可否去向婆婆的師父請法？」婆婆介紹他去參謁龍潭崇信禪師。

　　德山禪師來到龍潭崇信禪師的道場，一進法堂便說：「久嚮龍潭，及乎到來，潭又不

見，龍又不現。」

　　龍潭禪師引身說道：「子親至龍潭。」德山禪師聽聞這一句禪語，無法領悟要旨，於是留在龍潭禪師的座下參學。
　　一晚，德山禪師侍立在龍潭禪師的身邊。
　　龍潭禪師說：「夜深了，何不回去休息？」
　　德山禪師向龍潭禪師問訊後轉身便往外走，剛走出去又退回來說：「外面天黑。」
　　龍潭禪師點了一支紙燭遞給德山禪師，德山禪師正準備接手，說時遲那時快，龍潭禪師立刻將紙燭吹滅，問他：「是什麼？」
　　當下德山禪師豁然大悟，禮拜龍潭禪師。
　　龍潭禪師問：「你悟到什麼？」
　　德山禪師回答：「從今以後，弟子不再懷疑天下老和尚的舌頭。」

　　次日，龍潭禪師陞座向大眾說：「可中有個漢，牙如劍樹，口似血盆，一棒打不回頭。他時向孤峰頂上，立吾道去在！」簡單來說，龍潭禪師向大眾宣布，德山禪師已經悟道了，他將闡揚禪宗心法。

　　德山禪師聽完，將他所注疏的《青龍疏鈔》堆在法堂前，舉起火炬說：「窮諸玄辯，若一毫置於太虛。竭世樞機，似一滴投於巨壑。」說完，就點火將疏鈔燒燬。

　　德山禪師悟到什麼？

　　德山禪師的這個舉止，表明他過去讀經執著於自己對於經典的理解，如今破除執著，大徹大悟。

　　當自己對於所學的知識、經驗產生執著而自以為是，仗著自己博學多聞，反而沒有辦法真正透達真義。

　　這就好像他遇到老婆婆，一個很簡單的問題，問他買的點心，點的是哪一心？婆婆一句簡單的問話，提醒他，修行不在於雄辯，修行的重點是要能夠通達經典的道理。

　　所有的經，猶如標月之指，應該透過經以明心，而不是執指為月，讀了經要更明白自己的心，「過去心不可得，現在心不可得，未來心不可得。」如果真正通達這個道理，回到生活中，做任何事就會達到第十九分所談的〈法界通化〉，在法界當中，你就能通達無礙，自在地化度。

　　須菩提就跟世尊說：「此人以是因緣，得福甚多。」懂得隨緣盡分的道理，隨捻一法即是佛法，做什麼事都是功德。真正明白了這念心，就可以產生無量無邊的效用，不再汲汲營營於累積，不再為了一較長短而積功累德，明白一切因緣不過就是本分之事。

　　德山禪師體悟的第一個階段是聽到婆子點心，先放下了自我的傲慢，虛心求教，才迎來他真正開悟的因緣。龍潭崇信禪師藉由燈的明暗，讓他悟到能見的是心，明暗只是色塵的差別，但能見的心明中能見，暗中亦能見，始終沒有分別，眾生的心亦是如此，成佛作主也是這一念心，墮落輪迴還是這念心。

故事 2：溈山老人打坐能消萬擔糧

唐朝的溈山老人建立了溈仰宗，溈仰宗的家風是「父慈子孝，上令下從。爾欲喫飯，我便捧羹；爾欲渡江，我便撐船。」溈仰家風很親切，在日常生活、大眾相處當中，成就自己的大事因緣。

當時唐朝宰相裴休仰慕溈仰宗風，送他的兒子到溈山老人那裡出家，溈山老人收了這個徒弟，要求徒弟每天要為常住挑水。

裴休的兒子原來是位秀才，從來沒有做過家事，所以挑個水，從山下挑到山上，水就只剩下半桶，別人挑個三趟就完事，他卻要來來回回多了兩倍的次數，心裡著實苦不堪言。

有一天，裴秀才一邊挑著水一邊發牢騷：「和尚喝水秀才挑，縱然喝了也難消。」沒想到溈山老人不知從哪裡突然走了出來，回答：「老僧一打坐，能消萬擔糧。」裴秀才嚇了一跳，心裡想：「師父有神通，竟然知道我心裡的牢騷。」從此不敢打妄想。寺廟的齋堂門口有一副對聯：「三心未了，滴水難消，一念真誠，斗金易化。」如果我們有過去心、現在心、未來心，就有種種執念，種種放不下。更何況「施主一粒米，大如須彌山」，所有的恩德自然都難以消化，甚至一滴水也無法消受。

但是修行人如果契悟了自己當下這一念心，明白三心了不可得，當下無念無住，

生滅心滅菩提心現前，契入這一念真誠心，即使是斗金也能自在消化得了。

　　歸根究柢就是能不能明白福德的本質是空性，第十九分最後說：「若福德有實」，如來不會說得到福德，也不會說很多，因為福德本性空寂，所以所得的福德才是真的多。

故事3：一根草測　得道人心

　　湖南有一位老修行人，在大眾會下住了很多個時候，度量很寬，待人厚道，常常勸人放下，有人就問他，你這樣勸人、教人，那你自己做到沒有？他說：「我在三十年前就已經斷了無明，還有什麼放不下的呢？」

　　後來覺得在大眾會下還是有些不自在，於是跑到深山去住茅蓬，這回獨宿孤峰無人來往自由自在，以為從此就真的沒有煩惱。

　　誰知有一天在庵中打坐時，聽到門外有一群牧童吵吵鬧鬧地說：「這裡有一座廟，我們去裡面看看。」牧童見庵裡有人在打坐，有的說不要動修行人的念頭，「寧動千江水，莫擾道人心」，又有人說既然是修行人，那念頭是不會動的。

　　後來所有的牧童都跑進去，看到這個老修行人坐在蒲團上沒有理會他們，他們就開始東翻翻、西找找，鬧個不休，老修行始終不動也不出聲，牧童們就以為他是不是死了？搖他，他不動；摸他，他也不動，但是身上似乎還有暖氣。

其中有人就說：「他一定是入定了。」另外的人說：「我不相信。」於是就有一個牧童拿一根草去挑他的腿，老修行人還是不動，挑他的手也不動，挑他的肚臍也不動，挑他的耳朵也不動，挑他的鼻孔，終於老修行忍不住打了個噴嚏，大聲罵道：「打死你們這班小雜種。」

這時天空傳來聲音說：「你三十年前不是已經斷了無明了嗎？怎麼今天還放不下呢？」　　可知「說得一丈，不如行得一尺；說得一尺，不如行得一寸」，不被境轉真是不容易。

憨山大師〈費閒歌〉說：「講道容易修道難，雜念不除總是閒，世事塵勞常罣礙，深山靜坐也徒然。」修行，如果不下一番苦心，口常說「空」，行在「有」中，是於事無補的。

修行的功夫要落實，需藉由發菩提心行菩薩道，一步一步的把塵勞給退卻，修一切善法，而不執著一切善，以「無我、無人、無眾生、無壽者」的心，「以是因緣」得到的福德才會如虛空般無量無邊，這就是這一分所談的重點。

破我執、法執、空執，契悟經髓

聽聞《金剛經》，了解經典的道理，認為自己已經得到《金剛經》的精髓，已經明心見性，再回頭看到世間一切放不下的人，覺得這些人都還有我相、我執，自己心裡就產生了分別，有時候還會很感嘆，為什麼眾人皆睡我獨醒？有這種心態的人是心

生傲慢，其實並沒有真正的悟道。

另一種是落入空執，認為既然《金剛經》講「過去心不可得，現在心不可得，未來心不可得」，就以為「三心了不可得」的意思是讓我們什麼都不要做。

事實上，要知道自己是否達到什麼都不執著，並非什麼都不做，而是要藉境練心修六度萬行，因事顯理才能真的知道自己是不是達到無礙，是不是能隨緣不變，不變隨緣，無罣無礙，若不明白此理，雖然能說得天花亂墜，自己還是沒有辦法真實受用的。

佛的眼中，一切眾生皆有佛性，一切眾生皆當成佛，若眼中有分別、有高低、自視甚高，就要反省檢討這微細的執念，能發現自己的盲點，一關一關地突破，從我執到法執，到最後「空」也不執著，就真正明白《金剛經》的精髓。

溫故知新

問題 1. 三千年前，佛陀成道證果講的第一句話是什麼？
問題 2. 「諸法平等」是什麼？
問題 3. 為什麼眾生肉眼看到的都是障礙？
問題 4. 「以是因緣」，是什麼樣的因緣？

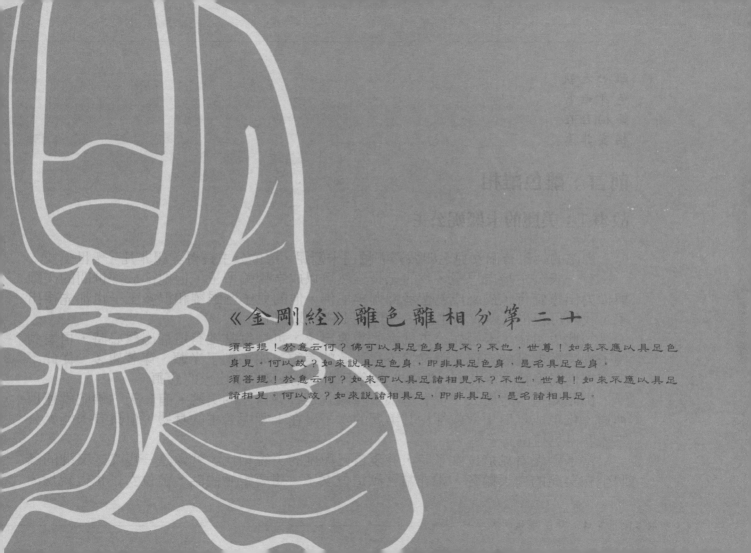

《金剛經》離色離相分第二十

須菩提！於意云何？佛可以具足色身見不？不也，世尊！如來不應以具足色身見。何以故？如來說具足色身，即非具足色身，是名具足色身。

須菩提！於意云何？如來可以具足諸相見不？不也，世尊！如來不應以具足諸相見。何以故？如來說諸相具足，即非具足，是名諸相具足。

離心之執
色身無常
離相自在
相妄非真

前言：離色離相

故事 1：美麗的卡婭妮公主

　　佛陀的姨母有個女兒名叫做嘉娜帕達卡婭妮，這位公主長得美麗非凡，舉世無雙。

　　有一天公主暗自思量，我的兄長雖然可以成為轉輪聖王，但他卻放棄世間的榮耀與權力出家修行，最終成為聖者釋迦牟尼佛，他的兒子羅睺羅和很多王子也都先後出家，我的母親也已經成為比丘尼，現在只剩下我一個人。

　　經此思量後，卡婭妮公主就發心想要出家，可是每當她有這種出離心時，再看到鏡子裡美麗非凡的自己，就又捨不得如此的美貌，如果剃了光頭、穿著袈裟，從此不再享有世間美麗的外表，心裡就非常捨不得，於是又打消出家的念頭。

　　佛陀知道卡婭妮公主很有善根，障礙就是眷戀自己的美貌。有一天，佛陀就運用神通，化現成年僅十六歲卻極其美麗的女子坐在卡婭妮公主的身邊，但只有卡婭妮公主才看得見這位女子。

　　當卡婭妮看見這位女子時，發現自己與她的美貌相比，就像是一隻又老又醜的烏鴉坐在美麗的白天鵝旁，她非常喜歡這位女子，想要跟她說話，這位女子也很親切，

兩個人攀談了起來，談著談著，女子就說：「我有點疲倦，我可以躺在妳的腿上休息一下嗎？」

　　卡婭妮公主在這位女子睡覺時不斷地欣賞她的美貌，在她注視這位女子的相貌時卻驚訝地發現，女子已經變成二十歲的面貌了，每當她再注視時，女子都會一點一點地變老，變成成熟的女子、變成中年的婦女、變成高齡婦女，在很短的時間裡就變成了老邁不堪的老太婆，原先漂亮的臉蛋上佈滿皺紋，雞皮鶴髮，在極短的時間裡她就看到從年輕到年老的容顏衰老變化。

　　最後卡婭妮公主甚至還目睹了這個女子的死亡，全身浮腫、流膿，無數的蛆蟲從身體裡不斷地冒出來，直到變成一堆白骨。卡婭妮公主還來不及從震驚裡恢復，就已經看到一個女子從芳華正茂到死亡的整個過程。

　　這時她突然驚覺，原來這是佛陀對她的慈悲度化，也體悟到再美好的色身，再美好的相貌，終歸壞散的無常道理。於是便萬緣放下隨佛出家，出家後精進修道，很快地就證得阿羅漢果。

　　凡夫的五欲色身是無常敗壞之身，我們雖然知道這件事，但大部分的人都還是執著於自己的年輕美貌，想要追求青春永駐，這就是不能徹底明白生命無常的道理而執著了色相。

須菩提！於意云何？佛可以具足色身見不？不也，世尊！如來不應以具足色身見。何以故？如來說具足色身，即非具足色身，是名具足色身。

不著如來功德之身相

在這裡佛陀就問須菩提：「於意云何，佛可以具足色身見不？」如來的色身，不像凡夫有漏之身，而是莊嚴的三十二相、八十種好之身，是累劫修行，積功累德的功德之身。

在《楞嚴經》裡，阿難講到凡夫眾生的身是「腥臊交遘」，不能發出如佛陀色身一樣的「勝淨妙明，紫金光聚。」可見如來的身和凡夫的身是天差地別的。但是在這裡，佛陀說，縱使是如來的功德之身，圓滿的三十二相、八十種好的美妙之身，依然是不能執著，要知道對於色身的執著會障礙行者契悟如來法身。

須菩提回答：「世尊！如來不應以具足色身見。」不能以色身見如來，因為「如來說具足色身，即非具足色身，是名具足色身。」

這個色身是一個相，在前面講「凡所有相皆是虛妄」，所以現在看到的三十二相、八十種好的報身即是空性，是無有自性當體即空的，這就是「即非具足色身」，明白空性的道理，才是真的名為「具足色身」。簡單來說，就是即空、即假、即中，這三諦圓融的道理，佛陀在《金剛經》裡不斷反覆地開導。

須菩提！於意云何？如來可以具足諸相見不？不也，世尊！如來不應以具足諸相見。何以故？如來說諸相具足，即非具足，是名諸相具足。

不著五欲六塵之諸相

再進一步，佛陀又說：「如來可以具足諸相見不？」須菩提回答，不只是色身，乃至於諸相，也「不應以具足諸相見」。「凡所有相皆是虛妄」，包括色身的相，也包括一切萬法的相，凡夫眾生執著的相是色、聲、香、味、觸、法，五欲六塵的相。

故事 2：玄機比丘尼的裂裟角

唐朝有一位比丘尼叫做玄機，長年習定於大日山的石窟之中。

一日突然悟到：「法性湛然，本無去住，厭喧趨寂，豈為達道。」於是決定去參訪雪峰禪師。

雪峰禪師見到她，就問：「什麼處來？」

玄機比丘尼說：「大日山來。」

雪峰禪師又問：「日出了沒？」意指悟道否？

玄機回答：「若日出則溶卻雪峰。」如果我悟道了，就沒有您雪峰禪師了，我哪裡還需要跑來請問您啊？

雪峰禪師繼續問：「汝名什麼？」妳叫什麼名字？

玄機回答：「玄機。」

雪峰禪師給了一個禪機：「日織多少？」雪峰禪師話中有話，問她一天能織多少布，意思是妳已經參悟到幾分了呢？

玄機回答：「寸絲不掛。」就是她已經到了了無罣礙，對一切的萬物一絲一毫都無所

牽掛。玄機說完便禮拜雪峰禪師準備離開。

才走三五步，雪峰禪師突然說：「袈裟的角拖地了。」

玄機一聽，馬上回頭看她的袈裟，雪峰禪師接著就說：「好個寸絲不掛。」妳真的一點都無所罣礙了嗎？才說妳的袈裟著地就這麼在意，真的一絲不掛了嗎？

廣欽老和尚說：「只要還貪戀娑婆世界的一根草，就一定還會再來輪迴，有一些些就還有一些些。」凡夫眾生執著的相不外乎是色、聲、香、味、觸、法，五欲六塵之相，修行人已經摒除五欲六塵，不執著有為法的相，但是卻對於諸法空相產生執取，要知道連空相都不執著才是真正契悟諸法實相之理。

佛陀常常呵斥聲聞人「沉空滯寂，焦芽敗種」，不發菩提心就是對於這個空相的法執未除，還是不得自在。所以在這裡談到諸相，連對於「相」都要正確地了知。

須菩提說：「如來說諸相具足，即非具足，是名諸相具足。」一般凡夫著相不勝枚舉，修學《金剛經》的修行人，不只是對於粗的五欲六塵能看破，還要能覺察到自己的執念，慢慢地一步步地破除，甚至連諸法空相也都要能徹底地了知。

故事3：黃檗禪師的三個巴掌

唐朝宣宗皇帝年少時很聰明，喜歡結跏趺坐，在姪子武宗即位後，因為宮廷裡的鬥爭，所以他就潛遁到香嚴智閑禪師的寺廟中作為沙彌避難，後來就到鹽官禪師之處做書記，那時黃檗希運禪師擔任寺院的首座和尚。

　　有一天，黃檗禪師正在大殿禮佛，這沙彌見到就問：「不著佛求，不著法求，不著僧求，用禮何為？」大師您不是不執著嗎？不執著佛、不執著法、不執著僧，為什麼還要禮佛呢？是不是表示您心中還是有所求？

　　黃檗希運禪師聽到他的問話，當下賞他一巴掌，回答：「不著佛求，不著法求，不著僧求，常禮如是事。」

　　沙彌又問：「用禮何為？」既然已經不求了，何必需要禮佛？

　　黃檗又賞他一巴掌，沙彌忿忿然說：「太麤生！」就是您太粗魯了。

　　黃檗禪師再賞他一巴掌，就說：「這裏是甚麼所在？說麤說細。」可惜沙彌還是不能會意。

　　不執著一切法，不表示不行一切法，悟到諸法空相是不著相，但還是要在日常生活中運用自在，該做什麼就要做什麼，應對進退都要如禮如法，所以悟到心的人不執著，不表示就要離經叛道，有很多人為了表示自己的不執著，結果任意妄為，說我是不拘禮法，結果變成沒有禮貌，或變成目中無人，自在跟自大常常只是一線之隔。

　　既然是不執著，為什麼不能不執著於「不執著」呢？表示我們對不執著也產生了執著。契悟空性不是什麼都不做，而是什麼都能適當地做，中道地做。

佛事門中不捨一法

　　「實際理地，不立一法」，不立一法，意思就是什麼都不執著，沒有分別，沒有粗，沒有細，沒有好，沒有壞，但是「佛事門中不捨一法」。

　　行菩薩道要能夠應眾生機，第一件事，沒有我相、人相、眾生相，壽者相。就像觀世

音菩薩，他是男還是女呢？觀世音菩薩沒有執相，所以他非男非女，可是因為要慈悲度化眾生，所以「應以何身得度，即現何身」，應當要現女子身，可以讓對方得度，他就現女子之身；應當現男子身得度的因緣，他就現男子身；應當現乞丐身得度的因緣，他就會現乞丐身；應該現宰官身得度的因緣，他就現宰官身，這才是真的自在。

離相，但是無相不現，不執著某一種相，卻能千變萬化，同樣地，我們的心不執著具足諸相，才是真正具足諸相，這是《金剛經》讓我們能真正了解諸法空相的真實意。實相無相、無不相。怎麼修呢？

「從假入空」：凡夫對世間的一切沒有正確的理解，容易著相，因此一開始，先破對一切假相的執著，了解「凡所有相，皆是虛妄」這個道理，從假入空，依空觀破除對於假相的執著。

「從空出假」：既然不執著，從「空」出假，回到娑婆、回到生活中，應對、進退、灑掃，在不同的對象、不同的場合中，鍛鍊自己不執著的心，能不能適當地安住在每一個當下？人在哪裡，心在哪裡，在每一個當下都盡心盡力，這是從空出假。

菩薩在五濁惡世、在紅塵中，以五塵為佛事，不管是色、聲、香、味、觸，都能展現最莊嚴、最殊勝的因緣，創造緣起，運用緣起而不住緣起。

就像《金剛經》寫經的課程，雖然我們不要執著相，但是還是用心的寫好每一幅、每一筆、每一畫；寫好每一幅金剛經塔，每一字、每一句。每一筆、每一劃，都用最虔誠、最專注的心來書寫。

當我們能盡心盡力地完成這一幅經塔，又知道這一切都是自己的發心，也是自己

的本分，最後不住空，不住假，而回歸到中道第一義諦的這一念心。

　　寫經，是藉寫經來練心，寫的這幅作品代表的是我們的心，完成後，用自己寫經的這段生命過程來供養一切眾生，把用功的這一段因緣和殊勝功德迴向給一切眾生，希望自己一點一滴地虔誠供養，能轉化世間眾生的無明黑暗，那麼我們這個發心就會像虛空一般遍一切處。

　　所以，如果我們能了解「諸相具足，即非具足」，那麼就真的了解「諸相具足」的道理。

故事 4：禪和子的修行境界

　　過去有一位禪和子非常精進用功，四處參學行腳。

　　有一天他遇到一位老婆婆，這老婆婆是開悟的修行人，看到這個行腳僧，就知道這個師父希望能閉關，於是老婆婆發心供養護持師父閉關三年，三年期間，老婆婆讓她的孫女每天去送飯。

　　三年很快就過去了，明天師父就要出關，老婆婆喚來孫女，叫她明天迎接師父出關時，如此這般，看看師父有什麼反應。

　　隔天孫女就去迎接師父，打扮得花枝招展，師父出關的那一刹那，黃花大閨女就向前把師父給抱了滿懷，問師父：「快説快説。」

　　這一位師父道行很高，修得不為所動，只見師父回答：「枯木倚寒崖，三冬無暖氣。」言下之意就是妳如何的花枝招展都與我無關，我就像一根乾枯的木頭，依靠在三年都是寒冬的壁崖，一點都不會擦槍走火。

　　對一般人來說，這位師父的定功是非常了得的，美色在前不為所動，但是當黃花大閨

女把事情稟告婆婆後，婆婆卻嘆了一口氣說：「供養了三年，只供養到一根枯乾的木頭。」師父知道自己的功夫還不到家就繼續四處行腳。

過了一段時間，老婆婆又遇到師父，看到師父還在行腳，她便再護持師父閉關三年，這次依然還是黃花大閨女每天送飯給師父。三年期滿，黃花大閨女又把自己打扮得花枝招展，漂漂亮亮地去迎接師父。

師父一出關，黃花大閨女又往前一把抱住師父，跟師父說：「快說快說。」

這次師父的回答不同於以往，只見師父緩緩地看著黃花大閨女，跟她說：「天知、地知、你知、我知，不要給妳婆婆知。」

老婆婆聽到師父的回答非常滿意地點頭稱道：「老漢徹矣。」修到家了。

過去三年的師父，修行心如止水，只可惜死水不藏龍，現在師父已經掌握能知能覺的心，清清楚楚，明明白白。在黃花大閨女抱著師父的當下，的確只有你知我知，沒有來抱的婆婆，她永遠不得而知。修行這條路，如人飲水，冷暖自知，只有自己能承擔自己當前的這一念覺知，當我們在每一個當下都清清楚楚，了了常知，自然就會遠離一切虛妄之相而不染著。

知幻即離　離幻即覺

這一分，叫〈離色離相分〉，離色，指的是離色身，離具足色身；離相，不只是離色身，連一切相都離，重點就在「離」這個字。

怎麼離呢？

陶淵明說：「結廬在人境，而無車馬喧。問君何能爾？心遠地自偏。」就說到真

正的「離」，不是身體的離，而是心裡的不執著。

《圓覺經》〈普賢菩薩章〉講到：「知幻即離，不作方便，離幻即覺，亦無漸次。」要能離，首先就要先從"知"這個字入手。荷澤神會禪師曾經說過：「知之一字，眾妙之門。」這個「知」，就是我們的靈明妙覺，就是能知之心，善用這個「知」，就能遠離這一切執著。

當我們了解「凡所有相，皆是虛妄」，知道這一切是虛妄的，是如夢、如幻、如泡、如影，你就已經開始遠離。《華嚴經》裡講到菩薩的心「猶如蓮花不著水，亦如日月不住空。」我們就像菩薩一樣，活在紅塵中，每天都不離開紅塵的點點滴滴，要如何能離呢？只要我們能向菩薩學習「猶如蓮花不著水」，如蓮花一般出淤泥而不染，保持不染污的心，在生活中自然就可以出離，面對一切複雜的人、事、物時，心就能永遠不受染污。

慢慢練習久了，你就會知道自己的清淨心時時都存在，只是我們很少去護念它，當我們常常練習，隨時隨地都保持不染污的心，自然就不離而離了，這才是真正的離，也是《金剛經》存在這個時代的意義，也是我們受持、讀誦《金剛經》非常重要的價值。

保持像蓮花不染般的發心，可以在這個世間而不染塵，當我們好好地靜下心來寫經練心，保持當下無念、無住、無為，當下清淨，當下受持，當下發心，只要直下承擔，自然就能明白自己的真心。

溫故知新

問題 1. 甚麼是「從假入空」「從空出假」？

問題 2.〈離色離相分〉中的「離」指的是甚麼？

問題 3. 遠離一切執著的妙門是甚麼？

《金剛經》非說所說分第二十一

須菩提！汝勿謂如來作是念：我當有所說法。莫作是念！何以故？若人言如來有所說法，即為謗佛，不能解我所說故。須菩提！說法者，無法可說，是名說法。

爾時，慧命須菩提白佛言：世尊！頗有眾生，於未來世，聞說是法，生信心不？

佛言：須菩提！彼非眾生，非不眾生。何以故？須菩提！眾生眾生者，如來說非眾生，是名眾生。

能持不墮
淨心增緣
業果難思
障疑不信

前言：非說所說

　　這一分名為〈非說所說分〉，強調能說之人與所說之法皆了不可得。

　　前一分論述對依報、正報不要產生執著的心，這一分進一步談到，對於能說之人不要生起執著，說法的對象也不要生起執著，所說的法也不要生起執著。就像布施修到最究竟圓滿的境界叫做三輪體空，施者、受者、所施之物，皆了不可得。

須菩提！汝勿謂如來作是念：我當有所說法。莫作是念！何以故？若人言如來有所說法，即為謗佛，不能解我所說故。須菩提！說法者，無法可說，是名說法。

　　經典裡說所有的布施以法供養最為殊勝，懂得佛法後，我們喜歡聽聞佛法，也喜歡分享佛法給大眾聆聽，這些都是很好的發心。

　　聽聞佛法，聞、思、修可以讓我們離苦得樂、斷惑證真，但如果不懂所有的佛法是為了讓我們解脫煩惱反而執著這個法，最後不但沒有達到聽聞佛法的功效，反而讓自己因為聽聞佛法而產生執著。猶如標月之指，目的是為了要看到月亮，卻反而執著標示月亮的指頭，導致月亮和指頭都沒看清。

　　執著於法，不是「法」的過失，是執著的問題，所以這一分，佛陀就再一次強調，如果我們對於能說之人、所說之法產生執著，甚至可以說這是毀謗佛，沒有辦法了解佛陀說法的真義，「不能解我所說故」，這個是非常重要的。

　　有的人聽到這一段就會以為那就不要聽聞佛法了嗎？如果聽了佛法就執著佛法，是不是表示不要聽聞佛法呢？其實並不是這樣。

　　佛陀在三千年前所說的教法是對於這個世間的觀察，了解眾生的苦是因何而起，要解決苦就要從正確的因緣法去解套。佛法是為了要讓一切大眾離苦得樂所說的方法，是覺悟的方法，是圓滿的方法，佛法可以徹底解決生命的迷惑以及所有偏差的行為，所以聽聞佛法，是一個非常有意義而且正確的修行方式。

　　但是佛陀為什麼要說：「若人言如來有所說法，即為謗佛，不能解我所說故」呢？

　　因為《金剛經》的當機眾都已經對佛法有很深刻的信解，而且前面須菩提是「聽聞佛法，深解義趣，涕淚悲泣。」他已經聽聞到「深解義趣」了，接下來的功課就是要把自己對於法的執著、對於能說之人的執著，再更細緻的觀察，只要還有那麼一些些的執著，就要把這個微細的念頭也去除。

　　修學佛法有大功德、大利益，但是如果不知道真義，不懂得放捨，到最後這個法就會障礙我們的心、障礙我們的自在。

拈花微笑　以心印心

　　在《大梵天王問佛決疑經》佛陀在靈山會上升座，娑婆世界主大梵天王獻上微妙的金色蓮花供養佛陀請佛說法。

　　佛陀拈起蓮花無言無說，當時會中百萬人天都靜靜地在等著佛陀說法，但佛陀只是拈著蓮花什麼話都沒有說，百萬人天悉皆罔措，大家你看我、我看你，到底佛陀的意思是什麼呢？

　　整個現場默然無語，只有長老摩訶迦葉見到佛陀拈花示眾破顏微笑。佛陀就告訴大眾：「我有正法眼藏，涅槃妙心，實相無相，微妙法門，不立文字，教外別傳，總持任持，凡夫成佛第一義諦，今方付囑摩訶迦葉。」佛陀講得這一段話，就是「靈山拈花，迦葉微笑」禪宗傳法的故事。

　　禪宗的法門以心印心，「不立文字，教外別傳。」談得是什麼呢？

　　凡是落入語言文字，容易隨著不同人的理解有所不同，聽聞佛法，同一句話、同一堂課聽下來，每一個人的看法都有所不同，佛陀在靈山會上，用了一個特別的教法，不用語言、文字，在語言、文字的有相之教外，另外傳一個無言無說的法門。

　　拈花的是誰？拈花的這一念心是什麼？

　　迦葉報以微笑的這一念心代表師徒之間的悴啄相接，就像我們跟很有默契的人在一起，彼此看一眼就知道對方在想什麼。

　　每個人都有一念菩提妙明真心，但是訴諸於語言文字後，會隨著每個人的分別念而有好惡與自己的評斷，因為每個人都戴上自己的有色眼鏡在解讀語言和文字，所以

不容易看清事實真相。

　　修行很簡單，就是回到本來如是的自己，恢復到本來面目，但當我們對法義有深刻的理解後就有可能產生執著，佛陀為了要避免讓大眾對法產生執念，用了這麼一個特別的教法「不立文字，教外別傳」，希望大眾能真正明白實相無相的微妙法門。

　　明白這個道理，總持、任持凡夫成佛的第一義諦就能徹底地了知，《金剛經》裡的「法尚應捨，何況非法。」就是這麼一個道理。

　　「法尚應捨」並非要我們不聽佛法，相反地，要聽明白，並依之斷惑，把自己的壞習慣改除，慢慢地把自己變成一個更好的人，最後放下對法的執著，這時「法」已經在不知不覺間滲透到我們的舉手投足間，而不是成天佛言佛語，或是成天鑽研在經書當中。

　　有些人學佛後執著於佛法，所以用佛法的標準來規範其他沒學佛的人，只要不符合自己的標準就認為別人有業障，這樣反而會讓不學佛的人離佛法越來越遠，真的要懂佛法就要把這一段反覆地思惟，認真地體會。

故事 1：被鬼神窺見的趙州老人

　　過去有一位趙州老人，八十歲還在行腳參學，後來住山閉關，修得非常有成就。

　　有一天，趙州老人下山來到一個村落，村長和村民全都在村口列隊歡迎，村長非常恭敬地上前迎接趙州老人，趙州老人說：「你們怎麼知道我今天要來呢？」村長很歡喜地說：「昨天夜裡山神已經來通報過了，今天將有一位大修行人光臨我村，所以我們全體動員來迎接大師的光臨。」

沒想到趙州老人聽到村長的這番話後，非常慚愧地嘆了一口氣說：「老僧修行無力，竟被鬼神覷見。」山神提前通報大眾，大眾列隊歡迎，這是最高層級的禮敬儀式，也是最隆重的接待，一般人恐怕沾沾自喜，覺得自己修行得很不錯，可是為什麼趙州老人反而覺得自己修行不好呢？

　　原來真正的修行是無形無相、無言無說的，就像「雁渡寒潭，雁過而潭不留影」；就像鏡中水月，雖然現有鏡中之相，可是卻不會在鏡面上產生痕跡。菩薩的修行「猶如蓮花不著水，亦如日月不住空。」如果有一絲絲的執著跟分別，所有言行就會留下痕跡。所以趙州老人說：「我的修行竟然被鬼神窺見，表示修行的功夫還不到家，連鬼神都知道我要去哪裡。」

　　廣欽老和尚在圓寂時講的謝世詞很簡單：「無來無去無代誌。」（閩南語發音）
　　如來是無所從來亦無所從去，人生在世來結了一場大事因緣，走的時候乾乾淨淨，沒有留下任何的遺憾，在緣起緣滅中自在無礙才是我們修行的最高境界。
　　聽聞佛法，能說之人有殊勝的功德但不以此為功德；受法的眾生，「眾生眾生者，即非眾生。」為什麼？因為眾生就是佛，佛就是眾生，如果能明白心、佛、眾生等無差別這個道理才是真的明白了佛法。
　　如此的體悟當然就不會執著能說法之人、受法的眾生，以及所說之法，沒有產生分別取捨，所以最後佛陀說：「說法者，無法可說，是名說法。」
　　靈山會上佛陀拈花，迦葉微笑，所傳得就是這麼一個微妙的法門。

爾時，慧命須菩提白佛言：世尊！頗有眾生，於未來世，聞說是法，生信心不？佛言：須菩提！彼非眾生，非不眾生。何以故？須菩提！眾生眾生者，如來說非眾生，是名眾生。

後世聞此法者能生信心不？

接下來，須菩提就特別再跟佛陀確認：「世尊！頗有眾生，於未來世，聞說是法，生信心不？」他要確認什麼？確認在這個時代的人聽聞如此的教法會不會聽不懂？或是產生恐懼心呢？未來世的眾生，會不會誤解呢？

佛陀說：「須菩提，如果這個時代的聞法者能了解『眾生非眾生，非不眾生』，那麼就能夠真的體解實相的道理了。」

依彌勒偈頌 - 補充經文之說明

上面這一段經文總共有六十二個字，《金剛經》的翻譯總共有六種譯本，原來姚秦三藏法師鳩摩羅什翻譯的《金剛經》並沒有這一段經文，這是後來的人依據魏朝的菩提流支三藏法師所翻譯的《金剛經》版本添加上去的。

為什麼會把這段經文加上去呢？添加上去的人是誰？在歷史上已經無從考據，但是為什麼會把這一段經文加在鳩摩羅什的秦譯本上呢？這是因為對照印度彌勒菩薩註解的《金剛經偈頌》上，解釋到這一段經文的義理，兩相對照下就把這一段經文增補上去。

鳩摩羅什的譯本是最流行的，大眾都喜歡受持讀誦鳩摩羅什的《金剛經》譯本，因此為了要讓經文有完整性，就把這一段經文加上去。所以在前面鳩摩羅什談須菩提是用「長老須菩提」，但菩提流支版本談須菩提是用「慧命須菩提」。

　　這一段是特別補充，讓大眾明白主要是為了讓整個經文的義理更為完整。佛法在翻譯的過程中會有各種不同的翻譯方法，如果我們能直接了當地了解經文的意思、義理，就不會落在文字相上，這也就是《金剛經》裡所談的最重要的道理「願解如來真實義」，只有真正了解佛陀教法的真實義理才不會越讀越執著，才能避免在文字相上產生分別、執著與爭論。

故事 2：破句讀的安楞嚴

　　過去溫州仙岩安禪師閱讀《楞嚴經》對「知見立知，即無明本。知見無見，斯即涅槃。」這一段經文始終不明其義。

　　後來他把句子的斷句改成「知見立，知即無明本。知見無，見斯即涅槃。」於此忽有悟入而大徹大悟。

　　有人就糾正他這樣是錯的，破了句讀把句子的斷句搞錯了。

　　安禪師就回答他：「此是我悟處。畢生不易。」我不會再改變。大眾都稱他為「安楞嚴」。

佛法是實證之學

所謂「依義不依語」，懂得佛陀的教法須深明其義，不是只有在文字上做分析、做比較。有些學者在研究佛法後就會提出《楞嚴經》是偽經，《大乘起信論》是偽論，乃至於所有的佛經都是假的這樣的說法；甚至經過考古學家的論證，地球上沒有這一座須彌山，這是印度人的神話，而釋迦牟尼佛也只是一個傳說。

如果都用現實的論據來考證，用自己的經驗來判斷佛法中講得禪定，或所謂不可思議的境界都是虛無飄緲的玄學，學習佛法就會失去信心，失去修證的意義與價值。佛法，不只是一門學問；佛法，不是要在文字、語言上故弄玄虛，它是一個實證之學，可以改變我們的生命，讓我們徹見生命真實的意義與價值。

《永嘉大師證道歌》 談到：「吾早年來積學問，亦曾討疏尋經論，分別名相不知休，入海算沙徒自困。」意思就是如果我們把學習佛法當成是學問的累積，就算對三藏十二部經非常地嫻熟，但卻不知所有的佛法是為了要治我們的心，讓我們的心越來越自在，越來越能心開意解，那麼到最後，就會像「入海算沙」一樣，自己給自己很多的障礙，反而越修越困擾，也很容易讓還沒有入門的人產生誤會。

所以讀《金剛經》要離文字相，要藉由讀經、學習來破除我們錯誤的執取，破除我們累生累劫的無明煩惱，這樣才能得到真實的受用，大眾在學習佛法時一定要特別注意、留心這一點。

說法者無法可說 – 如實安住每一個當下

佛陀曾説，我説了四十九年的佛法，但是沒有説一個字。「終日著衣，不著一匹紗；終日吃飯，不吃一粒米。」這叫做「説法者，無法可説，是名説法。」

我們讀到這一段就要特別提醒自己，寫了金剛經塔，讀了《金剛經》後，有沒有減少更多的煩惱？有沒有讓自己成為一個更自在快樂的學佛人？如果有，表示我們真的在行法；如果沒有，就要再細細地思惟佛陀在這一分中所教導我們的道理，如此反覆地提醒自己提念、照念，讓自己放下執著，就會越來越深入佛法，深入《金剛經》的精髓。

因此這一段的重點很簡單，就是三輪體空，能説之人、所説之法，以及聞法的眾生都能體悟到實相無相的道理，那麼我們在《金剛經》的修煉就會更上一層樓，所以這裡叫做〈非説所説分〉。

平常心是道

《金剛經》教導的是般若的教法，一個有智慧的修行人，他會展現什麼樣的言行呢？

其實就像佛陀在《金剛經》一開始所示範的：「世尊食時，著衣持缽，入舍衛大

城乞食，於其城中，次第乞已，還至本處，飯食訖，收衣缽，洗足已，敷座而坐。」修行就在日常生活中，平常心是道，就像佛陀一樣，雖然貴為眾人敬仰的世尊，依然每天搭衣持缽，一步一步地「入舍衛大城乞食」，腳踏實地的「次第乞已」，回到精舍，吃完飯，收了衣缽，「洗足已，敷座而坐」。每天每天、日日如此行走於人間，老老實實地過著生活。

　　我們的每一天就要像佛陀一樣，如實地、充實地把握每一個當下，全心全意地安住在每一個當下，就會日日是好日，時時是好時。「春有百花秋有月，夏有涼風冬有雪，若無閒事掛心頭，便是人間好時節。」一起來寫經練心，創造人間的好時節。

溫故知新

問題 1. 佛陀為什麼說：「若人言如來有所說法，即為謗佛，不能解我所說故」呢？

問題 2. 佛陀拈花微笑，拈花的這一念心是什麼？

問題 3. 在未來世的眾生聽聞如此的教法，會不會有信心？

問題 4. 「如來當有所說法」或「如來有所說法」，是誤解佛的想法！我們要如何體悟？

《金剛經》無法可得分第二十二

須菩提白佛言：「世尊！佛得阿耨多羅三藐三菩提，為無所得耶！」
佛言：「如是！如是！須菩提！我於阿耨多羅三藐三菩提，乃至無有少法可得，
是名阿耨多羅三藐三菩提。」

無所得耶
法果無住
可修證相
得本無失

前言：無法可得

　　這一分名為〈無法可得分〉，須菩提在聽到前一分〈非說所說分〉時有很深刻的體悟，才有這一分的感悟。

　　「佛得阿耨多羅三藐三菩提，為無所得耶！」的「耶」不是疑問詞，而是須菩提對前面的無所得、無所說的道理有很深入的體悟而感歎，知道連究竟的實相、圓滿的佛果都是無所得。

　　佛陀為他印證：「如是！如是！」

　　「如是」就是如實印證，像印章一樣以心印心，佛的心跟我們的心完全一致。

　　在《法華經》裡有十如是：「如是性、如是相、如是體、如是力、如是作、如是因、如是緣、如是果、如是報、如是本末究竟等。」指世界不論從性、從相、從本體、從作用等來看，都是實相，一色一香無非究竟了義。了解實相的道理，就會知道原來一切本自如是，本來就如此，不假外求，也不希求。

　　佛陀說：「如是！如是！」須菩提啊，要知道連阿耨多羅三藐三菩提這個無上正等正覺的究竟之果都是無有可得的，「乃至無有少法可得」，就是連那麼一點點的法，

也是一樣無可得。這樣的體悟其實是非常難的，如果真的能體悟「悟無所得」，「乃至無有少法可得」，這就是真正得到阿耨多羅三藐三菩提。

有的人聽到這個道理會覺得很疑惑，既然如此，是不是我就不要誦經、不要念佛、不要拜佛了？是不是什麼都不要做，才能叫做「如是」呢？既然一切都不要執著，「乃至無有少法可得」，那我現在所學的這一切不是白修了嗎？

《大乘起信論》裡，馬鳴菩薩就回答了這個問題，如果真如實際是不可說、不可念、無有可得，那麼應該怎麼修呢？馬鳴菩薩解釋：「雖說。無有能說可說。雖念。亦無能念可念。」如此即為隨順真如。契入真如，不是什麼都不做，而是隨著因緣全心全意地做，做了之後，又沒有存著有所得的心。

故事1：清遠禪師見撥爐火悟道

過去有一位清遠佛眼禪師，十四歲出家受具足戒，有一天他在讀《法華經》時，看到「是法非思量分別之所能解」這句經文產生很大的疑問，他拿著經書請教講經的法師，講經師始終沒有辦法給他滿意的回答，清遠禪師很感慨，原來「義學名相，非所以了生死大事。」意思就是只有在名相上鑽研是不能徹底了知生死大事的。於是他便放棄純粹的義學研究，「卷衣南遊」，來到蘇州太平法演禪師的座下。

一天，清遠禪師正在廬州化緣，不巧下著大雨，因為路滑，他不小心跌倒坐在地上，就在他感到很煩惱時，突然聽到附近有兩個人在吵架，互相詬罵，旁邊的人就勸架說：「你猶自煩惱在。」清遠禪師一聽突然有所領悟。

回到寺院後，馬上向五祖法演禪師請益，但是令他大惑不解的是，每次向五祖法演禪

師請法，法演禪師總是説：「我不如你，你自會得好。」或者是：「我不會，我不如你。」

　　五祖法演禪師的回答令清遠禪師越發狐疑，於是他就向首座元禮禪師咨決，沒想到元禮禪師突然用手擰著清遠禪師的耳朵，繞著大香爐轉了好幾圈，一邊走一邊説：「你自己就會，你自己就會。」

　　清遠禪師很不高興地説：「有冀開發，乃爾相戲耶？」我本來希望從您這裡得到開示，沒想到您竟然如此戲弄我。元禮禪師就告訴他：「以後有一天你悟到時，就會知道今天的曲折。」就是你將來就會明白，於是清遠禪師懷著不解的心，住在禪堂裡精進用功。

　　過了好多年，在一個冬天的寒夜中，清遠禪師正在禪堂靜坐。過去的禪堂因為冬天很寒冷，會燒著爐火，爐火燒一段時間就必須要撥一撥，所以香燈師父過一段時間就會過來撥火苗。

　　清遠禪師看到香燈師拿著木棍撥火堆，有小小的火苗從爐灰當中冒了出來，在那個瞬間開悟了，説道：「輕輕撥，有些子，平生事，只如此。」

　　他悟到了什麼？這個爐灰就像我們的無明煩惱一樣，慢慢的累積沉澱而覆蓋我們的本性，修行參禪就像撥火一樣，不能撥得太多，不能撥得太用力，但是又不能不撥。一邊修，一邊建立自己的道行，但是一邊又要把自己因為修行所產生的執念，一點一滴地把它撥除、放下。

學法有次第，終歸無所得

禪宗講三關，開悟破了初關，接下來破重關，不斷地破除八識田中一重一重的種子，這個過程就好像在撥爐火一樣，輕輕地、慢慢地撥得深入，火堆裡面的火才會燒得旺，才能燒得透。

修行也是如此，聽了佛法學到很多名詞，知道修戒、修定、修慧，知道六波羅蜜，也知道菩提、涅槃，知道人有百八煩惱，也知道百千的法門，只是有了這些法門，還要再進一步，藉由這些法門來轉煩惱成菩提。

就像五祖大師要傳法給六祖時，五祖請大眾寫下自己修行的偈語，神秀大師寫的是：「身是菩提樹，心如明鏡台，時時勤拂拭，勿使惹塵埃。」心就像鏡子一樣，寶鏡蒙塵，就不能照得清楚，所以要常常反省檢討，藉由修行的法門來斷除所有的灰塵，塵垢去除就可以保持寧靜光潔，這是一個非常重要的修行習慣。

建立修法的習慣，從偶爾修行到時時修行，乃至到最後能修行成片，行、住、坐、臥常行一直心，達到這種境界後還要再提升，就要了解惠能大師的偈語：「菩提本無樹，明鏡亦非台，本來無一物，何處惹塵埃。」如果明白原來妄身、妄心本是虛妄，何來有虛妄的塵呢？何來有虛妄的修呢？

五祖對於神秀大師的「身是菩提樹」以及惠能大師的「菩提本無樹」兩首偈語，都下了「未曾見性」的評論，可知除了悟到妄身、妄心外，連悟到本無的空性道理也是了不可得的，這樣才能破除重重的妄執。

沒有執著後就能自在地運用，所以五祖為惠能大師在半夜開示《金剛經》時，惠能真

的就大徹大悟，悟到一切萬法不離自心而說了：「何期自性，本自具足，本自清淨，本不生滅，本不動搖，能生萬法」的千古名偈，這是一個非常重要的開悟瞬間。

徹悟後，六祖大師潛跡於獵人隊中磨練他的心性，十五年後才在廣州法性寺開宗立派，弘揚頓悟的心法。

六祖如果沒有經過這一個階段的磨練，也許他的開悟還不夠深刻，經過這些歲月人、事、物複雜的鍛鍊後徹見了實相，這才是真實的功夫。

達摩祖師說現在的人說得頭頭是道，但通達道理的相對地少了很多。修行的人很多，在道理上了解是一回事，但真正能到達終點的寥寥無幾。

發心是一條長遠的路，只要堅持下去，總有一天會明白自己多生累劫的本願，在這個過程裡，需要不斷不斷地剝除自己的煩惱，讓塵勞卸除，漸漸地就會圓滿大圓鏡智。所以到了這一分，須菩提就有很深刻的感悟，原來連阿耨多羅三藐三菩提都是無所得啊。無所得不是落空，而是已經圓滿可是卻不執著於圓滿。

過去有個賢者叫做蘧伯玉，他的座右銘就是常常推翻昨日的自己。他說：「我在二十歲時，覺得十九歲之前都是錯的；到四十歲，也常常覺察三十九之非；乃至到了五十歲，也還是覺得四十九年以來，始終都有很多的過失。」

明末四大師紫柏尊者說：「我年少之時，但知人有過，不見自己過；修行之後，知道自己有過失，也看到別人的過失；到現在，但知己有過，不見人之過。」六祖大師也說：「若見他人非，自非卻是左。」能夠觀察到自己的盲點與執念，實在是一件非常不容易的功夫。

　　當我們沒有自省、沒有自覺，以為自己修得了什麼、悟得了什麼而沾沾自喜，或是執以為是，反而被自己所修到的這個好境界障礙了自己的成就，要修到「高高山頂立，深深海底行」是需要下一番功夫的。

故事 2：石頭希遷禪師　尋思去

　　過去青原行思禪師在吉州駐錫修行，有一天有一位石頭希遷禪師來請法。

　　石頭希遷禪師小時候在廣東的鄉村中長大，當時村民畏懼鬼神，常常以殺牛蒸酒的方式來祭祀鬼神。石頭希遷為了打破村民愚昧迷信的行為，就常常把神祠搗毀，救出將被村民宰殺的牛隻，及至年長，希遷就出家修行投於六祖門下依止。

　　六祖在圓寂前希遷就問：「和尚百年之後，希遷不知道應當依附何人？」

　　六祖大師回答：「尋思去。」結果六祖圓寂後，只見希遷每次都在靜處端坐，「寂若忘生」。

　　首座就問他：「師父已經離世了，你為什麼還在這個地方空坐呢？」希遷就回答：「我是稟承師父的教誡，所以尋思啊。」首座就說：「你搞錯了，師父的意思是你有個師兄叫做行思和尚，現在駐錫在吉州，你的因緣在他那裡，師父要你尋思去啊。」希遷一聽恍然大悟，趕快直接到吉州的靜居寺參禮行思大師。

　　青原行思看到石頭希遷來了就問：「你從哪裡來？」希遷回答：「曹谿。」

　　行思一聽就知道他是同門師兄，馬上就問他：「你在曹谿那邊得到什麼呢？」

　　希遷回答：「未到曹谿亦不失。」我得到的是：我還沒有到曹谿之前，也從來沒有失去過的這個東西，這個東西指得就是我們的心。學佛、沒學佛，都不會影響你的佛性，心

本不失，從來不假外求。

　　青原行思一聽，知道希遷是一個很有體悟的人，所以他再繼續問：「如果是這樣，那你去曹谿做什麼呢？」是啊，學佛、沒學佛、聽法、沒聽法，都不會影響我們擁有自己的心，我們這念心，不會因為你學佛就增加一絲一毫，也不會因為你不學佛，就減損一絲一毫，這樣何必來學佛，何必來聽法呢？

　　希遷就回答：「若不到曹谿，爭知不失？」如果我不到曹谿，我怎麼知道我從來沒有失去過這一念本心呢？為什麼要來修行？修得的是本來就有的，但是如果沒有修，我不知道自己有啊！

　　當我們不知道自己本自具足，不知道自己的價值是不需要由外在來論定時就會捨本逐末，把自己最珍貴的自家珍寶拋棄了，每天只會汲汲營營於追求世間的肯定。

　　從小到大，自我肯定、自我價值判斷來自於外在，在父母的眼中，我是不是乖小孩？在老師的眼中，我的表現如何？出了社會，在社會上其他人的評價中，我是屬於優秀的？還是不優秀的？或我在朋友眼中、在情人眼中，我又是什麼樣的人？

　　如果自我價值的肯定是來自於他人，我們永遠找不到自己真實的價值。

　　成敗，是一個生滅的現象，沒有永遠的贏家，也沒有永遠的輸家，人生的際遇始終都是自己不能作主的，現在來學佛，知道原來自己是獨一無二的，而且這種價值不會因為你得到什麼而增加，也不會因為你沒有得到什麼而減少。

　　很多人會很自卑，覺得自己長得不好，所以沒有人喜歡我；因為我沒有錢，所以別人就看不起我；我沒有學歷、沒有身分、沒有背景，我沒有擁有某一種條件，所以

我就不能夠快樂。沒有符合世間所謂成功的標準，因此產生了自卑的心，更進而否定自己存在的意義與價值。

　　學習佛法後要能明白每個人都是平等的，沒有高高在上的佛，也沒有卑下可憐的眾生，只有自己不知道自己的價值，不能愛惜自己、不能護念自己。當我們拋棄自己的價值後，明白自己價值的這件事情，也同時被你拋棄了；當我們認為自己的價值是來自於他者、來自於外在時，快樂的權力也一起被你錯誤的判斷而拋棄了。

　　禪師的問話，就點明了學佛的價值。

　　修行不是得到什麼，而是明白原來不管是什麼身分，不管是什麼樣的人，都沒有失去成佛的可能性，佛性是平等的，是人人都有的，人人皆可成佛，不會因為際遇和福報不同而有所差別。

　　石頭希遷就問青原行思：「請問師父，曹谿大師認識和尚否？」六祖大師有印證了師父嗎？有說過您嗎？

　　青原行思就反問：「你認識我嗎？」不論別人認不認識你，不論別人知不知道你，重點是「你認識我嗎？」你認識你自己嗎？

　　石頭希遷回答：「識。又爭能識得？」認識，但，是真的認識嗎？

　　青原行思便說：「眾角雖多，一麟足矣。」頭角崢嶸者這麼多，就你的這一句話足夠了，「一麟足矣」來肯定石頭希遷，懂得人不用再說明，不懂得人說了也是白說。

　　《金剛經》要怎麼懂呢？「信解受持，受持讀誦，為人解說。」佛陀教我們如是如是

地學習，如是如是地修行，如是如是地受持，如是如是地讀誦，讀了之後，「乃至無有少法可得」，就能真的明白《金剛經》的道理是什麼。人人皆有佛性，人人皆當成佛，但是這一念心，只有你自己如人飲水冷暖自知，只有自己能知道自己的心。

故事3：石頭路滑－鄧隱峰禪師走江湖

石頭希遷後來就駐錫在湖南的石頭山，時人都稱為石頭希遷。

在同一個時代，他的師兄叫做馬祖道一，駐錫在江西。江西的馬祖，湖南的石頭，是當代兩位大師，很多禪宗的學人參訪江西，又參訪了湖南，形成參訪之風，稱為走江湖。

有一天，馬祖大師的弟子鄧隱峰禪師向馬祖辭行。

馬祖問：「你要去哪裡？」鄧隱峰說：「我要去石頭那裡。」

馬祖說：「石頭路滑喔！」鄧隱峰禪師說：「我不怕，竿木隨身，逢場作戲。」我是有本事的，我知道要怎麼應對石頭大師的機鋒。

於是鄧隱峰禪師就來到石頭之處，繞禪床一匝振錫而立，就問：「是何宗旨？」

沒想到石頭希遷突然大嘆一口氣說：「蒼天，蒼天！」老天爺啊！老天爺啊！鄧隱峰不知道如何應對，於是回來把這件事報告給馬祖。

馬祖大師就告訴他：「你再去問，等他有回答時，你便噓噓兩聲。」

鄧隱峰禪師就再去了，依照前面的方式，再繞禪床一匝振錫一聲問：「是何宗旨？」石頭希遷突然噓噓兩聲，鄧隱峰禪師被嚇住了，又不知該如何回答。

回來報告馬祖，馬大師聽了哈哈大笑地說：「就跟你說石頭路滑。」石頭希遷和尚的禪風、禪機很彈性、很活潑，隨著不同人的心來對應，使其當下開悟。

　　每個人得度的因緣都有所不同，只要我們隨著自己的每個瞬間好好地安住在當下，自然就有機會迎來自己的大事因緣。

　　寫經也是如此，每個人寫出來的金剛經塔都有所不同，每個人的發心都無比珍貴，不用比較，照著自己的節奏，照著自己的心境，照著自己的生命歷程，一字一劃慢慢地書寫。透過寫經，慢慢進入自己了無罣礙的這一念清淨自性，萬緣放下心無旁騖專注一趣，眼、耳、鼻、舌、身、意，六根歸一，自然就能契悟如是如是的十如是境界。

溫故知新

問題 1. 佛陀於阿耨多羅三藐三菩提得到什麼？

問題 2. 什麼叫做「如是」？

問題 3. 既然佛陀連那麼一點法都無可得，是不是什麼都不要做，才能叫做「如是」呢？

問題 4. 故事 2 中石頭禪師對法的體悟：「未到曹谿亦不失」、「識。又爭能識得？」…等，是否就是「無法可得」呢？

《金剛經》淨心行善分第二十三

復次：須菩提！是法平等，無有高下，是名阿耨多羅三藐三菩提。以無我、無人、無眾生、無壽者，修一切善法，即得阿耨多羅三藐三菩提。

須菩提！所言善法者，如來說即非善法，是名善法。

淨無染著
心法無二
行施平等
善因無漏

復次，須菩提！是法平等，無有高下，是名阿耨多羅三藐三菩提。

前言：淨心行善

　　這一分名為〈淨心行善分〉，有兩個重點：一個是淨心，一個是行善。
　　淨心，就是清淨心。清，是清澈、清楚、明白；淨，是乾淨、清潔、沒有煩惱。什麼是真正的清淨？就是沒有煩惱的狀態。修行不外乎就是求得清淨之心，清淨在哪裡？學佛之後明白心的本體是本自清淨。
　　什麼是最徹底的清淨？佛，就是最清淨的境界。怎樣才是佛？「是法平等，無有高下」這八個字，「名為阿耨多羅三藐三菩提」。

平等無有高下即是佛境界

　　此分的「是法平等，無有高下」與第十七分所言「此法無實無虛」，同為闡發人人本具的平等之性。
　　佛陀在前分說「無有少法可得」的道理甚深玄妙，恐怕有人會心生怖畏而起斷滅

之見。所以在此分，佛陀再明示法身實相的妙理，上與十方三世諸佛平等，下與九界一切眾生等法性平等沒有差別，也就是沒有凡夫與佛的差別。

每個人都有自己的心境，不論畜生道、修羅道、天道，乃至聲聞、緣覺、菩薩等，各個境界都不同，然而，到達最高的境界——如來之境，就是佛佛道同。「是法平等，無有高下，是名阿耨多羅三藐三菩提」就是這個道理。

「是法」，指的是心法。如如不動、了了常知的這念心，是平等沒有差別的，契入這念心，無論男、女、僧俗、一切賢聖都是平等無差別的。在佛法中，這個境界稱為一真法界、實相、無上菩提，淨土宗稱為常寂光淨土。

《圓覺經》裡談到「一切如來，本起因地，皆依圓照清淨覺相，永斷無明，方成佛道。」成就如來，成就佛道，不是從果上求來的，而是在「因」當中努力所成就。大眾聽法的這念心就是因，人人都有佛性，這就是平等法界，真正悟到這念心才能入平等法界，沒有悟到這念心，所見、所聞、所知，乃至受、想、行、識就是眾生的分別法界。

僧肇法師曾說：「明此法身菩提，在六道中亦不減下，在諸佛心中亦不增高，是名平等無上菩提。」黃檗禪師說：「若觀佛作清淨光明解脫之相，觀眾生作垢濁暗昧生死之相，作此解者，歷恆河沙劫，終不能得阿耨菩提。」佛陀以「是法平等，無有高下」這八個字演義、闡述真如的道理，眾生與諸佛人人無欠無缺，只是眾生被無明煩惱所障蔽，猶如寶鏡蒙塵不得出頭放光。

「平等」這兩個字是三世諸佛出世的本懷，也是《金剛經》的眼目，所以這一句經文

是如來畫龍點睛要我們不再困於淺灘而直下承擔，如果不能直下承擔，就會因此而產生差別相。

解決煩惱的方法 - 平等看待

《起信論》裡說：「一切諸法，唯依妄念而有差別。」有了差異就有比較，就有對待，世間的所有不平等於焉產生，煩惱也就隨之而來。

明白了「是法平等，無有高下」的這個觀念，觀察你身邊的因緣就會明白，原來過去是自尋煩惱，所有煩惱的根源來自於自己不能安住在這個平等法界。

譬如說，你覺得這個人是好人，為什麼你覺得他是好人？其實不是因為他真的很好，而是從你的解讀、你的價值觀來說，因為他對你好所以叫做好人；或是你喜歡他，所以定義他是好人；相反地，如果遇到自己不喜歡，不符合自己標準的人，你就會覺得處處都不順眼。

因為每個人都不一樣，有不同的想法、不同的習慣，共事或相處時難免就會有意見、有分別、有對立、有衝突，現在來修菩薩行了解平等之理後，就要開始從這些關係中解套。

佛經裡講冤親平等，就是不念舊惡、不憎惡人。

什麼是舊惡？過去某個人跟我過不去，就始終把這個人放在心裡，心中一直有這個結存在，這就是障礙。有些人不但放不下，還要藉種種機會報復而造惡業，所以心量要廣大，要先放下自己內心當中過去的這些恩怨情仇。

不憎惡人，練習讓自己的心可以平等地看待一切眾生，即使是世界上罪大惡極之人，我們也不要恨他。一般人嫉惡如仇，認為有善必賞、有惡必罰是正義，是世間的真理，但是要修菩薩行，面對惡人，你要先不憎惡他同時發起希望引導壞人變成好人的願心，如同地藏王菩薩發願「地獄不空，誓不成佛」就是這樣的心量。

事實上，世界上哪一個是好人，哪一個是壞人呢？你如何分辨？有些人表面上看起來是好人，其實心裡充滿貪、瞋、癡、忌妒、仇恨；有些人言辭笨拙，整個人不修邊幅，但心中很善良、很光明，所以究竟哪個是好人？哪個是壞人？我們要以什麼標準來論斷？

善與惡不是絕對的，是依據不同時空背景而產生的因緣法則，佛法超越因緣而觀察到眾生的本體是清淨平等的，沒有悟到清淨自性的眾生則無一例外地隨著自己的妄念而產生了差別之相。既然是「妄」，這些差別、善惡、美醜、好壞、高下也只是一時的因緣法所呈現出來的假象而已。

《起信論》提到如何進入平等法界，「若離心念，則無一切境界之相。」這也就是《金剛經》「是法平等，無有高下，是名阿耨多羅三藐三菩提」這一句話的精髓。

如果能夠「離言說相，離名字相，離心緣相，畢竟平等，無有變異，不可破壞，唯是一心」，則契入真如實相之境，一切的煩惱、一切的妄念，自然不破而破。所以佛陀說「是名阿耨多羅三藐三菩提」，這就是佛陀的境界。

《金剛經》一針見血地打破了我們窄小、狹劣、妄想執著的心牆，彰顯出自性三身四智原來是遍滿恆河沙數世界的。

故事 1：薩波達國王割肉餵鷹

在久遠劫前有一位護念眾生慈悲為懷的薩波達國王，平時國王廣行布施善法，凡是百姓有所需求，總是能體察民情細心傾聽應願供給從不吝惜。

有一天，帝釋天王的天壽將盡心中愁悶不樂，所有天龍鬼神相繼詢問：「天王，您為什麼如此面帶愁容呢？」帝釋天回答：「我的大限將至，死亡的徵兆已經出現，如今佛法沒落，恐怕再也沒有仁慈的大菩薩住世，我不知往後將歸向何處，所以心中發愁。」

諸天鬼神說：「在人世間有一位薩波達國王，平日廣修菩薩的道法，持戒圓滿德行高遠慈憫眾生，不久後就會成佛，您若是皈投於他，必能長養法身斷諸疑慮。」

帝釋天王為了試探薩波達國王，就跟守護邊境的毗首羯磨天王說：「今天本王想要測試薩波達國王是不是真的慈悲為懷憫念眾生，是不是一位如實修行菩薩道的行者，我們來演一齣戲吧。」

於是毗首羯磨天王便化作一隻鴿子，帝釋天王變成一隻老鷹兇猛地在鴿子後方窮追不捨。鴿子一路驚慌竄逃，飛到薩波達國王的座前，一見到薩波達國王便急忙鑽進國王的腋下，上氣不接下氣地哀求薩波達國王保護牠的小命。

同時間，緊追在後的大鷹也來到了殿前，看到就快到手的鴿子被薩波達國王保護在衣袖之下，便目露凶光地說：「我數日來飢餓難忍，已經沒有耐心了，你身邊那隻鴿子是我追來的美食，速速歸還給我。」

薩波達國王見狀緩緩地回答，「我曾經發願要救度一切眾生，善護一切眾生，怎麼可以歸還給你？」

　　大鷹不甘示弱反唇相譏：「國王，你說要救度一切眾生，但是如果今天你斷絕了我的食物，我同樣也活不下去，難道我就不是眾生之一嗎？」

　　薩波達國王語帶慈祥地詢問大鷹：「只要能吃飽就好嗎？如果你能放過鴿子一命，我用同等的肉來滿足你的需求好嗎？」薩波達國王立刻拿出刀來割下自己身上的一塊肉交給老鷹，用來交換鴿子的性命。

　　老鷹說：「國王，你應該平等地對待眾生，我雖然是畜生道，於理你也不應該有所偏頗，你若是想要用肉來換取鴿子的性命，那麼，是否應該用秤來秤秤看兩者之間的重量有沒有相等？」於是薩波達國王便叫旁人拿秤來，把鴿子放在一端，割下的肉放在另外一端。

　　奇怪的事發生了，任憑薩波達國王割下多少身上的肉，直到身上的肉都快要割盡，仍然無法等同在秤另外一端上鴿子的重量。

　　此時，薩波達國王使盡力氣踉蹌地站起身來，整個人爬上秤盤來換取鴿子，這時秤的兩端平衡了。

　　在這一瞬間，薩波達國王悟到生命是平等的，不論你是弱小的鴿子，或是高貴的國王，所有的眾生都是平等的。

　　老鷹見到薩波達國王為了救一隻鴿子，寧願捨棄自己的性命，深受感動，便與鴿子變回原形，匍匐在地頂禮於王。此時天地震動，大海揚起波濤，枯樹綻放出美麗的花朵，天降下香水雨及香花瓣，天神、天女目睹這幕捨身救生的善行都共同讚歎：「是真菩薩，必早成佛。」

　　這個故事就是佛陀修布施波羅蜜圓滿之相。薩波達國王在布施時，無我相、無人相、無眾生相、無壽者相，諸法平等，才能讓布施之行達到究竟圓滿，這樣的心境叫做清淨心。

以無我、無人、無眾生、無壽者，修一切善法，即得阿耨多羅三藐三菩提。須菩提！所言善法者，如來說即非善法，是名善法。

淨心行善－行善最高境界

很多人以為，要保持清淨心就是無所作為，然後就可以免除一切煩惱，因此學佛後變得比較消極，甚至放棄種種的追求，以為這個就是清淨，以為無欲無求就是清淨，這種認知很容易掉進槁木死灰毫無生氣的狀況而不自知，在《金剛經》裡，佛陀進一步開示的第二個重點就是行善。

以清淨心行善，理事無礙法界

善，有世間善，有出世間善。一般我們認為世間的善法，積功累德不過還是像梁武帝一樣是人天有漏的福德。

佛陀在這裡特別說明，「以無我、無人、無眾生、無壽者修一切善法，即得阿耨多羅三藐三菩提。」表示成佛並不是什麼都不做，什麼都放下，要成佛，除了清淨心外還必須修一切善，包括所有的善心、善言、善行。

當我們體會到清淨心就是平等法界，遠離了我相、人相、眾生相、壽者相，這時是由事法界歸於理法界，理與事達到無礙，這個無礙的境界就是平等法界。

　　然後依著無礙之體，依體起妙用就是修善法，而且，修一切善，不執著一切善。為什麼？因為佛陀說：「所言善法者，即非善法，是名善法。」即是究竟圓滿的無礙境界。行住坐臥，語默動靜，佛陀的心始終都是安然、自在、平等、沒有妄念的，隨緣盡份安住在每一個當下。

　　在《楞嚴經》中，觀世音菩薩表述自己所修的法門是從聞、思、修入三摩地，最後「生滅滅已，寂滅現前」而證得寂滅之境。

　　在寂滅的境界中忽然超越世間、出世間，「十方圓明，獲二殊勝」，他得到兩種殊勝的功德。

　　第一，「上合十方諸佛，本妙覺心，與佛如來，同一慈力。」這是菩薩的慈與佛達到了平等。

　　二者，「下合十方一切六道眾生，與諸眾生，同一悲仰。」菩薩的悲和眾生相通。觀世音菩薩的「慈」與佛平等，觀世音菩薩的「悲」與眾生平等，表示當我們的心達到寂滅的境界契悟平等法界，這個世間就沒有佛與眾生的差別，都是平等無二的。從此，菩薩的自在達到了最圓滿的境界，可以變化三十二應身而入諸國土，所謂「應以何身得度，即現何身」。

　　我們常常看到觀世音菩薩有千隻手、有千隻眼，當我們修善修到最高境界時，就像觀世音菩薩的千百億化身，可以讓心產生最大的效用，這叫做阿耨多羅三藐三菩提。

平等心行一切善，事事無礙法界

所以要怎麼成佛？就從修一切善開始。當我以慈悲的心面對每天遇到的人、事、物，我願意平等地去對待生活中的每一天、每一個人以及遇到的每一件事，那麼不管你在做多麼偉大的事或是做多麼微小的事，都是在圓滿你的成佛之道。

佛陀捨身飼虎，割肉餵鷹，就是因為體悟到眾生平等的平等法界，用無我相、無人相、無眾生相、無壽者相的這種心境來供養一切大眾，不管修什麼法自然都會圓滿。

就像我們來道場寫經，除了寫經外，要開辦這個寫經班就會有很多護班的事務發生，有人負責報到，有人負責清潔，有人負責準備食物，有人負責招呼，分工合作各司其職，等到寫完經，課程結束，大家不分彼此一起協助善後工作，不論你是什麼身分，都挽起袖子來擦地板、掃廁所、倒垃圾、搬桌椅、把東西歸位，那麼這個法界、這個寫經的功德即是圓滿。

以前有位教授到道場出坡，常住把他分配去澆樹，他一邊澆樹就一邊起煩惱，心裡想：「我是堂堂的名博士，擁有這麼高的學術地位，有這麼多的學生，我來道場發心，竟然叫我做這個苦工，真是情何以堪？」如果你要來發心卻在道場中挑三揀四，總是挑工作做，那麼你在道場所修的功德就會被你的煩惱心、分別心減損。

如果我們以無我、無人、無眾生、無壽者的心來行一切善，都是無上的佛法，都

是無上的成佛之道，明白這個道理，不管做什麼都歡歡喜喜，不明白這個道理，不管做什麼都心生障礙。這就是事事無礙的法界。

　　如果落實在生活中，你會發現《金剛經》是拿來做的，而不是拿來說的，所以要了解，寫經寫到了心裡，讀經也要讀到心裡。依著自己的清淨心實踐般若的實相之理，就會像佛陀一樣，每天著衣持缽，入舍衛大城乞食，悠遊自在行走於人間，最後達到此生的圓滿與莊嚴。

溫故知新

問題 1. 什麼是真正的清淨心？

問題 2. 什麼是如來之境？

問題 3. 為什麼不平等心會造成煩惱？

問題 4. 用什麼心來行善是最高境界？

《金剛經》福智無比分第二十四

須菩提！若三千大千世界中，所有諸須彌山王，如是等七寶聚，有人持用布施；若人以此般若波羅蜜經，乃至四句偈等，受持讀誦、為他人說，於前福德百分不及一，百千萬億分，乃至算數譬喻所不能及。

福德山王聚
智高須彌頂
無可比擬之
比者有漏行

前言：福智無比

　　須彌山是世界的中心，出水有八萬四千由旬，入水有八萬四千由旬，是這個世界中最高的山。三千大千世界有一百億個小世界，每一個小世界都有一個須彌山王，那麼，一個三千大千世界就有一百億個須彌山王。

　　這一分用須彌山王來譬喻，如果有一個人以三千大千世界所有諸須彌山王那麼多的金、銀、琉璃、硨磲、瑪瑙、珊瑚、琥珀、珍珠等七寶堆積起來，像須彌山王那麼高、那麼多，乃至三千大千世界中一百億個須彌山王這麼多的七寶拿來布施，或許你覺得這樣的福德已經無量無邊地多，但佛陀說，跟持經的功德相比，是「百分不及一，百千萬億分，乃至算數譬喻所不能及」，這是無法比較的。

　　這個比較其實很簡單，就是有為法跟無為法的比較。三千大千世界須彌山王般多的七寶布施是有為福德；聽經聞法、契悟心性、為人演說般若妙智慧，這是無為無漏的功德，有為的福德再多都是有限的，遠遠不及無為法的功德。這一分再一次強調「悟」的重要性。

故事 1：偷心的龍樹菩薩與偷鉢的賊

　　順治皇帝出家〈讚僧詩〉說到：

　　「來時糊塗去時迷，空在人間走一回，未曾生我誰是我，生我之時我是誰，長大成人方是我，合眼朦朧又是誰。」

　　人來到這個世間赤裸裸地來，離開時兩手空空地去，在這一生中，我們以為自己得到了什麼，最後卻什麼也帶不走。

　　究竟，我們想求的是什麼？

　　龍樹菩薩曾經全身赤裸地生活，僅有的家當就是一個鉢。

　　但他可能是世界上最偉大的天才，有無與倫比的才智，地位崇高的帝王、后妃以及著名的哲學家都是他的學生。

　　有一位王后非常崇敬他，當龍樹菩薩到該國時，她特地打造了一個鑲滿寶石的金鉢，當龍樹菩薩到皇宮托鉢乞食時，皇后對他說：「您要先答應我一件事情。」

　　龍樹菩薩問：「我全身光溜溜只有一個鉢，妳想要什麼？」皇后回答：「我只要您的鉢，就這樣。」

　　龍樹菩薩說：「可以，請拿去。」

　　皇后說：「我想拿東西跟您交換，請接受我供養的鉢。」

　　龍樹菩薩說：「沒問題，什麼樣的鉢都行。」於是龍樹菩薩接受了皇后供養的鉢，一

路走回自己駐足的破廟。

　　有個賊不敢相信自己眼前所見的，一個全身赤裸又極為優雅莊嚴的人托著一個金光閃閃的缽，他心想：「這個缽和這個裸男有什麼關係？他能保有金缽多久？總有人會拿走的，我又何嘗不可？」

　　於是他一路尾隨著龍樹菩薩，直到他走進破廟。那是一間只剩下牆壁、沒有屋頂的寮房，整間廟都傾頹了，牆邊有一扇窗，那個賊就躲在窗外，他知道佛教的僧人每天只吃一餐，於是心想：「等他吃飽小睡時我就能下手了，這個時候最恰當不過，這破廟周圍連半個人影也沒有。」

　　龍樹菩薩吃飽飯後，隨手把缽扔到賊所在的窗外，那個賊簡直無法相信，嚇得不知如何是好。「怎麼會有這種人？吃飽了，就立刻把珍貴的缽給扔了，好像那是個毫無價值的東西，而且剛好就丟在我的面前。」

　　於是他忍不住探頭問龍樹菩薩：「我可以進來請問你嗎？」

　　龍樹菩薩說：「為了引你進來，我才把缽往外扔的，進來吧，那個缽是你的，別擔心，是我給你的，所以你不算小偷，那是給你的禮物。我這個窮人一無所有，只有這個缽，我也知道無法保有它太久，因為我必須睡覺，所以一定會有人拿走它的，你已經不嫌麻煩地從首都一路跟到這裡，請別拒絕我的禮物，收下吧。」

　　賊說：「你真是一個怪人，難道你不知道這個缽很值錢嗎？」

　　龍樹菩薩說：「自從我領悟了覺性以後，其餘的都一文不值了。」

賊盯著龍樹菩薩說：「那請你送我更珍貴的禮物吧，如何領悟連金缽都無法相比的覺性呢？」

龍樹菩薩說：「這個其實很簡單。」

賊說：「在這之前讓我先介紹一下自己，我是個有名的賊。」

龍樹菩薩說：「誰不是呢？別理那些無關緊要的事，每個人都是賊，因為人人都光溜溜地出生，然後從別人那裡偷得各種東西，每個人都是賊，因此我才全身赤裸地過日子。不管你做什麼都沒有問題，只要記住，偷東西時也要保持覺知，要警覺，要觀照，如果喪失觀照，那就別偷，只有這一個簡單的原則。」

賊說：「這太容易了，以後還能見到你嗎？」

龍樹菩薩說：「我會在這裡待兩週，這期間你都可以來，不過要先去嘗試我告訴你的方法。」

就這樣，賊依著龍樹菩薩的話嘗試了兩週，他發現保持覺知是世界上最難的事，無論他是在皇宮行竊，還是去別人家裡偷取金銀財寶，只要想偷東西的當下，他立刻會失去覺知。不過他嚴格遵守對龍樹菩薩的承諾，所以最後什麼也沒偷成，時刻保持覺知太難了，當他保持覺知時，心中偷竊的欲望就會消失。

他兩手空空地去找龍樹菩薩說：「我的生活全被你攪亂了，所以我無法偷任何東西。」

龍樹菩薩說：「問題在你，不在我。你若想要重操舊業，那就把覺知丟了吧。」

賊連忙擺手說：「不，那些覺知的片刻很寶貴，我這輩子從沒有這麼自在、安詳、寧靜、喜樂過，整個王國的財寶也比不上。」

賊哭著說：「現在我知道你說的話了，領悟覺性後其餘的都一文不值，我現在已經無法停止覺知的練習，我已經嘗到一些甘露的滋味，我想，你一定無時無刻都沉浸在這喜悅自在的甘露中，你能收我為徒讓我追隨你學習嗎？」

龍樹菩薩說：「我確實是無時無刻都處在覺知中，當初你尾隨我時，我就已經收你做弟子了，那時你想偷的是那個金缽，但我想的是怎麼把你的心偷來，咱們的勾當竟然不謀而合。」

你的心在哪裡？你偷到了嗎？

是否能領略到、悟到這念心？

時時保持覺知這件事是如此地珍貴，珍貴到與三千大千世界所有如須彌山王般多的七寶拿來布施所得到的福德都無法相比。

所以佛陀說：「百分不及一，百千萬億分，乃至算數譬喻所不能及。」算數或是譬喻都沒有辦法形容明白般若妙智慧無與倫比的價值，那麼我們今生能夠聽聞佛陀的教法又是多麼地珍貴。

故事2：雪山童子與羅剎鬼

在《大般涅槃經》裡，釋迦牟尼佛過去在因地修行時，曾在雪山身為雪山童子，由於他發了勇猛精進的心，竟然驚動了帝釋天，於是帝釋天決定化身為羅剎鬼來試驗雪山童子。

雪山童子雖然渴求佛法，可在那個時代並沒有佛法流通。

有一天一個聲音說：「離怖畏如來曾經說過，諸行無常，是生滅法。」說了一半，就停了下來。

　　雪山童子一聽，如雷貫耳，究竟是誰能說出如此殊勝、希有難得的法呢？一看，竟然是血盆大口的羅剎鬼。

　　雪山童子聽到羅剎鬼能誦持佛偈，非常恭敬地向羅剎鬼請法，他問：「這個偈說得很有道理，能否告訴我下半句呢？」

　　羅剎鬼說：「這是離怖畏如來所說的偈，只是我已經餓了很多天沒有吃東西，現在的我只想要吃肉，如果你想要知道下面的八個字，那麼就讓我吃飽吧。」

　　雪山童子說：「只要你肯告訴我那八個字，我就將我的身體供養你。」

　　羅剎鬼見他為了求法，真的願意捨棄生命，便說出完整的偈語：「諸行無常，是生滅法，生滅滅已，寂滅為樂。」

　　雪山童子聽完後當下悟到究竟寂滅，便把這四句偈刻在樹上，刻在石頭上，希望後人看見偈頌可以依此修行，也希望佛法可以永遠保存下來。

　　這十六個字刻完後便對羅剎鬼說：「現在你可以吃我了，我將信守承諾以身體供養你。」雪山童子爬到樹上，閉上眼睛準備跳下來讓羅剎鬼吃，當他從樹上縱身一跳後，發現自己並沒有葬身在羅剎鬼的肚子裡，反而完整無缺。

　　只見羅剎鬼變回帝釋天的樣子，合掌讚歎他：「善哉善哉，你的確是修道之人，不惜生命請求佛道，將來你一定會成佛。」

　　「無上甚深微妙法，百千萬劫難遭遇。」人身難得，佛法難聞，人的一生，從小到大，從生到死，都是無常，若能悟到無常的道理發心修行，追求超越生死無常的真理，才是真的不枉此生不虛此行。

故事3：利蹤禪師－不懂自心，就是賊

　　唐朝的子湖利蹤禪師有天晚上突然站在僧堂前大叫大嚷：「有賊！有賊！」驚動了堂內正在睡夢中的大眾。

　　很快地有位青年學僧聞聲衝了出來，利蹤禪師立刻上前一把抓住他，大喊著：「抓到賊了！」

　　學僧慌忙地解釋：「禪師，您弄錯了，我不是賊啊，是某甲。」

　　利蹤禪師聽了仍不肯放手還大聲地說：「是就是，只是不肯承擔。」只要你不懂自己的心，你就是賊。

　　人生在世兩手空空地來，我們以為活著就是要不斷地追逐、不斷地積累，殊不知這一切都是偷來的，我們不知道自己是賊，所以認賊為子。

故事4：船子和尚的垂釣人生

　　唐朝末年有位船子和尚，得法於藥山惟儼禪師，隱居於秀州華亭，在吳江邊畔終其一生作為擺渡人，泛著一葉輕舟擺渡度日，人稱船子和尚。
船子和尚曾經留下一首偈語：「千尺絲綸直下垂，一波才動萬波隨。夜靜水寒魚不食，滿船空載月明歸。」

　　在人生的旅途中，每一個人都是垂釣者，千尺的絲綸從空中垂下，釣得是什麼？從水裡的角度，看到的就是從千尺而下的絲綸。釣魚線掛著餌，種種的誘餌無非就是誘拐魚兒上鉤。

　　平靜的湖泊盪起陣陣的漣漪，「一波才動萬波隨」，我們的心裡有一絲絲的執念時，就會一念接一念，萬波相隨。

　　過去有位禪師在行腳途中掛單在一座客棧，半夜聽到隔壁有位賣豆腐的女子在唱著豆腐歌。

　　她唱：「張豆腐，李豆腐，枕上思來千條路，明日依舊打豆腐。」張家賣豆腐，李家賣豆腐，不管是張家豆腐還是李家豆腐，每天想著的就是我一板一板的把豆腐賣出去，有錢之後，就再去買豆子做豆腐，能降低成本則獲益更大，等到賺到更多的錢，就買一塊地自己種豆子，擴展豆腐事業，展業後人手不夠就要請人，人多了就要成立公司，要管理要規劃，家大業大，無限地追逐、無限地擴張，最後，在豆腐事業中建立起自己的王國。

　　可是，僅管在枕上思來千條路，已經成為豆腐王國中的國王了，可眼睛一睜開，明天的太陽升起時，依舊還是那幾板豆腐。

　　女子唱著豆腐歌，感嘆著人生的無奈，禪師聽完豆腐歌，體悟了所有的期待與計畫無非就是空花水月的妄想，終究要面對現實。

　　船子和尚垂下了千尺絲綸，順著絲綸垂下了名、利、財、色的餌，一波才動萬波相隨，就是等著魚兒自動上鉤。如果夜深了、水寒了，魚兒不動了，那麼不管它有千波萬波，與卿何干哪？

　　「夜靜水寒魚不食」，只要不上鉤，只要如如不動，只要不被誘惑，一切的境界就是百花叢裡過，片葉不沾身，最終的結果看起來一無所獲，卻是收穫滿滿，收穫的是什麼？「滿船空載月明歸」。

這念心有如天上的月亮，整艘船空空如也，卻灑了滿船的月光，這真是千金不換的體悟啊！船子和尚的偈語讓我們擺脫了做賊的悲哀，不再認賊為子，才能成為真正的佛子，載著滿船的明月滿載而歸。

善護念得人身、聽經聞法之殊勝因緣

《金剛經》這一段以布施的福德與持經功德相較量，是「百分不及一，百千萬億分，乃至算數譬喻所不能及」，可知我們能聽經聞法，能書寫、受持、讀誦，乃至於為人演說，都是無比的殊勝與無比的福報，大眾要善自護持，善自護念。

《佛說四十二章經》裡佛言：「人離惡道，得為人難。既得為人，六根完具難。六根既具，值佛世難。既值佛世，遇道者難。既得遇道，興信心難。既興信心，發菩提心難。既發菩提心，無修無證難。」講了輾轉獲心的難，重重的難顯發出值遇佛法、發菩提心以及明白自心的珍貴。

「人身難得，今已得；佛法難聞，今已聞。」佛經中說，得人身者就像是大海中眼盲的烏龜，一百年浮出海面呼吸一次，而大海上飄著一塊浮木，浮木的正中間有一個破洞，機會的難得猶如盲龜在百年一次浮上水面時，正巧鑽進了那塊浮木中間的孔洞，機率如此地渺茫，幾乎是微乎其微。

佛陀曾經抓起地上一把土告訴弟子說：「得人身者，如手中之土；失人身者，如大地之土。」如此看來，「人身難得今已得，佛法難聞今已聞」，都是無比地珍貴。

得了人身，聞了佛法，又能發菩提心，還能實踐佛法，這真的是善根福德因緣皆具。「莫道修行容易得，皆因宿世種菩提。」大眾的善根今已具足，就要善自護念，能受持讀誦此經，乃至為人演說是如此地殊勝。

今生遇到佛法，大眾一起來發心將佛法流通，讓更多的人啟發善根、值遇福田，這才不枉我們聽聞正法的福報，同時還要推己及人，讓更多人也能同霑法益，方能不辜負佛恩、師恩、三寶的恩德。

溫故知新

問題 1. 為什麼持誦《金剛經》的功德遠大於用須彌山王七寶的布施呢？

問題 2. 利蹤禪師抓賊的故事，在隱喻什麼呢？

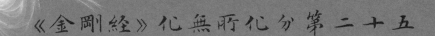

《金剛經》化無所化分第二十五

須菩提！於意云何？汝等勿謂如來作是念，我當度眾生。須菩提！莫作是念！
何以故？實無有眾生如來度者。若有眾生如來度者，如來即有我、人、眾生、
壽者。

須菩提！如來說有我者，即非有我，而凡夫之人，以為有我。須菩提！凡夫者，
如來說即非凡夫，是名凡夫。

化度之行
無形方便
所願滅之
化而無著

前言：化無所化

　　這一分名為〈化無所化〉，告訴我們在度化眾生時要「化無所化，化而無化。」

　　《金剛經》一開始須菩提問如來：「云何應住，云何降伏其心」，佛陀回答要發願度眾生，所有一切眾生之類，若卵生、胎生、濕生、化生，所有的一切眾生，「我皆令入無餘涅槃而滅度之。」表示「降伏眾生」和「降伏其心」其實就是同樣的一個過程。

　　要如何調伏一切眾生？

　　所有的眾生都是因為「我相、人相、眾生相、壽者相」，才會產生這些眾生相，所以當我們面對一切的人事物心裡有煩惱沒辦法調伏時，就要發願超越它，這叫做度，怎麼度？要滅了才能度。

　　怎麼滅呢？就要知道煩惱從哪裡來，煩惱是因為自己的我相、人相等等的我執和法執而來的。

　　如果從《金剛經》的方法來講，是直接了當把菩提心，沒有我相的這個心讓它發揮功能，透過發願讓菩提心產生最大的效益，發願廣度所有的眾生就會超越眾生之相，這就是佛陀教須菩提降伏其心的方法。

不可執「我當度眾生」之相

一般聽到度眾生就會執著我要度眾生，因此在這個反覆度化的過程裡，佛陀在這一分就提醒須菩提：你不可以說如來有「我當度眾生」這個想法。

佛陀什麼時候有度眾生的想法呢？

透過經典記載，我們知道佛陀剛出生時，向東西南北各行七步，一手指天，一手指地，說：「天上天下，唯我獨尊，人間皆苦，吾當安之。」佛陀一出生就發了願，「人間皆苦，吾當安之。」我是要來度眾生的。

在這裡，佛陀卻跟須菩提說，你不要認為如來有「我要度眾生」或這些眾生應當由我來度的這個念頭。為什麼？因為「實無有眾生如來度者」。若有眾生是如來可度，表示如來有「我相、人相、眾生相、壽者相」，如果佛陀有「我相、人相、眾生相、壽者相」，那就是眾生之相，而佛陀就不是佛陀了。

所以一開始，佛陀跟須菩提說：「如是滅度無量無數無邊眾生，實無眾生得滅度者。何以故？須菩提！若菩薩有我相、人相、眾生相、壽者相，即非菩薩。」

佛陀就特別再提醒須菩提，怎樣能夠真的度眾生呢？你要知道，其實眾生自性本自具足，不用度。

既然如此，為什麼還會有這些煩惱的眾生相呢？是因為大家有對這四相的執著，由此可知，度眾生，就要從破除這四相來著手。

當我有了這種心，有了這種修行，就叫做降伏其心了。

佛陀的「我」是「法身真我」

可是佛陀又說：「天上天下，唯我獨尊。」是不是表示佛陀有「我」？

「如來說有我者，即非有我。」凡夫之人聽到「我」這個名詞，就以為佛陀的「我」跟凡夫的「我」是一樣的，事實上佛陀的「我」是法身真我，但因應大眾的認識，要假名為「我」，並不是真實的有「我」，但是凡夫以為這就是有「我」。

一切萬法是因緣和合的假法，是虛妄不實之法，所以佛說：「凡夫者，如來說即非凡夫。」如果你不明白這個道理，你就以為有一個凡夫、有一個佛、有一個我，就有種種相的差別。

一般人認為有「我」，從「我」上產生很多的執取與煩惱，求不得、愛別離、怨憎會、五陰熾盛，種種的苦惱由「我」而產生。

認識萬法，從假入空，沒有「我」就自在了，就解脫了。

破法我執

進一步，須菩提這種二乘之人知道無我，但是他將「無我」執為實有，因此還要再破除無我的執著。「如來說即非凡夫，是名凡夫。」既要破「有」又要破「空」，兩邊都不執著，常行中道。

度眾生的過程也是如此，眾生要度嗎？要，用種種的方法來化度，但是度了眾生之後，又不執著眾生之相。

度眾生，就是讓眾生破除他的我相，放下他的執念，我們自己如果在度眾生時也

產生了「我度眾生」，那也是我相，也是執著。

所以這一分叫做〈化無所化〉，就是度化眾生而不執著度化之相，這樣才能夠真正契入實相的道理。

但是凡夫以為有我，所以就會在這一些假的色聲香味觸法中，產生了分別和煩惱，在佛法裡，所有的經典都在解釋這件事，用各種方便、善巧、譬喻來說明其實沒有所謂的「我」。

故事 1：二鬼搶屍，懷疑我是誰？

有個人外出遠行獨自夜宿在一間空房子裡，半夜突然看到到一個鬼，肩扛著死人來到他的面前，他嚇了一跳，躲在屋邊的角落觀察著這一切。

這個鬼把死屍放在地上，剝開他的衣服準備吞食死屍時，另外一個鬼追過來就罵著前面這個鬼說：「這個死人是我的，你為什麼會扛來這裡？」

前面的那個鬼就回答：「這是我的啊，我當然就扛來了。」

後面的鬼很生氣，兩個鬼各抓著這個死人的一隻手，拉過來、拉過去。

在拉扯中前面那個鬼突然看到這個旅人，他跟後面這個鬼說這裡剛好有個人，你可以問他，到底這個死人是誰扛來的？後面這個鬼就問：「死人是誰扛來的？」

這個人就想：「這兩個鬼的力氣都很大，我說實話會死，說謊話也會死，既然免不了都會死，為什麼要說謊呢？」所以他就說是前面那個鬼扛來的。

後面那個鬼氣得不得了，抓住這個人的右手用力拔出來丟到地上，前面這個鬼因為這個人幫他說了真話，立刻就拔下死人的右手接上去，後面那個鬼就更生氣了，接著又把他

的左手也拔下來，前面這個鬼立刻就把死人的左手拔下來，接到這個人的身上。

接下來兩隻腳、頭和身體，就這樣你拔一下，我接一下；你拔一隻，我接一隻，到最後，這個人的全身都變成死人的身體了。這兩個鬼就共同把這個人的身體吃掉後，擦擦嘴就離開了。

留下的這個人就想：「父母所生的身體已經被這兩個鬼給吃掉了，我現在這個身體全部都是那個死人的，我現在到底是誰呢？我現在有身體嗎？還是沒有身體？如果有，明明全都是別人的身體；如果沒有，可我現在就是有個身體啊。」他想來想去，越想越迷惘。

天亮後他離開了這個地方回到自己的國家，路上正好見到一群比丘，於是馬上前去問法師們。

他說：「各位師父，請問你們有沒有看到我啊？」

所有的比丘都問：「你是什麼人？」他就回答：「我也不知道我自己是不是人。」於是他把自己昨天晚上遇到的事告訴比丘們。

比丘告訴他，其實你所了解的「我」，也不是真的我，我們的身體本來就沒有一個實體，沒有一個實實在在的我存在，不過就是地、水、火、風四大元素和合而成。可是因為我們從出生以來就以為它是我，我就是這個身體，這個身體就是我，所以就把假的當成是真的了。

我們過去是這樣的執著，現在仍是如此，未來也還會是如此；你自己是如此，別人也是這樣想，當所有的人都這樣想，這件事就理所當然了。可是，這是真的嗎？昨天被換掉、被吃掉的那一個身體已經沒有了，如果被吃掉的那個身體就是我，那現在的這

一個，又是誰呢？

　　這個人聽完後，當下就悟到「無我」的道理。

來去皆空，我是誰？

　　如果不是遇到這麼荒謬的情節，這個人或許還是會用他自己既定的觀念繼續生活，一生又一生，一生又一生。

　　他所遭遇的這件事，看起來似乎是個特殊事件，其實，這兩個鬼就是無常，黑白無常，無常煞鬼。

　　所有我所認識的我，不論是我的心或我的身、我的想法、我認為的世界、我認為的家、我的親戚朋友等等，那也不過都是自己的妄執而已。

　　試想，一旦無常來臨，有哪一個東西是帶得走的？如果是我的，那應該是可以掌控的，可是所有的人「上至非想非非想處天，下至轉輪王，七寶鎮隨身，千子常圍遶，如其壽命盡，須臾不暫停。」即使你是天底下最富有的富翁，或是世上最美麗的女人，在無常面前依然只能兩手空空地來，兩手空空地走，請問，你所認為的這是「我」的，到底又是誰的呢？

　　凡夫不明白這個道理，就在無常法中產生恐懼，所有人都害怕無常，是因為覺得我要失去什麼了。「凡夫之人，以為有我」而貪著其事，所有的眾生看不開、看不透的事，不論是名利還是財色通通都一樣。菩薩知道這個道理，所以菩薩不煩惱這些事。

　　菩薩在度眾生時雖然沒有我相，可是還會有眾生相這個「相」的執著，佛陀說，你要真是了解實相的道理，連「度眾生之相」這個念頭都要能放下，徹徹底底地「無我相、無

人相、無眾生相、無壽者相。」。

故事2：如滿禪師手持紅花分辨鬼

如滿禪師有一位朋友過世了，所以如滿禪師就去為他的朋友誦經超度。

一年後，他在前往揚州的途中卻遇到這位朋友，如滿禪師很驚訝就問他：「你不是已經死了嗎？怎麼還在這個地方呢？」

這位王姓朋友連忙回說：「噓！不要嚷嚷，我們到山谷裡再說。」

到了深山裡，這位王姓朋友才解釋說：「禪師，坦白告訴您，我現在是鬼不是人。由於我過去在人間沒有做什麼壞事，而且很有正義感，再加上您為我超度，所以閻羅王特別派給我巡察鬼的差事。」

如滿禪師問：「你這個巡察鬼都做些什麼事呢？」

朋友說：「人間如果有貪官污吏、奸商，我就把他們的罪行一一詳記下來，不管是燒殺擄掠，大斗小秤的所有不好的勾當，我都要一五一十地報告閻羅王。」

朋友說完就從懷中掏出一朵紅色的鮮花送給如滿禪師，感謝他昔日超度救拔的恩澤。

禪師看了連忙婉拒說：「我是個和尚，要這朵花做什麼？」

朋友說：「這朵花不同於一般的花，你拿在手上就可以辨別誰是人？誰是鬼？」

如滿禪師說：「真的嗎？手中拿著這朵花，要如何知道誰是人？誰是鬼呢？」

朋友說：「只要您拿著這朵花在街上走，如果是正人君子，瞧也不瞧花一眼；相反地，如果是鬼，就會目不轉睛地盯著這朵花，假使對方看了花就搔首弄姿，你就可

以了解這是個虛榮鬼；假如對方不但看花，而且還盯著拿花的人看，那是個好色鬼；如果看了花，又看看自己，就可以知道這是個貪心鬼；如果看了花直搓雙手的，那絕對是個佔便宜的鬼。」

禪師和朋友互道珍重後，手中就拿著花走在大街上。

迎面來了一個人，昂首闊步地擦身而過，目不斜視，如如不動，不瞧花一眼，嗯，這是個正人君子。

再走幾步，遇到一位穿著入時打扮得珠光寶氣的女子一直往花兒瞧，唉呀，這就是個虛榮鬼。

走了一段路，迎面走來個衣冠楚楚的翩翩公子，不但看花，還死盯著禪師瞧，看完後很失望地說：「唉呀，怎麼是個老和尚？真可惜。」嗯，原來是個好色鬼。

繼續走了沒多久，看到一個人一會兒看花，一會兒看看自己，喔，這是個貪心鬼。

如滿禪師拐個彎，一個人從老遠看到禪師的紅花就一直搓著手看著花，啊，碰到一個佔便宜的鬼。

禪師看到這麼多的反應後恍然大悟，原來這朵花有這麼深的含義，引發出這麼多人的鬼心思。

禪師不久就回到寺院門口，心裡想這朵花不適合帶到寺廟裡去，於是就把這朵花隨手往身後一丟，一腳正要跨進寺廟時，聽到後面吵吵鬧鬧地，回頭一看，原來剛才在路上遇到的這些鬼全部都跟來了，你爭我奪地搶著那朵被丟棄在地上的紅花，最後，其中一個鬼終於搶到了那朵花。

沒想到定睛到一看，哪裡是花呢？不過是個死人骨頭罷了。

故事 3：罪人眼中的玉女

《梁皇寶懺》裡有一段記載：「若有眾生，殺父害母，罵辱六親」，有如此之罪，「命終之時，銅狗張口，化十八車。」這罪人不知道這是地獄之車，眼中看到的是像金色的車，「狀如金車，寶蓋在上」，罪人看到心生歡喜，就一直想要去坐在車上，而且車上所有的火焰「化為玉女」向罪人招手。

罪人看到心裡很期待、很嚮往，一直想著：我要往那邊去，我要去、我要去。撲上去後，坐在車上，這些玉女就化成火焰，罪人就燃火自爆當下命終。

他看到的金車，是張牙裂嘴的銅狗要撲殺他；他看到的玉女全部都是夜叉，抓著鐵斧要把他碎屍萬段。

為什麼罪人看到的是玉女呢？其實就是他的業障。

如果你的心有正心、正念，「無我相、無人相、無眾生相、無壽者相」，知道這一切法都是唯心所現，一切法都虛妄不實，自然就不會被這些景象所誘惑，也不會被矇騙，更不會陷入其中。

花花世界裡，所有的色、聲、香、味、觸、法，我們費盡心思用盡手段，努力去爭取來的榮華富貴及名、利、財、色，到頭來不過就是像禪師的那一朵花，就像地獄來的玉女一樣，看起來很可愛，事實上卻是一場空花水月，虛假的假象。可是凡夫之人，沒有這種直觀的智慧，成天追逐顛倒夢想，為此造下一世又一世的輪迴之業。

所以在這裡佛陀特別再提醒：「須菩提，於意云何？」須菩提，你在度眾生的時候要知道「眾生眾生者，如來說即非眾生。」同樣地，「凡夫者，如來說即非凡夫，是名凡夫。」有這樣的觀念，在度化眾生時才能真的滅度無量無數無邊的眾生。

　　這一分〈化無所化分〉就是再把前面講「降伏其心」離相、離度眾生之相的道理再深入地去推廣，發心度眾生就一定要離相，要用「實無有眾生得滅度者」的智慧來度眾生，就真的能廣度一切眾生，這是這一分〈化無所化〉殊勝的真義。

溫故知新

問題1. 如來沒有度眾生，為甚麼？
問題2. 「化無所化」的意思是什麼？
問題3. 「凡夫之人，以為有我」而生我執起煩惱心，該如何解？

《金剛經》法身非相分第二十六

須菩提！於意云何？可以三十二相觀如來不？須菩提言：如是！如是！以三十二相觀如來。

佛言：須菩提！若以三十二相觀如來者，轉輪聖王即是如來。須菩提白佛言：世尊！如我解佛所說義，不應以三十二相觀如來。

爾時，世尊而說偈言：若以色見我，以音聲求我，是人行邪道，不能見如來。

法相之觀
身色音聲
非法莫見
相虛離妄

前言：法身非相

　　《金剛經》談論「空」義到第二十六分為止。

　　「空」什麼呢？空「我相、人相、眾生相、壽者相」，空六塵—不住色、聲、香、味、觸、法，乃至此分〈法身非相〉，連佛陀的三十二相也觀空。

　　佛陀問須菩提：「可以三十二相觀如來否？」

　　「觀」，是觀想、觀自在的「觀」，跟「看」不同。

　　三十二相是佛的圓滿相、大人之相。要問佛是什麼樣子呢？一般人心裡就是觀想佛的三十二相。

　　佛陀問須菩提：「可以三十二相觀如來否？」

　　須菩提說：「如是如是」，如佛所說的「應以三十二相來觀如來。」世間最圓滿的相，就是這三十二相。

　　但是佛陀卻說，如果用這三十二相來判斷這個就是佛，那麼轉輪聖王也具有三十二相，難道轉輪聖王即是如來嗎？

　　須菩提說當然不是，因為轉輪聖王雖然具有三十二相，但是轉輪聖王只是人間最有福德的凡夫，還沒有成佛。

所以須菩提回說：「這樣說來，的確不應該以三十二相觀如來。」

不能以色、聲見佛

這一分名為〈法身非相〉。

佛有三身：法身，無形無相；報身，萬德莊嚴，具有三十二相；化身，千百億化身，「應以何身得度，即現何身。」

佛陀為了要度化眾生，示現人間最為第一福德之相，是所謂的三十二相，但是它並不是佛陀的法身真相。

「是心是佛，是心作佛」、「一切萬法唯心所造」，佛陀的法身無形無相，所以，要見佛陀就要觀佛，應該要直觀真如法身真實之相，也就是本來面目。

最後世尊總結：「若以色見我，以音聲求我，是人行邪道，不能見如來。」如果用色相，或是用音聲來判斷是否見佛，其實並沒有真的見到如來。

前分曾經提過蓮花色比丘尼為了要見佛化身為轉輪聖王，希望能在佛陀結束天上弘法的行程回到人間時，成為第一個迎接佛的人。

但是佛陀告訴她，她並不是第一個見到佛的人，第一個見到佛的人是須菩提，因為須菩提在山洞裡禪修已經契悟空性。「佛者，法也；法者，諸法空相也。」凡是以色來求我，以音聲來求我，都已經偏離了實相的道理，並沒有真正的見如來。

前分的凡夫之人不明白這個道理，很容易在色相上、音聲上分別與執取。

故事1：善財童子參訪無厭足王

在《華嚴經》裡有一位善財童子，遵循文殊師利菩薩的指示，遍歷善知識來學習發菩提心、行菩薩道的方法。

有一次他參訪到一位暴虐之王，叫做無厭足王。他見到無厭足王時，王正在處罰罪犯，只有犯一點點小小的過失，罪犯就受到剝皮拔舌、斬斷手腳、五馬分屍等種種殘忍的酷刑。

善財童子見到無厭足王的暴虐起了懷疑心，心裡想：「菩薩不是應該慈悲嗎？為什麼可以這麼殘忍地對待可憐的人呢？」

正當他起了這種退心時突然想起：如果這一位王是如他所想的不慈悲，為什麼前一位普眼長者會介紹他來參訪呢？

無厭足王看到善財童子便牽著他的手，帶著他看看自己的皇宮還有生活，最後無厭足王告訴善財童子：「因為我這個國家的人民心性剛強難調難伏，所以要用特別的手段，特別的方法才有辦法調伏他們，才能改變人心。」

剛才善財童子所看刑罰罪犯的這一幕其實都是個演出，包括施刑的人，受刑的罪犯，通通都是演員，他們演出這一幕幕的刑罰，目的是為了要調伏這個國家的大眾，藉著殺雞儆猴讓大眾看到後不敢再犯過失。善財童子此時才恍然大悟，不禁感嘆地說真的不能眼見為憑。

如果心裡戴著有色的眼鏡去看待一切的人、事、物，自然而然就會隨著自己的好惡而產生了分別，沒有從佛性出發就會著眼於習性，然後依據自己的偏好產生判斷，

眼見為憑不一定是真相。

在《金剛經》裡，佛陀就特別提醒大眾，要放下「我相、人相、眾生相、壽者相」，一定要記得，「若以色見我，以音聲求我」是沒有辦法見到如來的。

故事 2：捨棄絕世美貌求道的千代野

在日本鎌倉年代的中期，有一位很有名的女性千代野，她是位絕色美女，生於當時日本勢力最強大的宗族之一。

千代野長大成人後成為遠近聞名的大美人，傾慕者不計其數，甚至連君主、貴族、臣子都追求她，但千代野遺世而獨立，並沒有把這些王公貴族的追求放在心上，一一地拒絕了，到了二十幾歲依然沒有嫁人。

有一次在參加公祭時，她聽到一位禪師說法，體悟到再美的容顏也有衰老的一天，死後也不過就是白骨一堆，真正能改變無常的，只有修行。

於是千代野有了出家求道的念頭，在父親去世後便開始了求道之路，她去了一些寺廟希望出家，但是都被師父們拒絕了，有一些住持只看她一眼就嚴辭回絕。

直到最後她來到了長樂寺，住持是當時極負威望首位自中國來到日本傳法的蘭溪道隆大覺禪師。

大覺禪師說：「妳求道修行的心是好的，但是如果妳在這裡出家，我的五百個徒弟都會發瘋，他們會忘記經典，忘記心靜下來的境界，忘記所有的一切，妳將會變成他們的神。自古以來美貌是修行路上最大的障礙，所以，千代野，妳還是走吧！」

千代野此時才醒悟到，自己絕世的容貌竟然成為出家最大的阻礙，於是她用火鉗子夾

著熱燙的火炭，燙在自己絕美的臉頰上，親手毀掉自己的絕世美貌。

千代野再次找到大覺禪師，禪師被她堅持到底的決心感動，終於答應為她剃度，法名無著。

出家後的千代野專修苦行，專門做寺廟裡最吃重的挑水、掃地、種菜等苦事。

三十年過去了，直到一二八二年的一天夜裡，千代野像過去三十年一樣，照例地提著盛滿水的水桶往寺裡走。這一天的月色很美，圓月映照在水桶的水中搖晃著，突然間，那破舊的桶箍斷了，水桶整個散架，桶底脫落，水頃刻流光，水裡的月亮也消失無蹤，千代野此時頓然開悟，寫下一首優美且意境無窮的禪詩「無水也無月」：

「我曾竭力使水桶保持圓滿，
　期望脆弱的竹子永遠不會斷裂。
　然而頃刻之間，桶底坍陷，
　從此再也沒有水、再也沒有水中的明月，
　而我的手中是……空。」

這口她打水的井也因此聞名了，如今是海藏寺最著名的遊覽景點名為底脫井，井邊還留著千代野這首「無水也無月」的開悟詩。

千代野後來在圓覺寺成為佛光禪師最得意的門徒，晚年繼承禪師的衣缽，開創京都尼寺五山第一的景愛寺，建立當時最有名望的女眾道場。

這首「無水也無月」一開始寫了：「我曾竭力使水桶保持圓滿，期望脆弱的竹子永遠不會斷裂。」這就是凡夫眾生的期待，期待擁有與永恆不壞。

但，這世間有哪一個事物是永遠不壞的？

佛陀在《金剛經》裡不斷地破除我們的執著，對圓滿的色相，對清淨的音聲，對

這一切生滅的虛妄之法，哪怕有那麼一念期待，就會使人無法徹見真實之相。佛陀說：「若以色見我，以音聲求我，是人行邪道，不能見如來。」

故事 3：古靈禪師悟後度恩師

　　伏龍山古靈神贊禪師在百丈懷海禪師的座下開悟，他悟道後感念剃度恩師的接引，想要回去度他的師父，於是他就回到出家的寺廟。

　　師父看到他參學回來就問他：「你在外面都做些什麼？」

　　古靈神贊禪師回答：「並無事業。」於是師父就讓他做侍者。

　　有一次師父在洗澡，古靈禪師替師父擦背，一邊擦著師父的背，一邊感嘆地說：「好一座佛堂，可惜有佛不聖。」意思就是，人就像這座佛堂，佛堂裡有一尊真如佛住在裡面，可惜這尊佛還沒有開悟。

　　師父聽了回頭看徒弟一眼，古靈禪師又說：「佛雖不聖，還會放光。」可惜老師父不能體會，只是覺得這個徒弟的言行非常奇怪。

　　又有一次師父在窗下讀經，古靈禪師在一旁隨侍，此時有一隻蒼蠅在紙窗上撞過來、撞過去，怎麼也飛不出去。

　　古靈禪師就說：「世界如許廣闊，你卻不肯出去，只鑽他故紙驢年去。」當場作詩一首：「空門不肯出，投窗也太癡，百年鑽故紙，何日出頭時。」師父覺得古靈禪師的偈語聽起來是在講一直撞著紙窗的蒼蠅，但其實應該意有所指，似乎是在說讀經的自己不能明悟心性，即使花了一百年在故紙堆裡鑽來鑽去，也不知何日是出頭之時。

　　於是他就很認真地問了這個在外面行腳的徒弟，究竟在外面學到什麼？古靈神贊禪師

於是把他在百丈座下悟道的事情告訴了師父，師父很感動，就請他登台說法。

　　古靈禪師開示說：「心性無染，本自圓成，但離妄緣，即如如佛。」當下師父聞言大徹大悟。

　　古靈禪師所說的這首詩告訴我們，如果能夠「但離妄緣，即如如佛」，自然這個世界就是無比地寬闊。

　　一切色、聲、香、味、觸、法是因緣生、因緣滅的假相，如果不明白這是虛妄的假法，終日追逐五欲六塵，就會像這隻蒼蠅一樣，想要跳脫出窗紙卻出不去，始終被困在自己的迷執之中。

　　讀了金剛經，要破除「我相、人相、眾生相、壽者相」，只要離開分別念，自然就恢復本來面目。《楞嚴經》裡談到：「狂性自歇，歇即菩提，生滅心滅，菩提心現。」因為一切萬法本自具足，心性本自圓成，不假外求。明白這個道理，我們就找到一條路，真的見到了自性如來；不明白這個道理，每天東求西找，「何日出頭時。」

故事4：曾經是殺人魔王的比丘

　　過去在佛陀時代有位鴦掘摩羅被他的師父誤導，以為要殺一千個人，得到一千個人的指頭才能學到師父的大法，於是鴦掘摩羅就開始在舍衛國瘋狂的殺人。

　　舍衛國裡殺人魔王的風聲令人聞風喪膽，大家都不敢在馬路上遊蕩，害怕一不小心遇見鴦掘摩羅恐遭殺身之禍。隨著時日過去，鴦掘摩羅已經累積殺了九百九十九個人，只差一個人就可以完成他的任務。

　　鴦掘摩羅的母親聽到她的兒子已經變成殺人魔王，心裡很難過，想要來探視他。

　　鴦掘摩羅遠遠地看到母親走來，沒想到為了要湊足一千人，鴦掘摩羅竟然想要殺了母親，他心想，等他學了大法後，母親就可以因此升天也是功德一件。

　　殺人殺到發狂的鴦掘摩羅正準備向前殺害母親時，世尊突然出現在鴦掘摩羅的視線中，原來佛陀是要來度化鴦掘摩羅的。

　　鴦掘摩羅見到有個出家人經過，心想他的母親不用死了，有一個替死的和尚來了。他就提著刀，追趕正在前方緩緩步行的佛陀。

　　奇怪的是不論他如何拼命地追趕，明明前方的佛陀緩步而行，鴦掘摩羅卻始終追不上，只見他滿頭大汗、氣喘如牛，佛陀始終都在他的前方，看得見卻追不上。

　　於是鴦掘摩羅大聲地呼喊：「瞿曇，瞿曇，停下來吧。」

　　佛陀告訴他：「我早就停下來了，鴦掘摩羅，是你停不下來啊。」

　　就在這一瞬間鴦掘摩羅突然明白，自己在無盡地追逐中造著生死輪迴的業，如旋火輪沒有一刻停息，而佛陀早已停止無盡的輪迴。

　　鴦掘摩羅對佛陀說：「世尊，但願您允許我跟隨您出家做沙門。」佛陀竟然接受，說：「善來！比丘！」

　　聽到這一句「善來！比丘！」鴦掘摩羅當下鬚髮自落，現了出家相，成為僧團的一份子。

　　當時波斯匿王也已經啟動對鴦掘摩羅的追捕，於是國王就領著軍隊出發，在經過給孤獨園時，波斯匿王入園向佛陀請法。

　　佛陀問大王：「大王，你這次率領大軍，要去攻打哪一個國家呢？」

　　波斯匿王說：「世尊，我要去緝拿那一位殺人魔鴦掘摩羅。」

　　佛陀又問：「大王，如果鴦掘魔羅已經隨我出家成為比丘，你會對他怎麼樣呢？」

波斯匿王回答：「世尊，那我只好像對其他比丘一樣，必須要對他禮敬供養，但是這個大惡人沒有絲毫的善念，怎麼可能會出家呢？」

　　佛陀指著不遠處樹下的鴦掘摩羅告訴波斯匿王：「大王，那位就是鴦掘摩羅。」波斯匿王一聽到鴦掘摩羅的名字後當場昏倒。

　　等波斯匿王醒來後，佛陀告訴他：「鴦掘摩羅之所以成為殺人魔，是他宿世的業障。就像大王您聽到鴦掘摩羅的名字就昏倒，這也不是第一次。你在過去久遠劫前，凡是你遇到鴦掘摩羅，你都會昏倒，這是好幾世留下來的因緣。」佛陀也告訴波斯匿王，鴦掘摩羅現在已經不再是可怕的殺人魔了。

　　波斯匿王冷靜下來後就去找鴦掘摩羅，要供養他衣服、飲食、臥具、湯藥等四事供養。

　　然而鴦掘摩羅對波斯匿王說：「大王，我不缺什麼，我只要有三衣就足夠了。」

　　波斯匿王非常感動地跟佛陀說：「像鴦掘摩羅這種大魔王，佛陀竟然不費刀杖軍隊之力就能降伏，讓他脫胎換骨，成為一個不貪不求的比丘，最了不起的還是佛陀。從此鴦掘摩羅就過著乞食修行的生活，也證得了阿羅漢的解脫果位。」

　　有一次鴦掘摩羅進城乞食，被人認出他是過去那個殺人魔，村裡的人紛紛奔相走告，許多人都對他丟擲瓦塊、石頭，也有人拿刀追殺他，鴦掘摩羅被打得頭破血流，身上的衣服也被砍爛了。

　　佛陀看他狼狽地回來就告訴他：「鴦掘摩羅，遇到別人打你，你要忍耐，因為你現在所受的，是過去所造罪業的報應，總有一天大家會理解你的。」

　　有一次城門邊有一頭母象懷孕待產，卻遲遲無法順利生產，象的主人遠遠地看到有比丘們走過來，立刻起身迎接，並向比丘們求救，希望能協助大象順利生產。

　　世尊叫鴦掘摩羅去並告訴他：「你就這樣說，我鴦掘摩羅自從出家以來，持守不殺生戒，從來沒有過失，此功德迴向大象順利生產。」果然大象果真順利地生產了。

　　大眾見到了這一幕後，就開始相信鴦掘摩羅是誠心誠意的修行，並發自內心地恭敬這一位曾經是殺人魔王的出家比丘。

　　放下屠刀，立地成佛，沒有下定「昨日種種譬如昨日死，今日種種譬如今日生」的決心，在無始的生死輪迴當中，聽著《金剛經》的真知灼見，卻沒有辦法落實在生活中，即使口中求著佛，耳朵聽著佛法，心裡卻無法實踐佛法，這樣還是沒有辦法真正地見如來。

　　透過寫經來定心、靜心，讓自己的身心萬緣放下，遠離一切顛倒夢想，就只是當下的這一念心，依著清淨的自性如是行，一切時中、一切處所，念念不愚，常行般若，即是一行三昧。

溫故知新

問題 1. 「觀」與 「看」差別為何？

問題 2. 須菩提已證空性 為何還有此答： 如是！如是！以三十二相觀如來。？

《金剛經》無斷無滅分第二十七

須菩提！汝若作是念，如來不以具足相故，得阿耨多羅三藐三菩提。須菩提！
莫作是念，如來不以具足相故，得阿耨多羅三藐三菩提。須菩提！汝若作是
念，發阿耨多羅三藐三菩提心者，說諸法斷滅，莫作是念，何以故？發阿耨
多羅三藐三菩提心者，於法不說斷滅相。

無相具足而得
斷而不棄法身
無著圓滿發心
滅報不昧因果

心者。於法不說斷滅相。

前言：無斷無滅

　　〈無斷無滅分〉這一段經文非常重要，為什麼？

　　前一分中，佛陀問須菩提：「可以三十二相觀如來嗎？」可不可以用三十二相觀如來？須菩提說：「不也！」不可以！佛陀還說：「**若以色見我，以音聲求我，是人行邪道，不能見如來。**」

　　《金剛經》反覆教導破相、不著相可以成就阿耨多羅三藐三菩提，讓學習者建立「離相」的觀念。

　　但是，也有可能因而對「空」產生執著，落入「斷滅相」。

　　到這一分，佛陀跟須菩提說：「汝若作是念」，如果你有這種想法，認為佛陀成佛不是以具足三十二相而成佛，這觀念也是不對的，要調整的。

　　這一分特別講了兩次：莫作是念、莫作是念。為什麼？

　　首先，先認識什麼是"具足相"？

　　具足相，指佛具足三十二相、八十種好的圓滿之相。所謂「三祇修福慧，百劫修相好」，佛陀以三大阿僧祇劫修福、修慧，最後一百劫修相好，相好就是具足相。

經典裡介紹要如何修得一個相好，譬如三千大千世界的所有眾生都眼盲看不見了，如來得到一個秘方，把全世界人的眼睛都治好了，這樣就會得到一個相好。多難啊！

佛陀要廣度所有眾生，一切眾生都要得度，修這麼大的福報才能夠具足相好莊嚴。
可是在《金剛經》裡佛陀又說：「若以色見我，以音聲求我，是人行邪道，不能見如來。」
既要求如來的具足相，又說以具足相見如來是行邪道，這樣不是很矛盾嗎？

這個矛盾就剛好提供一個放棄度眾生的理由，我們常常覺得要救所有的眾生才能成佛是很困難的事，我連自己最親的家人都度不動了，更不要說這麼多的眾生。在度與不度間游移搖擺、進進退退時，讀到《金剛經》中佛陀教我們不要執著，就自己覺得很相應「不執著」，於是馬上就準備要躲到虛空中，躲到偏空涅槃裡，因為「若以色見我，以音聲求我」是行邪道，當然不能行邪道啊，就不準備度眾生了。

沒想到，佛陀在這時跟須菩提說：「如果你是這樣想，莫作是念！莫作是念！」
佛陀實在太了解須菩提此時會落入什麼想法裡。

須菩提聽聞般若離相之法，正歡喜準備雙腿一盤要入偏空涅槃，可佛陀說如果你要發阿耨多羅三藐三菩提心，「於法不說斷滅相」，你不可以說我就不要修具足相。因為求相好是執著、是邪道，但如果你是發菩提心的人，莫作是念，除非你沒有發菩提心，你才會於法生出「斷滅相」。

不生斷滅相

什麼叫做斷滅呢？這是一個很危險的想法。

我們常常會有一種錯誤的見解，但凡與某個人相處不來就會逃境安心，認為「眼不見，心不煩」，於是再見不聯絡，以為已經跟此人切斷了聯繫，不再受到他的干擾，從他的生命中退場，自此太平無事，事實上，人的緣份並不能藉由不聯絡不見面的退場而切斷。

那麼，與眾生的緣份，要怎樣才算是功德圓滿呢？

佛陀在金剛經一開始就告訴我們，降伏其心，不可以用逃境安心的方式，而是要發願度眾生，我這輩子度不了你，下輩子終有一天會度得到，因為法身常在。

如果一遇到阻礙就放棄努力，這種放棄的想法叫做斷滅，認為事情既然做不成，表示因緣不具足，那就算了吧！

「算了吧」這個觀念叫做斷滅，或是我覺得這一輩子修行無望，就期待下輩子，你以為下輩子是新的嗎？其實不是，但是我們卻以為只要死了就是結束，然後就可以全部刷新重來，這叫做斷見。

斷見是一種不認識因果的錯誤觀念，是偏見的外道之論，有這種見解的人會有什麼人生態度？

第一：反正沒有未來，就及時行樂，人生快樂就好，苦短的人生能趕快揮霍，自在就好，這是第一種。

第二：若遇到重大挫折，或是犯下滔天大罪，就會導致自我了斷的行為，認為一

死就百了，死了就了。

　　同樣地，如果面對任何的挫折和境界，覺得算了，放棄吧，不要做就沒事了，不要繼續走就沒事了，當此路不通沒辦法繼續走下去時就不走了，這也是斷滅之論。

　　如果有上述斷滅相的見解，修行會陷入很大的危機，不只人生態度出問題，連修行也很難成就。

修行要以不生不滅心為本修因

　　在《楞嚴經》裡，佛陀就說要用不生不滅的心為本修因，如果是用生滅的心來修行，所修的法身也會變成斷滅。

　　由此可知，無為法是不執著有為，而不是不做有為法，但是，法身常在、不生不滅這個說法很抽象，所以在這裡，佛陀就特別澄清還是要有所求，你要成佛，要具足相。要怎麼樣能有具足相呢？要發菩提心，能做的就要做到圓滿，以無我相的心圓滿阿耨多羅三藐三菩提之行，這樣才不會在修行上產生偏執。

故事 1：百丈禪師度野狐 – 不昧因果

　　唐朝百丈禪師建立清規大開法筵，道場常有千僧在聽法，百丈禪師每天都會上堂說法，每次說法時都會有個老人家隨眾聽法，慢慢地百丈禪師就注意到這個老人。老人家每次都默默地在群眾中聽法，不會在會上說話，也不跟別人打交道，就是隨眾起倒。

　　有一天上堂說法結束，所有的人都離開了，但老人家還沒走，百丈禪師就問他：「立

者何人？」你是誰？

　　老人講出他的身份：「某甲於過去迦葉佛時，曾住此山。」釋迦牟尼佛的前一尊佛就是迦葉佛，既然老人說他在迦葉佛時已經住在此山，表示是位大修行人，過去修得很好，但問題是如果以前是修行人，為什麼現在會出現在這裡呢？

　　很多人喜歡跟師父說：「師父，算命的說我前輩子是修行人。」我就很為他悲哀，為什麼你前輩子是修行人，這輩子卻會淪落至此？到現在還不知道在幹什麼，還要依靠別人才得知自己的過去，自己都不知道嗎？

　　真正的修行人會知道自己過去是修行人；真正的修行人也會知道自己為什麼這一輩子沒有再繼續做修行人。這個老人就說：「某甲曾經住在此山，但是我現在不是人，我是一隻狐狸。」這狐狸已經變成狐仙，已經變成狐狸精了。

　　為什麼一個修行人修一修會變成狐狸？而且五百世以來都是狐狸？

　　這隻狐狸有一點神通，牠就觀察到底是怎麼回事，修行上是否有什麼關鍵問題沒有搞清楚才會淪落至此？

　　輪迴不可怕，怕的是你不明所以。

　　我們為什麼會害怕輪迴，是因為不知道自己會去哪裡，如果你到哪裡去都知道自己為什麼來，就叫作千百億化身，而不是輪迴。

　　這隻狐狸知道自己以前曾經是修行人，表示牠有宿命通，可牠並不知道為什麼這五百世以來只能一直當狐狸，這件事情讓牠不明白。

　　牠知道在五百世以前有一段對話導致他墮入野狐身，就是有人曾問過他：「大修行人還落因果也無？」意思就是大修行人已經能生死自在了，如果這一生要走時是很自在的，也沒有這些恩怨情仇的牽絆，那是不是過去所造的業就全都一筆勾銷？禪定

三昧加持力，定業也能轉，不是這樣嗎？

大修行人還落因果嗎？因為他在當時修得非常好，對於禪定，對於自己的智慧，對於所有的修行法門都了然於心，因此他就回答：「不落因果。」

「不落因果」這四個字，讓他五百世來一直當狐狸。

當一隻清楚的狐狸可能還有救，怕的是當迷迷糊糊的畜生，那就很難翻身，因為一失人身萬劫不復，又怎麼有機會聞思修出離輪迴呢？這隻狐狸有幸遇到百丈禪師，所以牠把握機會每天都來聽法，他曾經是個修行人，知道百丈禪師是大修行人，覺得這位師父可以解決他的問題，今天終於提出他的疑問。

狐狸說：「今請和尚代一轉語。」可不可以請師父幫我解答，到底如何才是對的？我覺得就是這一句話沒講好，這個觀念沒有對才墮入野狐身，但我並不知道怎樣才是對。

明明這句話沒有錯啊，修行是真的可以跳脫出生死輪迴，要不然為什麼可以了生死，就是表示透過修行力，可以跳出因果的輪迴，怎麼會說不對？到底又哪裡不對？五百世以來為了這句話牠始終都很迷惘。

百丈禪師慈悲地回答牠：「不昧因果」。

故事 2：雲光法師吃牛肉墮牛身 – 撥無因果

「不落因果」，意思是沒有因果，變成撥無因果，撥無因果就是斷滅。永嘉大師說：「豁達空，撥因果，莽莽蕩蕩招殃禍」，豁達空就是斷滅空，這樣的觀念使人任意妄為，最終招致殃禍下場。

有些修行者誤解大乘空義，變成撥無因果的斷滅論，覺得自在就好，只要不執著就好。

南北朝時有位雲光法師講大乘佛法，談玄論妙說法無礙，感得天人散花供養的瑞相，即所謂的天花亂墜。於是法師以為自己功夫到家，嗜吃牛肉的他，百無禁忌邊吃牛肉邊講經，認為自己不執著就好，「吃而無吃」，吃牛肉不著相，結果，死後墮入牛身。一隻清醒的牛，知道自己過去生是法師。

　　一日，遇到誌公和尚，這隻牛就衝到誌公和尚面前，跪下來眼淚掉個不停。誌公和尚說：「哎呀！大法師你怎麼變成這個樣子，你不是說吃而無吃嗎？那現在做牛，你就做而無做啊！」

　　誌公和尚跟雲光法師一開示，這隻牛就似有所悟，一頭往旁邊一撞，當場往生。

　　試問，有幾個人能做得到？自在地說「做而無做，殺而無殺，吃而無吃」，到地獄時也可以「受而無受」，可以嗎？

　　一般人總在造業時說不執著，受報時卻又很執著。

　　可知，一定不能修行到產生「不落因果」的斷滅知見。

明因識果，野狐得度

　　百丈禪師說「不昧因果」，不昧，就是清清楚楚，對於因果循環之理了然於心，凡是起心動念，一切心的作用都會落入因緣果報的法則，你做得任何一件事都有因果，是如是因、如是果的，如果沒有確實明白，就會錯以為可以任意妄為。

　　這世間是有規則、有法則的，這個法則不是誰創的，而是萬物之理。佛陀觀察到這個萬物的法則，告訴大眾要覺悟，要明白，要順勢而行，能夠順勢而行，隨緣但不執著才能圓滿。

　　因果是萬法運行的法則，人的生命也是如此，是依著因果法則在運行的，現在的生命狀態是過去因累積的結果，但現在的努力也會改變未來，不管信仰什麼，因果的理事是如實運作的。

　　有人認為因果是佛教徒才需要相信，我信仰基督教，所以我的世界就依著基督教的道理在運行。基督教是二世論，就是這一輩子到下一輩子，二輩子就結束，信主得永生，沒有信的都去地獄。

　　佛法講三世輪迴，過去、現在、未來，是一個不斷遷移連續的過程，但是連續的生命現象中，每一刻卻又都是獨一無二的。

　　禪宗講「十世古今，不離當念。」十世古今是什麼？就是有過去、現在、未來，但三世始終了不可得。不離於當念，才能不被過去綁架，不被未來架空。

　　很多人活在過去，總是談論過往的事跡，但任何以前的豐功偉業並沒有辦法幫助你面對現實，如果永遠期待我以後怎麼樣，等到我退休怎麼樣，等到我賺了多少錢怎麼樣，等到我年紀大了怎麼樣，等到我下輩子怎麼樣，那你就沒有辦法好好地安住在當下，沒有辦法好好地把握你現在的狀態。因此佛法說不離三世，但是也不執著三世，要跳出這樣的執著與計較。

　　如果在每個生命的片段中都要留下痕跡，你的心就無法隨時重生，所謂放下屠刀立地成佛，並不是說放下屠刀後以前的都一筆勾銷，事實並非如此，因果法則是非常清楚的，不被迷惑，不受迷惑，這是修行非常重要的觀念。

　　百丈禪師這樣的開示，要大眾清楚地知道因果，因為天網恢恢，因果昭然，了解這件事後，所有的事就要從因上努力。

　　野狐此時才恍然大悟，明白了自己的錯誤，解開五百世以來的疑惑。野狐虔誠啟請百

丈禪師為牠做一個禮儀，希望牠解脫後，可以用往生僧人的儀式，請百丈禪師為牠安葬。

隔天，百丈禪師就集合寺裡大眾要做超度法會，大家你看我我看你，不知道寺裡有誰往生？百丈禪師帶領大眾到後山，在後山的山洞裡，把野狐的屍身請出來，用往生僧人的儀式為牠送行。

這段因緣提示我們，修行是連續性的，這一生沒有成功，還有下輩子，下下輩子，叫做生生世世。

所以如果你這一生遇到過去沒有圓滿的功課，不要逃避，也不要覺得怎麼這麼倒霉會遇到這個人、這件事，它都是有因緣的，只是我們智慧不足，看不清「過去因，現在果；現在因，未來果」，但只要我們在《金剛經》上好好地用心，就會越來越清楚。

故事3：達摩祖師救鸚鵡

達摩祖師是中國禪宗的初祖，他來到中國時遇到梁武帝，梁武帝心裡很執著於福報，執著於自己的豐功偉業而不自知，他的確是做了好多很重要的護法工作，可是達摩祖師要來找一個能很自在的人，跟梁武帝並不相應，最後梁武帝請他離開。

達摩祖師就一葦渡江到北方去，後來在少林寺的後山入定等待有緣人。在他一葦渡江前沿著江邊行走時遇到一隻鸚鵡，這隻鸚鵡在籠子裡看到達摩祖師，牠竟然會說話，說：「西來意、西來意，請你教我出籠計。」祖師西來意，這隻鸚鵡竟然知道他是誰，不但知道還會求救，你可不可以教我跳出這個鳥籠，我被抓住了。達摩祖師剛剛在梁

武帝這邊被請走，梁武帝都不知道他是誰，在江畔卻被一隻鸚鵡叫住，請他教牠怎麼樣離開那個鳥籠。

達摩祖師回：「出籠計、出籠計，兩眼一閉、兩腿一蹬，就是出籠計。」叫牠裝死！這隻鸚鵡馬上開悟了。

主人來看牠時，牠就真的兩腿一蹬、兩眼一閉，就裝死了。主人說：「明明好好的鸚鵡，怎麼搞得？」在打開籠子準備查看時，說時遲那時快，鸚鵡就飛走了，果然很開心，牠只差沒有手，要不然牠一定會拍手。

有智慧者，才知達摩祖師是祖師西來，我們是不是那隻鸚鵡？有沒有感受在籠中的不自由？

達摩祖師的禪法是非常直接了當地，這也就是後來慧可大師在達摩祖師一句話反問下，即可豁然開悟。要知道祖師的西來意是不假造作，也不跟你開玩笑，他講到的是一個「超越」的概念。

在樂山禪修中心禪堂中有達摩祖師法語：

「亦不睹惡而生嫌，亦不觀善而勤措，亦不捨智而近愚，亦不抛迷而就悟，達大道兮過量，通佛心兮出度，不與凡聖同躔，超然名之曰祖」

這就是達摩祖師給我們留下來最珍貴的觀念，要怎麼樣做祖師呢？「不與凡聖同躔」。

《金剛經》裡說「應無所住而生其心」，就是不躔。不躔不是沒有，而是不擾，不會被干擾，不會被染污，叫做超越。

超越與逃避不同。

不看、不做，並不表示沒有執著。沒有錢的人，不表示不貪錢，也許只是因為沒有機會貪，要怎麼知道我不貪？就是有錢全部可以布施，就是不貪。在富貴而不迷，在貧窮而不怨，安貧守道，若是見到有錢人心生忌妒，心裡酸溜溜就是貧苦多怨。

　　如果是一個很有成就的人，但是不驕傲，才叫做超然，而不是如果我每次考試都不及格，就說成績好有什麼了不起，做人還不是那麼失敗，這個叫做酸，不是真正的超然和不執著。

　　所以，有，但是不執著、不迷，這就是佛陀教我們的重點。

　　你要成佛嗎？要。要怎麼成佛？要具足三十二相，要慈悲、要富貴、要智慧，但是「不以色見我，不以音聲求我」，這樣才叫做真正的超然。

　　這一分非常重要，佛陀跟須菩提說：絕不可用斷滅之想來修佛。希望大家要記得這一段，生生世世，常隨佛學，直到成就阿耨多羅三藐三菩提。

溫故知新

問題 1：什麼是「具足相」？

問題 2：與人相處不來就會想逃境安心，認為「眼不見，心不煩」，那麼與眾生的緣份，要怎樣才算是功德圓滿呢？

問題 3：甚麼樣的想法叫做斷滅相？

《金剛経》不受不貪分第二十八

須菩提！若菩薩以滿恆河沙等世界七寶，持用布施。若復有人，知一切法無我，得成於忍。此菩薩勝前菩薩所得功德。

何以故？須菩提！以諸菩薩不受福德故。須菩提白佛言：世尊！云何菩薩，不受福德？須菩提！菩薩所作福德，不應貪著，是故說：不受福德。

不比善福
受之無著
不住安忍
貪者我取

前言：不受不貪

　　這一分名為不受不貪。不受什麼？「不受福德」，既然連福德都不受，業障當然也不會受。

　　這是一個態度，什麼態度？「無我」的態度。

善人與聖人的差別在哪裡？

　　前面經過一個步驟、一個步驟地修行，修到現在這個階段，佛陀又再一次強調，修行不要比較。雖然如此，還是要比較，但不是跟別人比，是要跟自己的心裡障礙比。

　　行菩薩道有兩種差別，第一個是依執著的心，第二個是依不執著的心。做同樣一件事用執著的心來做與不執著的心來做，哪一種心的效果會比較好？

　　經過這樣的比較，才可以對照出修行跟不修行的差別。

　　佛陀問須菩提，世間人做善事的很多，做最大的善事就是把滿恆河沙般多的世界的七寶拿來布施，一個世界已經很大了，把裝滿恆河沙世界這麼大量的七寶拿來布施、供養，這就是大善人了。

　　這個世上有很多善良的人會在事業有成時願意做供養、做布施，佛教也教大家要做布施，這跟世間的善事有什麼不同呢？

　　很多人做善事是基於一個道德良知及慈悲心，但同時也有那麼一點想讓別人知道他是好人的心態，這是人之常情，我們喜歡得到很好的名聲，喜歡成為別人心目中的恩人，這是善的方向，總比做壞人好。

　　可是佛法中要求我們不只要做為一個善人，還要成為聖人。

　　善人與聖人的差別在哪裡？就在：「若復有人知一切法無我，得成於忍。」

　　聖人不管做什麼事，就是要有智慧，這個智慧，就是明白「一切法無我」的道理。

諸法無我是真理

　　「一切法無我」是佛教獨創的嗎？不是，而是佛陀觀察所得的真理。

　　在這個世界上，每個人都認為有「我」，也因為這個「我」產生很多的痛苦。

　　我們喜歡別人對我們好，也喜歡我們喜歡的人，我們說這個人是好人，往往是隨著自己的好惡來分別的，因為我覺得他是好人，而不是他本人是否真的是好人。問題是，人的心是有偏頗的，站在自己的角度往往看不清真相，所以才會發生曾經山盟海誓海枯石爛，最後撕破臉再也不相見的慘劇。

　　這世間痛苦的根源到底是什麼？

　　佛陀觀察：到底有沒有我。結果發現原來大家都看錯了，事實上這個世間並沒有一個我，沒有一個實實在在的我，所有的現象都是假的，是因緣和合所產生的一個假象。

如果能看明白這件事就可以破除我相、人相、眾生相、壽者相，有這樣觀察的人，叫做智慧之人，就叫做覺者。所以這裡佛說：「若復有人，知一切法無我，得成於忍。」「忍」，就是安然接受這個道理。

「諸法無我」是世間的真理，其實不用學習，因為它本來就是無我，不管你接不接受，就是無我，反而「我」是自己看錯、想錯所產生的結果，但因為所有的人都認為有我，於是便理所當然地以為有我。現在來學佛，聽到佛陀講無我，才在想辦法要把那個被錯認的「我」給放掉，努力破除我執。

事實上並不是如此，這樣子修行，就感覺好像背了很多東西在身上，現在學佛了，說不要背了，趕快把它拿下來。事實上其實我們本來就沒有背東西，只是自己誤以為應該要背一點什麼才有安全感，產生了錯誤的習慣。

徹底明白「無我」的道理，是真菩薩

如果一下子要我們改變自己的想法，通常都很難了解到底自己現在無我到什麼程度，所以需要藉由某一些境界來讓自己知道，自己到底還有沒有執著？

佛陀說，如果有一個人，他徹底地明白這個道理，能夠安忍，「得成於忍」，就是安住、安然地接受這個觀念，跟世界上做最大福報的善人比起來，所得到的功德更為殊勝，「此菩薩勝前菩薩所得功德。」

自己也是如此，要跟「前」自己比，不懂佛法時，自己做很多事都希望有所得，希望被看見，一旦不受眾人肯定就陷入懊惱，甚而憤憤不平，這些煩惱其實是因為自己的觀念跟態度錯誤招致的。

學佛後，要懂得自我要求，反觀自己的生活是否產生變化，否則學佛只是學一個表面功夫。在道場中，每個人表面看來都修得很好，看到佛、看到菩薩，當然修得很好，可是回到自己家裡或在職場裡，是否上演變臉的劇碼？大家都變成川劇的主角，一旦遇到不如意的境界就很難安然自在。

更有甚者，自己學佛後，用佛的標準來要求別人，譬如聽聞「無我」的道理，就希望別人要無我，到最後就會發現，自己的心還是不自在。

追究原因，是因為自己並沒有把無我的道理變成自己的觀念，沒有「得成於忍」。這個「忍」，並不是我要忍耐的「忍」，而是安忍，就是很自在地、徹底明白這個道理。

知一切法無我，得成於忍

忍有伏忍、信忍、順忍、無生法忍、寂滅忍這些層次，簡單來說可分為兩種：一個就是生忍，一個就是法忍。所謂的「生忍」，「生」指的是「眾生」，一切眾生給予的煩惱都能化解沒有罣礙，要做到這個境界必須通達無我相、無人相、無眾生相、無壽者相。

在《金剛經》裡佛陀舉他自己的例子，被歌利王割截身體，他說：「如果我當時有我相、人相、眾生相、壽者相，我一定會心生瞋恨，但因為無我相、無人相、無眾生相、無壽者相，所以面對歌利王的不合理對待，也能夠如如不動，沒有任何因為歌利王所帶來的痛苦而產生煩惱心。」

佛陀以自己遇見歌利王的這個境界來告訴大家，無我相的好處是什麼。

要知道，面對一切境界如果都過不去，其實痛苦的還是自己，想要面對所有的境界都可以自在，《金剛經》就不要白讀，常常把《金剛經》拿出來提醒自己，我是要成佛的，

我要向佛學習。

佛陀面對歌利王，選擇無我相、無人相、無眾生相、無壽者相，最後結局是忍辱仙人成佛了，歌利王變成他的徒弟。

請問最後誰是贏家？當然是佛陀啊。

面對歌利王不合理的對待，或在受辱的境界下，一般人往往嚥不下那一口氣，結果就是他割你一刀，你就砍他十刀；他講你一句，你就回他十句，最後就是冤冤相報沒完沒了。世間所有化解不了的仇恨都是如此，但佛陀卻反其道而行，不照正常的模式繼續演出，因為，這是輪迴的戲碼。

既然我們不要輪迴，就要跟所有的冤親債主全部化解，甚至轉化到最後，像歌利王之於忍辱仙人，變成憍陳如之於佛陀，這樣的關係是最圓滿的結局。

但是，誰是這場演出的導演呢？就要看自己面對這一切境界時，如何以智慧心來化解，變成喜劇收場，這是《金剛經》帶給我們的非常重要珍貴的禮物。

讀了這部經後可以開始轉化人生，這裡面的關鍵句叫做「知一切法無我，得成於忍。」最重要的就是「知」這個字，既然已經開始知，就隨時都要提醒自己，面對任何境界，第一個念頭是《金剛經》這部智慧之經，而不是過去的習性和化不開的我見。

故事 1：寒山與拾得的對話

唐朝時有位寒山大士，相傳他是文殊菩薩的化身，他有位好朋友叫拾得，拾得是位法師，傳說他是普賢菩薩的化身。拾得住在寺廟，而寒山大士則住在寺廟的後山上。兩個好朋友常常瘋瘋癲癲的，有時候說話好像在開玩笑，但是後來才知道，原來是文

殊跟普賢兩位菩薩遊戲人間所度化的一些事蹟。

寒山和拾得有個非常有意思的對話，寒山問拾得：「世間謗我、欺我、辱我、笑我、輕我、賤我、惡我、騙我，如何處治乎？」想想，這八件事哪一件我們忍受得住？沒有一件忍受得住，對不對？更何況這八件事全部加在一起，絕對讓人受不了。謗我、欺我、辱我、笑我、輕我、賤我、惡我、騙我，隨便一個，我們就要跟人家死拼到底了，更別說是全部一起來。

但所有煩惱的來源是什麼？為什麼這八件事會是痛苦呢？因為這裡面都有一個什麼字？都有一個「我」啊，當「我」很重要時，別人這樣對我就變成生命中不可承受的重了。

拾得當然很輕鬆，為什麼？他以一個旁觀者，以一個不是我的角度來看這些事，當我是用別人的角度、用旁觀的角度來看待這件事就不一樣了。拾得跳出這個我，回答：「只是忍他、讓他、由他、避他、耐他、敬他、不要理他，再待幾年你且看他。」聽起來很窩囊，好像什麼事都不要計較，沒有競爭力，學佛的人怎麼那麼可憐，都要被別人欺負。

問題是如果你嚥不下這一口氣，這世間已經有無數的悲劇在演給你看，是什麼下場？什麼結局？不管他是真人演出還是戲劇，你都赤裸裸地看到了人間的悲劇。

身為佛弟子，我們靜下心來想，菩薩會隨便雲淡風輕地，或是馬馬虎虎地隨便給你一個方子嗎？

佛陀講的方法，都超過我們常人的理解。

以結果來論，我用我的經驗，我的想法在處理事情，可是處理到現在還是在輪迴中，憤憤不平又如何？心裡有恨又如何？不共戴天又如何？到現在自己真的也沒有好過過。

反觀佛陀，他早已化解所有的恩怨情仇，我們看經典裡提婆達多為難他，外道也是如此對待他，乃至於憍陳如以前更是如此，但這些逆緣卻都在佛陀智慧應對中轉成了殊勝的

法緣。

　　所以「忍他」，為什麼呢？「讓他」，又為什麼呢？因為這一切法「得成於忍」。要忍，忍什麼？忍在「無我」的這個道理上。

「不受」的智慧

　　須菩提，為什麼菩薩可以這麼地殊勝呢？因為「菩薩不受福德」。不受，不接受，意思就是不執著一切法。

　　在《四十二章經》裡曾經提到有人找佛陀的麻煩，「有人故致罵佛，佛默不對」。有人找了很多的理由、藉口，不實的毀謗來污衊佛陀，佛陀始終都默然不回應。

　　弟子們很委屈為佛陀抱不平，他們問：「佛陀，您為什麼不解釋？為什麼不回答？為什麼不告訴大家事實的真相是如何？」

　　佛陀簡單地說了一句話：「子以禮從人，其人不納，禮歸子乎？」如果你送人禮物，但對方不接受這個禮物，請問這個禮物到哪裡去呢？

　　想想看，如果我們遇到一個人，他對你不懷好意，你要為了他的惡意而感到痛苦嗎，那你不就是接受了他的惡意嗎？

　　如果不去管他怎麼對你，即使他挖個坑要讓你跌下去，你看了那個坑一眼，繞道而行，就不會掉進那個坑，甚至還可以很好心地把那個坑給填平，以免有別人不小心掉進去。

　　你會詛咒那個坑，是因為你掉在那個坑裡了。

　　有智慧的人知道這個人是有惡意的，就不要被他的惡意所傷害，就要懂得「不受」的這個道理。「不受」這件事是崇高的智慧，不是逃避，不是窩囊，而是一種淡然地面對一切世間所有的人我之爭。

　　沒有我相，從人跟人之間的我相爭執中退場，「不與凡聖同躔，超然名之曰祖。」要超然。為什麼可以超然？因為看清楚，因為知道「一切法無我，得成於忍」。

故事2：彌勒菩薩的放下與提起

　　寒山跟拾得的對話大家可以把它記起來，放在自己容易看得到的地方，時時提醒自己，原來這麼簡單的轉念就可以化解心裡的恩怨情仇，佛法真的很好用。
寒山又問：「還有沒有秘訣？」拾得就講彌勒菩薩偈。

　　彌勒菩薩化身成布袋和尚在寺廟的門口被供奉著，就是要讓大家學他笑口常開，他的大肚子就像宰相肚裡能撐船一樣，大肚能容，容天下的什麼？所有的是非恩怨。

　　以前有位蔣摩訶居士喜歡供養法師，有位布袋和尚總是到蔣居士的府上掛單，蔣居士很護持這位師父，每次師父來住幾天他也不問，只是盡心盡力照護師父。

　　有些好事者告訴蔣摩訶，這個師父行跡不定，你也不去調查一下他有沒有什麼可疑之處？這麼容易就讓人來住你家，會不會發生什麼危險？蔣摩訶聽了覺得也是有道理，於是他就開始注意起這位師父，發現師父的確很奇怪，怎麼常常會半夜出門，這引發了他的好奇心。

　　有一天蔣摩訶發現師父半夜外出了，就一路尾隨跟蹤，來到一條河邊，只見師父蹲在河邊不知道在洗什麼東西。蔣摩訶就悄悄地一步一步地靠近，赫然見到師父從他的肚子裡

拖出腸、胃這些內臟，用河水清洗著。

　　蔣摩訶嚇了一大跳，師父看到他，就把腸、胃全部塞回去，手往肚上一抹，肚子就恢復原狀。師父說：「天天接收世間人的痛苦煩惱，所以一肚子污穢，每天都要清一清，如今既然被你看見了，表示我們的緣份盡了。」

　　菩薩的化身是不可以被發現的，今天被你看見了，好吧，那我們的緣份就到此，要走之前，給你問一個問題吧。

　　蔣居士很懊惱，但也沒辦法，就問：「如何是佛法大意？」修行，到底要從哪裡修？有沒有最簡單的方法來修？

　　布袋和尚指了指他的布袋，放到地上說：「就是這樣，兩個字，放下。」

　　放不下又如何呢？「既然放不下，就提起吧！」講完後他就把布袋往背上一拎，人就不見了。

　　臨走之前留下「彌勒真彌勒，分身千百億。時時示世人，世人自不識」的偈語，蔣摩訶才知道原來他是彌勒菩薩。

　　彌勒菩薩原來也是要清他的肚子的，這個傳說非常值得我們去思考，如果沒有辦法消化自己的煩惱，就會裝一肚子污穢，最後就讓自己的身心被腐蝕，因此我們要常常來寫經，藉由寫經把自己的身心重新再造，重新清洗。

彌勒菩薩的萬事隨緣偈

　　彌勒菩薩有個偈語：「老拙穿破襖，淡飯腹中飽，補破好遮寒，萬事隨緣了。」師父年紀大了叫自己老拙，穿著破破爛爛的也很隨緣，為什麼？因為其實無欲無求，很自在。

　　「有人罵老拙，老拙只說好，有人打老拙，老拙自睡倒。」厲害！你打我，我就順勢倒下去了，我也不反擊，好像不倒翁一樣。

　　「涕唾在面上，隨他自乾了。」這個境界更高，連擦都不擦，唾面自乾。人家呸口水在你臉上，你就當作敷臉，隨他自乾了。

　　「我也省力氣，他也無煩惱。」他會沒有煩惱嗎？可能很煩惱，但是他的煩惱是他的功課，我們就負責我們不要起煩惱。

　　「這樣波羅蜜，便是妙中寶，若知這消息，何愁道不了。」這境界很高，但很值得試試看。我們可能沒有跟人結什麼深仇大恨到有人會吐口水在你臉上，但至少當有人要惡意地傷害你、嘲諷你、辱罵你時，我們可以學學彌勒菩薩的自在。

　　你學不了他的老，就學他的拙；老拙、老拙，讓我們的身心能夠安然自在，這是修行很高的境界。

　　秘訣是什麼？如果菩薩能夠「知一切法無我，得成於忍」，就可以達到這樣的境界。

溫故知新

問提 1. 甚麼是「一切法無我，得成於忍」？
問題 2. 菩薩為何不受福德？

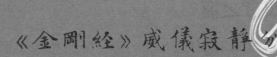

《金剛經》威儀寂靜分第二十九

須菩提！若有人言：如來若來、若去；若坐、若臥，是人不解我所說義。何以故？如來者，無所從來，亦無所去，故名如來。

威德表相
儀態心生
寂滅清淨
靜住安然

前言：威儀寂靜

　　前面二十八〈不受不貪分〉，是略明無住的道理；第二十九〈威儀寂靜分〉，詳細開示「無住」這兩個字，正報無住之理。

如來的心是乘如實之道

　　佛陀說：若有人說，如來有來、去、坐、臥之相，這個人並不是真的明白如來之意。為什麼？「如來者，無所從來，亦無所去，故名如來。」為什麼他無所從來？明明佛陀來來去去，有行、有住、有坐、有臥。

　　「如來」是佛的別名，如來的十號之一。「如」，是如實、實相、如如不動之義。「來」，有來就有去，有行、住、坐、臥的差別。兩個字合起來就是說：雖然有來來去去，有行住坐臥的相，有各種威儀，但是內心是「如」的。

　　佛陀在《金剛經》一開始就示範「入舍衛大城乞食」，即使在行走、在乞食，內心無所住，保持「如」的境界。從舍衛國回到祇樹給孤獨園，「飯食訖，收衣鉢，洗足已，敷座而坐。」坐下來，依然還是保持「如」的境界。

　　如，就是本來面目，就是師父在說法，大家在聽法的這一念心，沒有雜念，沒有妄念，沒有顛倒夢想。如來，雖有來來去去之相，心是乘如實之道而來，乘如實之道而去。

　　如何能保持這樣的平靜呢？
　　就是《六祖壇經》裡所說的：一切處所，一切時中，念念不愚，常行般若，即是一行三昧。修行，就是修煉這樣的境界，如果達到這種境界，隨時都「念念不愚，常行般若」，時時都自在，動靜閒忙，都可以保持「如」就是如來的境界。

　　佛陀有三身：法身、報身、化身
　　佛陀有三身：法身、報身、化身。
　　法身，就是當前這一念心，沒有來去、沒有分別，是平等之境。佛陀在菩提樹下夜睹明星，談到眾生皆有本具的如來自性，就是講法身這個道理，契悟了法身，眾生平等，即使是龍女也能成佛。《金剛經》所談的般若與實相，就是從法身這個角度來契悟。

　　契悟了法身，依智慧而行，漸漸圓滿如來功德的報身，具足三十二相、八十種好，起心動念都是依智慧而成就。

故事 1：相由心生

　　過去有一個修行人在河邊打坐，剛開始時他想：「我要精進用功。」於是他端身正坐，雙跏趺座，就是雙盤。正在入禪定時，旁邊來了兩個羅剎鬼，遠遠地就看到河邊樹下竟然

有一座巍巍的金山，亮閃閃的，羅剎鬼非常崇拜地說：「哇！這個是不可思議的莊嚴之境，是金山之境。」羅剎鬼就歡喜地頂禮讚歎。

修行人坐著坐著，覺得自己腿很痠，心想：「休息一下好了。」於是他放鬆一隻腿，雙跏趺就變成單跏趺。

這兩個羅剎鬼本來在禮拜金山，突然金山不見了，變成銀山。羅剎鬼說：「為什麼金山變銀山呢？沒關係，銀山也是寶山，雖然沒有金山的莊嚴，但也是不得了。」兩個鬼就繼續再頂禮讚歎。

修行人單盤坐著坐著，又覺得腿很痠，乾脆散盤好了，腿一放，兩個羅剎鬼就看到銀山變成鐵山了。正覺得奇怪時，修行人覺得打坐實在是太累了，乾脆兩腿一鬆、身子一躺，準備呼呼大睡起來。

這兩個羅剎鬼一看，不是什麼金山、銀山，原來是個人，太好了，我們正好餓著呢，就準備往前撲。修行人聽到兩個羅剎鬼在旁邊嘰哩咕嚕，仔細一聽，原來他們剛才拜的金山、銀山就是自己，原來我只是雙盤、單盤的動作，在鬼的眼中看到的卻是金山、銀山。

所謂的相由心生，原來心裡的威儀顯現出來後，就表現在姿勢威儀上，修行人心想，不得了，這鬼就要撲上來把我吃了，嚇得趕快把腿一盤，羅剎鬼一看，剛才的人呢？不見了，又變成了一座巍巍堂堂的金山，鬼就繼續讚歎頂禮。

聽起來感覺是不是師父叫大家一定要雙盤或一定要單盤？

其實不是，是因為當我們端身正坐很認真地守住這當前的一念心時，我們的心會產生一股殊勝的功德力，所以會產生殊勝的作用。

　　佛陀三十二相的莊嚴，也是因為在行菩薩道的過程時，不斷地用菩提心、用智慧心在引導自己的身口意，所以這就是報身。佛的報身有正報的莊嚴和依報的莊嚴，佛的淨土是黃金為地、琉璃為池，非常地清淨莊嚴，佛陀的相好，也是最圓滿的結果。我們學習依如來之心來成就自己的功德之心，自然就會感得莊嚴的結果，就是報身。

故事 2：趙州老人的自在化身

　　化身，是佛慈悲的作用，「應以何身得度，即現何身」，在六道中千百億化身。佛陀在《梵網經》裡說，他來到這個世界已經有八千多次的往返了，為什麼會這麼多次？其實每一次都有獨特的因緣。佛陀的化身無所不在，依著不同的需求而現不同的身，千處祈求千處應。

　　南泉普願禪師辭世前，徒弟趙州禪師問他：「師父，人家都說往生時要求生西方淨土，請問師父，您往生之後要去哪裡？」

　　南泉普願禪師說：「我會去做山下的一頭水牯牛。」

　　大家聽完嚇一跳：「難道師父是去墮落受罰嗎？」事實上南泉普願禪師這樣說是表示他做什麼都可以的灑脫自在，因為他的心是自在的。

　　化身就是變化，可以千變萬化，當牛也可以當得很自在，如果不知道自己這個因緣是化身就會被這個角色限制而不得自在。

故事3：雲光法師的業報

以前有位雲光法師很會講經，講經講到天花亂墜，天人都會來散花供養。雲光法師講大乘經，講到不執著、講到無住，就會跟大家說他吃牛肉沒有禁忌。

聽得人就會說：「您是法師，怎麼會做這種錯誤的示範呢？」雲光法師就回答：「我吃，可是我吃而無吃；我吃，但我不著吃肉之相。」大家就想，這位講大乘佛經的法師講得境界這麼高，所以也沒有辦法反駁他。

結果雲光法師往生後墮落變成一頭牛。他當一頭牛，還知道自己過去是法師，覺得慚愧得不得了，果然業報現前，吃了人家的肉，現在就要來還了。

這頭牛很悲傷、很痛苦地長大，有一天在路上遇到了誌公和尚，誌公和尚經過時，牛群裡突然衝出一頭牛來跪在大師的面前，眼淚掉個不停，一直不斷地磕頭。

誌公和尚一看，知道這就是過去那位雲光法師，這麼會講經的法師，如今墮落成一頭牛，真是情何以堪，就為他開示：「過去你不是說你是吃而無吃嗎？現在已經成為一頭牛了，那你就自在一點，做而無做吧！」結果這頭牛似乎有所領悟，就站起來往旁邊一撞，當場往生。

這個故事給我們很多的啟發，我們常常會說不執著，這個不執著是要真的心無罣礙，如果我們有所執著，哪怕只有一絲絲一毫毫，哪怕只有一點點，有一些些就還會有一些些。

在日常中就可以看得出來，嘴上常常說不執著的，往往是最執著的；常常講沒關係、隨便的，其實是最不隨便的。

同樣地，如果雲光法師講經可以講得這麼好，那他當牛應該也沒有什麼罣礙才對，可是我們常常沒有細查自己的執著，卻用不執著來為自己的壞習慣當藉口，做掩護，最後自己因此犯了大錯而後悔莫及。雲光法師的故事，重點其實是叫我們要真的心無罣礙，當我們沒有執著後就可以千百億化身。

攝心才是真持戒

一般人說到持戒，有些人就會說不要執著於這個戒相，六祖大師不是說：「心平何勞持戒，行直何用參禪。」的確是如此，如果你的心是平等沒有差別的，這個戒也就是多餘的，因為你的心已經達到了戒的清淨境界，何必又要去多持一個戒呢？

持戒是為了讓自己心平，你已經達到目的了，諸法平等，已經到佛的境界了，但是如果心是不平的，有分別心的，還有人我是非、還有貪念、還有巧取豪奪、還有自以為是，那為什麼不用持戒來幫助自己把這些壞習慣約束，甚至徹底地根除呢？

戒，就看以什麼心來持？

如果是執著的心，不管是修戒還是修禪，聽法還是寫經，處處都是罣礙，如果已經無執著、無罣礙、無顛倒、無夢想，不管在哪裡，就真的是沒有什麼罣礙了。

佛陀教我們心要達到自在，內心要能安住在法身。法身是體、報身是相、化身是作用，體、相、用，其實三身本是一身，沒有差別。

從這個角度來說，就可以理解這一分所說的「如來若來若去，若坐若臥」，這是相跟作用，但是如來的本體，沒有行、住、坐、臥，來、去之相，這便是佛身無住的真實道理。

生活中，動靜閒忙都可以用功，若只有聽法、做功課，亦或是在道場才用功，離開道場就不做功課，或是沒有正念時，行住坐臥就散亂顛倒，這樣的修行就只是裝模作樣，沒有辦法把功夫打成一片。

禪宗祖師講：「行亦禪，坐亦禪，語默動靜體安然。」《法華經》講到「如」的境界有十如是，人人皆有佛性，眾生皆當成佛，就是講到每一個人的本體自性都是「如」的境界。

見性 時刻都能夠作主

《六祖壇經》裡記載，五祖弘忍大師有一天把門人全部叫來集合，請所有的人各寫一首偈語來表明自己的心境，他特別提醒大家「思量即不中用」，就是不要思量，不要用意識心去想，而是要直接讀自己的心，直接明白自己的心，直接體會自己的心。

六祖特別說到，如果你明白自己的心，「見性之人」，見自本心、悟自本性的人，「言下須見」，當下馬上就契悟明白自己的心性。

「若如此者，輪刀上陣，亦得見之。」如果能明心見性，則二六時中處處見性，醒亦得、睡亦得、動亦得、靜亦得。這說明修行過程中，有一個很關鍵的問題，就是「見性」，見性不是一種境界，而是時時刻刻都能作主。

能作主這件事比任何一種有為法的修行更重要。

寫經也是這樣，寫經是一個有為法，有為的作用，眼睛看著經，耳朵聽著經典，身體寫著經、嘴巴念著經，眼、耳、鼻、舌、身、意六根專注，緣於寫經的這個境。

但是我們還要知道念而無念、見而無見、聞而無聞，要回歸到心的本體才能不著

相，否則我們就會很在意自己寫得好不好，寫得好心生傲慢，寫不好心裡苦惱覺得很丟臉。其實，寫經的目的是透過書寫受持讀誦把心放下，能真正的跟自己相處。體會了自己的本心本性後，在行、住、坐、臥之間就可以達到一種自在，隨時隨地都很安然，隨時隨地都在一個清淨的境界。所以五祖說：「輪刀上陣，亦得見之。」即使是在打仗這麼危險的時刻，心還是不會慌、不會亂，還是安住在本性當中。

　　佛陀在這一分特別強調，行、住、坐、臥是如來之相，如來的有為動作，契悟了這一念心，心無所造作，無有作為，從有為歸於實相才能真的回到本源心地，這叫做自性天真佛。

　　最後佛陀說「無所從來，無所從去」，這樣才叫做如來，這也就是阿彌陀佛法界藏身，這個法界藏身的道理其實就在講法身。

　　這一分的重點在威儀寂靜，雖然現出行住坐臥四威儀的細行，但是內心是寂靜的如境界，是名如來。

溫故知新

問題 1. 請問「如」「來」是什麼意思？
問題 2. 法身、報身、化身分別代表什麼？
問題 3. 如何學習自己當如來？

《金剛經》一合理相分第三十

須菩提！若善男子、善女人，以三千大千世界碎為微塵，於意云何？是微塵眾，寧為多不？須菩提言：甚多。世尊！何以故？若是微塵眾實有者，佛即不說是微塵眾。所以者何？佛說微塵眾，即非微塵眾，是名微塵眾。

世尊！如來所說三千大千世界，即非世界，是名世界。何以故？若世界實有者，即是一合相；如來說一合相，即非一合相，是名一合相。

須菩提！一合相者，即是不可說，但凡夫之人貪著其事。

一中有別
合而假有
理上本空
相生依報

前言：一合理相

　　這一分名為〈一合理相分〉，延續前一分〈威儀寂靜分〉繼續闡明無住的道理。

　　〈威儀寂靜分〉，佛陀宣明「正報無住」－－如來無所從來，亦無所去，到了這一分，進一步申論「依報無住」。其中談到兩個層次的依報：第一是最小的微塵；第二是寬廣無邊的三千大千世界。從最小的依報到最大的依報，通達實相之理。

須菩提！若善男子、善女人，以三千大千世界碎為微塵，於意云何？是微塵眾，寧為多不？須菩提言：甚多。世尊！何以故？若是微塵眾實有者，佛即不說是微塵眾。所以者何？佛說微塵眾，即非微塵眾，是名微塵眾。

世界微塵悉是空

　　把三千大千世界擊碎，碎成微塵之狀，佛陀問須菩提：如此的微塵，算多嗎？以物理的角度來觀察這個世界，可以分割成小的單位。

在古希臘羅馬時代就有人提出四元素說，認為世界物質的元素是水、地、火、風；科學家就談分子、質子、中子，現在談到量子，把這個世界的元素歸納與分析。從古至今，對於世界的組成元素有很多的探討，科學界一直致力於研究萬物的本質是什麼。

佛陀說「微塵」就是最小最小的單位，用最小最小的單位去觀察這個世界，這最小最小的單位實在是太多了。「微塵眾，寧為多否」？這有什麼好問的，當然是很多，但這個又跟現在要談的無住有什麼關係？

須菩提在這裡開始了解佛陀問這個問題一定不只是要問數量，而是要問你對這些「多」跟「少」、這個世界的「有」跟「無」的看法。須菩提就回答：「甚多。世尊！何以故？」須菩提就直接從根本上來談。我們所看到的這一切的微塵不管它是多還是少，事實上，一切有為法如夢、如幻、如泡、如影，微塵眾是實有的話，佛就不會說這是微塵。「佛說微塵眾，即非微塵眾，是名微塵眾。」

究竟之義，就是探討世間一切萬法，是實有還是假有？

一般人並不知道，其實所有的萬法，本質上是了不可得。不知道這件事，就會把這一個微塵執為實有，有了一個、兩個、三個的觀念就開始累積變成多或是少。

從小到大學習數字，剛剛開始學習一二三四五六七…的時候，我們不知道這有什麼功能，但是當在生活中跟人計較時，數字就有功能，例如為什麼你拿到兩個蘋果，我卻只有拿到一個蘋果？為什麼你得到一百分，我卻只有拿到九十八分？當這個數字變成一個象徵、一個累計、一個可以比較的度量之後，煩惱就開始隨之而來。

煩惱的根本原因不是你擁有多少，而是我們把這一切執為實有，佛陀教我們，要破除

煩惱，必須要認清楚這一切萬法的本質並非實有。

鄰虛塵的邏輯推理

《楞嚴經》裡，有一段對於微塵非常精彩細緻的分析。

「汝觀地性。粗為大地。細為微塵。至鄰虛塵。析彼極微色邊際相七分所成。更析鄰虛。即實空性。」

觀察這個世界，「粗為大地，細為微塵」，最大的就是大地；最微細的，叫做微塵。

「析彼極微，色邊際相」，如果把這個世界不斷地切割、切割再切割，一座山可以切成岩石，一塊一塊的；一塊塊的岩石，又可以再切割成大石頭；大石頭再繼續切割，變成中石頭、變成小石頭、變成瓦礫，變成粗沙、細沙，到最後，最微細的叫做微塵。微塵可不可以再分析呢？可以。

「更析鄰虛。即實空性。」如果再繼續切割不斷地微細化，最後最後，這個世界上切割到最小最小最小的單位是什麼？最小最小的有，叫做鄰虛塵。

鄰虛塵，顧名思義就是「虛空」的鄰居，鄰近於虛空之塵，比它更小的，就叫做「空」。

「汝且觀此一鄰虛塵。用幾虛空和合而有。不應鄰虛合成鄰虛。又鄰虛塵析入空者。用幾色相合成虛空。」

鄰虛塵究竟是有，還是沒有呢？佛陀就問：如果是有，它就可以再被切割。鄰虛塵，比它還要小的單位，叫做虛空。請問一個鄰虛塵，可以切割成幾個虛空呢？

如果這個虛空往上累積，就可以成為比較大的單位。一顆小沙子累積了一百顆就

變成小石頭；小石頭，再累積一百顆就變成大石頭；大石頭再繼續累積，就變成一座山。所有的「有」，都可以累積成更大的「有」；請問這個鄰虛塵，它是由多少個虛空累積而來的呢？

從這樣的分析問話中發現，有一個很大的漏洞，鄰虛塵能夠分割成幾個虛空呢？

「鄰虛塵」如果還能被分割，就表示有比它還要更小的塵，那它就不能叫做鄰虛塵。再者，要分割成幾個空呢？既然它都叫做空了，即是不可累積的，它就是沒有。

就像「零」，加了無數個零還是零，鄰虛塵跟虛空之間，到底是有，還是沒有？

鄰虛塵既然叫做塵，應該是有，可是它又沒有辦法用虛空來累積。

由此可知，鄰虛塵的存在是一個問號；由鄰虛塵再累積出來的微塵，它還是一個問號，以此類推，微塵累積出來的山河大地，這些大石頭、這些山、這個大地，它是不是也是問號？

我們如果能了解這件事就可以了解《心經》所說的：「色不異空，空不異色，色即是空，空即是色。」這是非常非常不容易的觀察。

如果從科學的角度來看也是合理的。所有的物質分析到最後，就只剩下一個「能」跟「量」；量子到底是有，還是沒有呢？我們說光是一種能量，光是有還是沒有呢？但是光變成電，電在電器上就有作用，有力量。

到底這個「空」到「有」之間，是什麼關係？如果看清楚，這個「微塵」其實本來就沒有，本來無一物，就了解為什麼這個地方，「佛說微塵眾，即非微塵眾，是名微塵眾。」

世尊！如來所說三千大千世界，即非世界，是名世界。

何以故？若世界實有者，即是一合相；如來說一合相，即非一合相，是名一合相。

須菩提！一合相者，即是不可說，但凡夫之人貪著其事。

世界是因緣假合

　　一切萬法，看起來是「有」，其實是「幻有」，但是一般人並不了解，便對這假有中產生貪著。須菩提繼續說，乃至於如來所說的三千大千世界，也不是世界。「何以故？若世界實有者，即是一合相。」

　　所謂「一合相」，到底是什麼呢？

　　《金剛經心印疏》特別對於「一」跟「合」做了一個解釋，所謂的「一」，不二、不異之義；「合」，不離、不散之義。

　　如此定義仍難理解，但是從佛陀所說的可以見到一些端倪：「須菩提！一合相者，即是不可說，但凡夫之人貪著其事。」到底凡夫之人貪著的是什麼呢？

　　凡夫有四種顛倒常、樂、我、淨四種顛倒。在無常當中，執著一個常；在不樂之事上，執著一個快樂；在無我中生出有我的顛倒妄執；不淨之事，卻以為有清淨。

　　一般人在新年或生日時，許的心願是什麼？永遠健康快樂、我愛的人永遠不分離、這個世界要和平⋯這些都是常人的所求，所有的期待無非就是永遠與不變，事實上這就是錯誤的看法，試問，這個世界有沒有不變的事物呢？

　　不變叫做「一」，「一」就是什麼？從一而終，不會改變，就是唯一。請問有這種東西嗎？沒有。

　　所有的法，所有世間的現象，只要是相對，它就會變成「二」，「二」就有分別、就有計較、就有變化。

　　第二個叫做「合」，合就是什麼？就是不分開，不離不散。大部分的人都不喜歡無常，也不喜歡分散，亦不喜歡離，可是世上哪有不散的宴席？

　　可知「一合相」就是一般凡夫貪著之相，可以說就是因緣和合之相。

　　一切有為法都是因緣和合，也可以說是因緣假合而成的，因為它是一個假的合相，看起來好像有，其實它只是暫時和合。

　　譬如說我們現在活著，看起來是有一個身體，但是身體哪一個是不變的？從生下來的那一刻起就一直不斷地在變化，細胞有新陳代謝，我們會長大，也會衰老，每一瞬間都是剎那剎那地變化，沒有一次、沒有一瞬間會是一樣的，但人們卻希望自己永遠不會老，永遠不會壞。

　　這個世間一切法的希求也是如此，希望房子可以一直都在，東西都不會壞，車子可以一直開永遠不會壞。把會壞的無常之相，執為不會壞的一合之相。貪圖這種永恆感、不變之感，由此得到安全感，此即「凡夫之人貪著其事」。

　　不只是貪著，還為此付出代價，為了所有的一合相，汲汲營營追求累積希望不壞，而且一直在維護它，希望能延長有效期限、延長使用期限，甚至對這個世界，不管是小小的微塵，還是大大的世界，都想要在這個世界裡尋得一個立足之地，所以會不斷地想要累積自己能擁有的，以為擁有得愈多愈有安全感，但，這些東西真的都是屬於你的嗎？真的都不會壞嗎？

　　事實上，依報並不是永恆不壞的，凡夫卻不知道這件事。

故事1：千里修書只為牆

依據《桐城縣誌》記載，清朝康熙年間有位大學士叫做張英，因為在朝為官位高權重，非常有影響力。有一天收到了一封家書，信上說家鄉的家人跟隔壁鄰居發生了爭執，原因是兩家之間的圍牆倒了，重新砌牆時，部份圍牆超過地界，大家因此發生爭執，兩方僵持不下。

家人就想，沒關係，我家裡有人做大官，我是有靠山的，於是寫了一封家書，希望張英大學士可以擺平隔壁家。

張英讀信後嘆了一口氣，就回了封信，家人很高興，趕快把信打開，結果發現裡面只有一首詩：「千里修書只為牆，讓他三尺又何妨，萬里長城今猶在，不見當年秦始皇。」

千里迢迢送這封家書，為的只是一堵牆，這個有什麼好爭的？讓他三尺又何妨？我們看這個世界上最大最大的牆是什麼？萬里長城。誰蓋的？秦始皇。在太空中也看得到的萬里長城是當時劃時代的建築，是奇蹟，動用了多少的人力、物力，如今萬里長城的確還在，但是建功立業的那個秦始皇現在在哪裡？一時的爭執讓我們失了和氣，不是非常可惜嗎？大家最後塵歸塵、土歸土，你能留下什麼呢？

張英的這首詩打動了家人，隔天自動把圍牆向後退了三尺，鄰居一看，你們為什麼退三尺？想一想，也覺得做了多年的鄰居，傷了和氣以後見面其實也很難看，相處這麼多年的感情，最近為了牆吵來吵去，的確很沒有意思，鄰居也就自動地向後退了三尺。三加三等於六尺，兩家之間突然多了一條巷子，從此變成當地的美談。

歷史上有許多權傾一時的權貴，因為不明白依報不是永恆不變的，是幻有的，所

以費盡心思要去得到，結局悲慘者不勝枚舉，凡夫之人也不例外，因為執著而不斷抓取，造成人生裡很多無謂的痛苦，「微塵實非微塵，世界實非世界」，只有徹底了悟這個道理，才能脫離佛陀慨嘆的可憐憫者行列。

坐微塵裡轉大法輪

　　我們讀了《金剛經》，想要體會「空性」的道理，要怎麼來了解它？就是要回到自己的生活，回到柴米油鹽醬醋茶這些平凡事中慢慢地練習，放下對這些微塵的執著，照見五蘊皆空。如果不知道「是微塵眾，即非微塵眾」，那麼就會繼續因為執著而受苦。再從另外一個角度來說，這個世界是唯心所現，凡夫的心有罣礙，所以展現出來的世界就是塵沙飛揚，如果心清淨了，所展現的世界則是一片淨土。

　　淨土的世界黃金為地、琉璃為池，還有七寶行樹，都是寶石所現。為什麼會有這樣的世界？佛陀說：「不可以少善根福德因緣，得生彼國。」可見只要善根深厚福德具足，因緣就會成熟，心就可以現出淨土的景象。雖然如此，淨土也好、穢土也好，佛說世界，即非世界，是名世界。沒有貪著之心，展現出來的自然就是一個自在光明的境界。

　　讀《金剛經》啟發自性般若，讓我們時時刻刻就在淨土中領受著淨土的美好，所謂「坐微塵裡轉大法輪」就是如此。知道這一切的微塵本質是空，真空又能生妙有，菩薩是大做夢中佛事，藉由色、聲、香、味、觸、法來做佛事，建立因緣，創造因緣，而不住因緣。生活中，在在處處都是轉法輪之處，時時刻刻都是佛事，這就是般若行。

溫故知新
問題 1. 世間一切萬法，是實有還是假有？
問題 2. 何謂「一合相」？

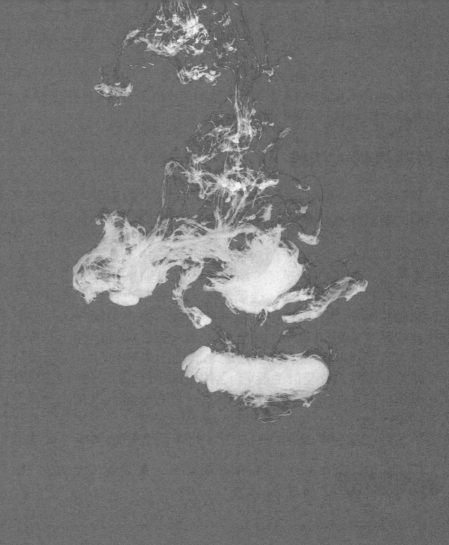

《金剛經》知見不生分第三十一

須菩提！若人言：佛說我見、人見、眾生見、壽者見。須菩提！於意云何？
是人解我所說義不？不也，世尊！是人不解如來所說義。

何以故？世尊說我見、人見、眾生見、壽者見，即非我見、人見、眾生見、
壽者見，是名我見、人見、眾生見、壽者見。

須菩提！發阿耨多羅三藐三菩提心者，於一切法，應如是知、如是見、如是
信解，不生法相。須菩提！所言法相者，如來說即非法相，是名法相。

知法如是
見相無著
不變本體
生滅假合

前言：知見不生

　　《金剛經》講到這裡，進入總結論。

　　《金剛經》主要依著須菩提的兩個問題：云何應住，云何降伏其心。云何應住，真心應如何住；云何降伏其心，如何降伏妄心。佛陀先回答降伏妄心，最後回答安住真心。到二十九分總結正報無住，三十分總結依報無住；現在三十一分就是總結論，把所有的問題歸納起來，再回到「降心離相」的主題上。

離人我見與法我見

　　一開始佛陀就問須菩提，如果有人說：「佛說我見、人見、眾生見、壽者見」，這個人是否理解我所說的義理呢？

　　須菩提說：「世尊，是人不解如來所說義。」

　　金剛經講離相，要離什麼相？離「我相、人相、眾生相、壽者相」，而依著這四相會起「我見、人見、眾生見、壽者見」，如果我們有這種「見」，表示我們內心是執著的。

對於這四相的執見有兩層次：人我見與法我見。

人我見，執著「五蘊」為我，而生我見、人見、眾生見；法我見，執著諸法為實，產生「法」的執念。現在了解了「五蘊無我」的道理，再進一步知道世間諸法並非實有。

佛陀說：如果有人產生錯誤的認識起了我等四見，表示他的心裡有這四種執著，也就是我執。但是如果他聽了佛法，又說：「佛說我見、人見、眾生見、壽者見」的話，表示他不懂佛法，他在法中產生錯誤的觀念。

不管是人我見也好，法我見也好，凡是對於實相的道理沒有正確體悟就是一個顛倒的認知。

降伏其心，就是要從離相上降伏，要離什麼相？「離一切諸相，即名諸佛。」整部《金剛經》的重點，不斷地反覆論述應該要離這四相的道理。

如是知、如是見、如是信解

佛陀告訴須菩提：發阿耨多羅三藐三菩提心者，對於一切法，「應如是知，如是見，如是信解，不生法相。」

這裡提到了三個如是：如是知，知就是知道；如是見，見就是見解、就是觀念；如是信，信就是信、解、行、證的信仰，正確的信念、相信；解，就是理解、體解。

佛法，要建立在正確的信仰才是智信，用「無我等四相」的觀念，「如是知，如是見，如是信解」，這樣才能正確地觀察一切法。

整部《金剛經》就是離相，不著相就是離相。要如是知見信解，有兩個方式，一個是思惟修，思惟「我」所認為的五蘊假我是真實的嗎？一個是直接起正觀，頓悟自心，直了

成佛，了達本具的心，本自空寂，本無有我。

離相－照見五蘊皆空

「佛說一切法，為治一切心」。

如果心對於「我」產生錯誤的觀念，認為有我，就是把五蘊假我執為我，要破除我執，就從如何錯認「我」來解套，如《心經》所說「照見五蘊皆空」，觀察色、受、想、行、識五蘊皆非實有。

色蘊，包括依報的形形色色，還有正報的眼根、耳根、鼻根、舌根、身根。「色即是空，色不異空」，眾生不明白這個道理，對於色法及萬事萬物以為實有；對於身體，也認為有一個實有的身體，同時也認為這個身體是我。

老子說：「吾有大患，患吾有身。」對身體的執著，平常就展現在衣食住行上，不管是吃的、用的，甚至是日常作息、運動等，都是為了要維護我們的身體，要讓我們的身體可以健康長壽而努力著。

但是，這個身體是我的嗎？

如果是我的，它為什麼不聽話？每天耗費了這麼多的心血，這麼細心地照顧，當有一天病了、老了，面臨死亡時，這個身體卻一刻也不會被我們所挽留，我們是不是要好好地去思考這個色身真的是自己的嗎？為什麼它完全不能夠由自己來做主呢？

過去有一位法師身體突然有了病痛，他就打坐思惟身體的痛是哪一個在痛呢？

身體屬於四大，地、水、火、風四大，到底是哪一個大在痛呢？頭髮、指甲、骨

頭屬於地大，地大歸地；身上的溫度屬於火大，火大歸火；呼吸、動作屬於風大，風大歸風；涕唾、尿液屬於水大，水大歸水。既然如此，四大皆歸於四大，身體就是空性，既然是空，為什麼還會痛呢？四大假合的身當中，哪一個是我呢？

經過了這一番思惟，他契悟了，原來身體本空，只是一個假合體，當下病就好了，他說了一個偈：「四大本皆空，五陰悉非有，快刀從頸過，猶如斬秋風。」這個道理說起來容易，事實上我們依賴這個身體，執著這個身體為實有，道理也能夠明白，但還是沒辦法不受它的限制。

故事1：憨山大師悟萬物不遷

明末四大師憨山大師年輕時讀僧肇法師的《肇論》，裡面的〈物不遷論〉中有個偈談不遷之理：「旋嵐偃嶽而常靜，江河競注而不流，野馬飄鼓而不動，日月歷天而不周。」他對於這個偈語感到不解。

這四句偈都在講萬物不遷的道理，從本體來說，萬法本就不動、不流、不周而長靜，但是看到的現象旋嵐偃嶽、江河競注、野馬飄鼓、日月歷天都是動態，動與靜是矛盾的兩極，憨山大師對於這一段有很多的疑惑。

後來有一次在重刻《肇論》時，讀到文中有一段描述：一位梵志從小出家，到他回故鄉時頭髮已花白，鄰居看了很驚訝地說：「哎呀，過去的那個人還在啊！」

梵志回答：「似昔人，不是昔人。」憨山大師讀到這裡恍然有悟，內心無比的歡喜。什麼叫做似昔人，不是昔人呢？

我們今天看起來好像跟昨天是同一個人，其實早就不是同一個了，我們的色、受、想、

行、識在不知不覺中相續，但在這樣祕密遷移的過程裡其實是不斷不斷地生滅著的，可是我們自己卻不知道，在每一次的生滅裡已經與之前的自己不同了。我們的觀念因為「執」、因為「粗」，沒有覺察剎那剎那的變化，其實已經不是原來的那一個了。

就好比現在坐在這個地方，比起剛剛開始時已經改變了，十分鐘、二十分鐘，身上的某個細胞已經不是十分鐘前的那一個，也不是上禮拜的那一個，更不是上個月的那一個，可是在細胞新陳代謝的過程中，有誰發現這件事？

每天早上看著鏡子會覺得這還是同一個人，事實上，如果是同一個人，應該永遠青春永駐容顏不衰，什麼時候多了一條皺紋？又是什麼時候牙齒鬆動色衰貌頹的呢？這表示生滅的現象是隨時隨地、剎那剎那在變化的，但變化的是現象，不變的是本體。

憨山大師讀到這一段就從禪床上起身禮佛，當下就看到身體雖然在禮佛，其實並沒有起動俯下之相。他又揭開簾子站在台階前，忽然風吹庭樹，樹葉飄滿了天空，只見每一片葉子似乎在天空中靜止不動，此時他就悟了「旋嵐偃嶽而常靜」的道理。

旋嵐是什麼呢？旋嵐就是能夠吹倒須彌山的風，它是非常大的旋風，這麼大的旋風把山川大地都吹掉了，可是風在吹，卻沒有動相，能夠摧毀世界的風卻長靜。

憨山大師要去上廁所，在上廁所時突然領悟：小解的水雖然在流，但是了無流向，便感嘆地說原來這就是「江河競注而不流」，江河向著大海奔流，在奔流的現象中，能否體會它的本體並沒有流相呢？

憨山大師看《法華經》上談到的「是法住法位，世間相常住」這句經文，過去的疑團頓時冰消瓦解，原來這一切的法都是安住在它該有的樣子、該有的位置，叫做「是

法住法位」。

　　世間所有的相，實則常住不滅。同樣地，所有的我相，色、受、想、行、識，每天就是各式各樣不同的我。六根對六塵，眼睛看、耳朵聽、鼻嗅香、舌嚐味，在每天忙個不停地變化中，能不能體會到常住不動、不變、不滅、不搖的這一個本體呢？

　　縱使令須彌山轟然倒地的旋風是沒有絲毫動作而常靜；奔流競注的江河並沒有在流動，是不流；如此驚天動地的對比反差，令人無法想像。

　　憨山大師就在起身禮佛、庭園觀樹、如廁小解等如此稀鬆平常的日常動作中，體悟了萬物不遷的妙理。

道在日用平常間

　　「念念遷謝，新新不住」、「應無所住，而生其心」，其實就是這樣地平凡與平常，只是我們粗心大意，沒有在行住坐臥間練習安住自己的心、降伏自己的心。
眼睛看到色，見到好看的色能不能不起貪念？見到難看的色，能不能不起瞋心？耳朵聽到聲，不管是稱讚也好、毀謗也罷，能不能練習如如不動？每天吃飯，如果滋味甚佳，能不能剛剛好就好？若是難以下嚥的粗茶淡飯，能不能心定菜根香不起煩惱？眼耳鼻舌身，每天就是這麼簡單地生活著。

　　《金剛經》中「應無所住，而生其心」，落實在生活的觀察和實踐就是在穿衣、吃飯、挑柴、運米裡，在這麼簡單的眼、耳、鼻、舌、身、意的運作中成就了殊勝的開悟因緣，

這就是般若行。

從憨山大師的開悟發現，原來開悟真的很簡單。

佛經裡講的壯闊就是內心對於所有萬物的觀察，所以佛陀告訴須菩提，發菩提心的人對於一切法能「如是知，如是見，如是信解。」如是，就是如實。在平常的生活中腳踏實地地去觀察，去理解生活，就能體會為什麼《金剛經》一開始，佛陀要著衣、持缽，一步一步地入舍衛大城乞食。

佛陀是誰？誰是佛？

「十方同聚會，個個學無為，此是選佛場，心空及第歸。」有修行人的地方，就叫做選佛場，誰是候選人？誰來選佛？選擇權在誰呢？

如果我們沒有明白佛陀的諄諄教誨耳提面命，以及他不斷地呼喚著須菩提、須菩提，我們會以為須菩提只是佛陀弟子當中解空第一的那一位，而沒有意識到從頭到尾，佛陀其實是在呼喚著我們內心的空性。

誰是佛？誰是須菩提？誰又是佛口中的善男子、善女人？

聞法至此，諸位知識，讀完了整部《金剛經》，你的生活有沒有更多的時候是「如是知，如是見，如是信解」的「如是我聞」呢？大道至簡，平常心是道，說的就是這一個道理。

無明慧經禪師有偈：「無始劫來祇這個，今日依然又這個，復將這個了那個，這

個那個同安樂。」無始劫來會輪迴的，就是這個。如今寫經的、聽法的、行住坐臥的，依然還是這個，若要回歸到本來的這個，就是將「這個」了「那個」，這個、那個，最終同安樂，同歸寂滅。

　　諸位知識，再問問自己，如果有人來問：「云何應住，云何降伏其心？」那麼受持讀誦《金剛經》的諸位知識，您又怎麼說法？

溫故知新

問題 1. 人我見與法我見，各執著什麼？
問題 2. 要離開甚麼相才能降伏其心？
問題 3. 《金剛經》如何信解行證？
問題 4. 佛是誰？

一切有爲法
如夢幻泡影
如露亦如電
應作如是觀

《金剛經》應化非真分第三十二

須菩提，若有人以滿無量阿僧祇世界七寶，持用布施，若有善男子善女人，發菩提心者，持於此經，乃至四句偈等，受持讀誦，爲人演說，其福勝彼。云何爲人演說。不取於相，如如不動。何以故？一切有爲法，如夢幻泡影，如露亦如電，應作如是觀。

佛說是經已，長老須菩提，及諸比丘、比丘尼、優婆塞、優婆夷，一切世間天、人、阿修羅，聞佛所說，皆大歡喜，信受奉行。

應無所住
化解並行
非實而虛
真心般若

前言：應化非真

　　這一分是總結「云何住心」的問題，整部《金剛經》環繞在須菩提所提「云何應住」、「云何降伏其心」這兩個問題，討論般若智慧的體、相、用。

　　第三十一分是總結須菩提所問「云何降伏妄心」的問題，不要執著我相、人相、眾生相、壽者相，最後歸結到不生法相，不但凡夫的法相不生，聖人的法相也不生，如此就能降伏妄心。

　　這一分則是總結須菩提提問「云何安住真心」的問題。

須菩提，若有人以滿無量阿僧祇世界七寶，持用布施。若有善男子、善女人發菩提心者，持於此經。乃至四句偈等受持讀誦，為人演說，其福勝彼。

再次較量世間與出世間的功德

　　這段經文再一次較量顯示持經說法的福德勝過以無量阿僧祇世界七寶布施的福德。

　　第四分〈妙行無住分〉中，佛陀首次回答「云何應住」的問題，就是應行「無相布施」：

「菩薩於法，應無所住行於布施」。

如何安住其心呢？安住心的方法，就是用無住的心來行布施、持戒、忍辱、精進、禪定、智慧等六度萬行，如果不能以無住心來行布施，這個布施僅僅是世間的福德。同樣是布施，有法的布施跟無法的布施，天差地別。

若有人以滿無量阿僧祇世界七寶持用布施，把世間最珍貴的寶貝拿來布施，這在世間法中最為殊勝。但如果善男子善女人發了菩提心，持《金剛經》乃至四句偈等受持讀誦、為人演說，此行法的福德，其福勝過以無量阿僧祇世界的七寶布施福德，再一次突顯出發菩提心乃至無住心的殊勝。

此中最主要的差別是什麼？

最主要的差別是行菩薩道的發心及用心。

為什麼善男子善女人發菩提心持此經，乃至四句偈受持讀誦、為人演說的福德，勝過以滿無量阿僧祇世界七寶持用布施的福德呢？

對一般人來說，做善事、修布施，乃至於在社會上做種種的救濟運用各式各樣的資源來照顧、回饋社會是受到歌功頌德、萬眾矚目的事，也是普世認同的價值。

但是如果有一個人，他能行菩薩道，發菩提心，持此《金剛般若波羅蜜經》，乃至終其一生受持讀誦或者是為人演說，一般社會大眾並不一定瞭解它的福德。

學習佛法，信受佛法似乎並沒有為社會大眾所認同、接受，它只是一個宗教性的行為，但是如果一個人用無量阿僧祇世界七寶來行善布施，這是被大眾所認同的。

為什麼佛陀在此特別稱讚行法之人其福勝彼呢？其中的奧秘就在於「發菩提心」這四個字，發菩提心跟不發菩提心，會影響修行乃至於行善。

發菩提心為成佛的關鍵

《金剛經》一開始就講善男子、善女人的定義，就是發阿耨多羅三藐三菩提心。發菩提心，就是以圓滿覺悟為目標，就是以成佛為目標。

當我們發了菩提心，要如何才不會忘記？就是要受持讀誦，為人解說《金剛經》。

《金剛經》裡，時時、句句都在提醒修行要發菩提心，做事要發菩提心，行善要發菩提心，乃至讀誦受持、為人解說也是不離菩提心，如果把整部《金剛經》憶持不忘，你會記得要發菩提心。

一個發菩提心的人，他行善是以迴向菩提心為初發心，在行布施時，自然而然就會遠離我相、人相、眾生相、壽者相，用一個不執著的心來行，會達到最究竟圓滿，效果最好。

一個沒有發菩提心的人雖然也是行善、做布施，但是用「我相」來行，有我，罪即生。有我之後所行的一切善還是有效果，但究竟只是人天福報。

這個人天福報是有限和有漏，永嘉大師說：「住相布施生天福，猶如仰箭射虛空。勢力盡，箭還墜，招得來生不如意。」世間的布施，它有效果，有人天的福報，但就像一支箭射向虛空，等到箭的力道退散了，還是會墜落掉回地面，如果我們只為了人天之福而行善，福報享盡後又會再回過頭墮落到來生的不如意窟裡，如此不斷地在三界內升升沉沉循環不已。

所以，同樣是行善，我們要用一個不執著的心、用一個覺悟的心，用一個離我相、人相、眾生相、壽者相的心來行一切善行。

要怎麼瞭解這件事？就是受持讀誦《金剛經》，甚至我們背誦了之後，還可以為

人解説，當我們在為人解説時，我們的心已經深深地植入了《金剛經》的義理，回過頭來在行世間的布施時，自然而然就會用一個不執著的心來行，這個叫做從解入行、依理起行。

解行並重不落兩邊

但是有的人會有所偏頗，一種叫做「有解無行」，一種就是「有行無解」。

有解無行的人，天天在説食自己卻沒有吃過一口，叫做説食數寶，天天在數財產或鈔票，但數得都是別人的錢。只有讀經而不行，説食數寶，沒有辦法真的跟佛法相應。另外一種極端就是「行而不解」，認為説來説去，最後還是叫人要修行，所以行就好，看到有的人光説不練，只要解而不行，就認為「解」沒什麼效，不如來「行」。

問題是當他不懂得佛法的道理時，他的行是帶著什麼心呢？是帶著自己原有的習氣，原有的小心、小量，不管是貪心還是瞋心，或是傲慢之心，沒有學佛是很難發現自己有這一些心態的。

學了佛，即使還是有很多習氣，在誦讀經文中就會慢慢地發現自己的缺點，透過反省、檢討、懺悔、改進，慢慢地讓自己的心漸漸不著相，就能跟菩提心相應。所以如果只有「行而不解」，到最後很容易以「我相」來行，叫做「住相布施」，住相布施就又回到老問題，效果也只是人天的福報。

如果跟大眾共處時「我相」很大，到最後常常是煩惱來收場，本來好心要做好事，結果最後人仰馬翻、眾叛親離，落入了鬥爭，彼此對立衝突，徒留遺憾，好事就變成壞事。

不管是行入門，還是解入門，都要解行並進，受持讀誦經典是入「行」的開始，如果只有行布施，不見得懂「無住」的道理，我們誦讀經典，或是為人解説，乃至於來寫，在

書寫、受持、讀誦時，經文的內容反覆反覆地薰修，讓我們的心跟佛法相感應，慢慢地，佛的觀念就變成自己思惟的觀念，在生活中，或在不經意的瞬間，心裡還會冒出一些佛經的內容，這個就是薰修的效果，當我們有了跟法相應的體驗，我們的心自然就會安住在般若的妙智慧中。學習佛法或是勸人學習佛法，比只有行慈善、行布施的效益更為長遠，因為它能發一個要成佛的菩提心。

云何為人演說。不取於相，如如不動。何以故。一切有為法如夢幻泡影，如露亦如電，應作如是觀。

不取於相　如如不動

所謂般若為應無所住而生其心。應無所住，就是不執色、聲、香、味、觸、法，不取於相，不取什麼相呢？不取我相、人相、眾生相、壽者相，也不取我相、法相以及空相。

三相不取就能如如不動，如如不動，其實就是不動，但是用「如如」這兩個字來講不動，是本如的不動、本性的不動，而不是身體不動的不動，或是頭腦不動的不動。

什麼叫做如如？

第一個「如」是智慧，什麼智慧？如實相、如本心之智；第二個「如」就是真如的理體，如理之智來契合真如之理。如智如理，簡稱如如。

受持《金剛經》，如是知、如是見，「如是」讓第一個「如」的智慧相契應符合第二個「如」的理體，起始覺之智契本覺之理，智慧跟本性合而為一，是一體的、一

如的，叫做如如。

為什麼平時無法「如如不動」呢？心不平靜就是因為心起了攀緣，為什麼會動？因為攀緣心。

心一動就是一念不覺生三細，境界為緣長六粗，攀緣心一生，心就流轉，就開始有了動態，從細的動，到粗的動，念念遷流、念念分別。

對什麼起分別？分別我相、人相、眾生相、壽者相。每天忙碌的就是人我是非，看到好的，心起貪著；看到不好的，心起煩惱；耳朵也是如此，鼻、舌、身、意都是如此。

當攀緣心一起，分別念一起就不能保持平靜，就無法如如不動，要知道，心不平靜就是因為我們的心起了攀緣。

佛說有為法的六種譬喻

為什麼會攀緣呢？因為不能明白有為法的真相。

佛陀說：何以故？「一切有為法，如夢幻泡影、如露亦如電，應作如是觀。」

不能明白一切有為法就像這六樣東西，哪六樣？夢、幻、泡、影、露、電。這六樣有什麼特質？就是虛妄不實。

不知「有為法」虛妄不實就會對有為法開始攀緣、取捨，想要種種的追求，最後發現求到了還是會壞，為什麼？因為它是夢。

求不到是一種苦，求到了也還是一種苦。求不得，就有苦苦；得到了，就有壞苦；平常渾渾噩噩、念念顛倒、念念遷流還是苦。

佛陀就教我們，不懂這個道理，心就沒有辦法如如不動，所以要訓練自己應作如是觀，

怎麼觀？

　　觀一切有為法如夢幻泡影、如露亦如電。

　　如「夢」，就是夢境、夢幻，做了好夢，不要執著它；做了壞夢，也不要害怕、不要緊張，因為這就是一場夢。同樣地，世間一切因緣和合的有為法都如夢一般，回頭看看自己的人生，是不是就好像一場夢？

　　幻，叫做幻事，好像電影一樣，看電影時因為沉浸在劇情裡，就會被角色的喜怒哀樂而牽動著，感覺似乎很真實，電影結束後曲終人散，這就是「幻」，它不是實在的。

　　泡就是水泡，不管是大的水泡還是小的水泡，有顏色的水泡、美麗的水泡，它還是水泡，瞬間就消失。

　　影，指的是影子，影子是依附在物體才存在的，並沒有實際上的影子存在，一切有為法就像影子一樣，它並不是真實存在的。

　　如露亦如電，露就是早上的露水，太陽一出來，露水就變成水蒸氣，了無蹤跡。閃電更是如此，剎那即逝。

　　這幾個譬喻都是在講虛妄不實、變異無常、生滅迅速的特質。

　　一切有為法就如這六樣瞬間即逝的不實之物一樣，是如此地虛妄不實，回頭看看我們所在意的一切法，所有人事物是不是就像夢幻泡影一樣？如果看不破、放不下，每天跟著這一切夢幻泡影的有為法頭出頭沒窮逐不捨無有了期，而累生累世的輪迴就

是這樣來的。

故事1：三生石－三世因緣

宋朝大文豪蘇東坡曾經為唐朝的李源居士和圓澤和尚寫了一篇傳記，這是在講李源和圓澤和尚之間的三世因緣。

李源本來是貴族子弟，自幼生活豪奢，他的父親李憕是東都太守，在安祿山興兵反唐時，李憕誓死抵抗叛軍不幸兵敗慘遭殺害。當時李源年僅八歲，在兵荒馬亂中被叛軍俘虜為小奴。

幾年後，李憕昔日的部將發現了李源，就將他贖回。後來唐太宗獲悉李源是李憕的兒子，於是特別下詔授予李源河南府尹的官職，並給予他豐富的賞賜。

但是父親的慘死是李源刻骨銘心的痛，發誓終身不做官、不娶親、不吃肉，並且將父親的宅院捐出來作為寺院，以超度死去的父親。
僧人圓澤和尚是李源的忘年之交，兩個人一起遊行四方、參禪問道。

有一天，他們約好一起要前往四川青城朝拜峨眉山，李源想要走水路，從荊州啟程，而圓澤和尚想走陸路，從長安取道。

李源不同意圓澤和尚的提議，而且態度很堅決，圓澤和尚實在沒辦法，只好順從李源，他感歎地說，看來命運由不得自己。於是，兩人就從荊州經水路啟程。

李源與圓澤和尚搭著客船到了南浦，暫時停靠在江邊，這時他們看到一名孕婦正在河邊取水。圓澤和尚看著她卻流著眼淚對李源說：「唉，我之所以不想走水路，就是因為怕見到她。」

李源聽了後大吃一驚，圓澤和尚解釋，因為前世的業力，注定要去投胎做這個孕婦的兒子，圓澤和尚不想繼續輪迴，所以一直迴避和她相見，但是業力終是無法避免。

　　圓澤和尚叮囑李源三天以後，請他到一戶姓王的人家看望他，圓澤和尚還叮囑李源，十三年後的中秋之夜，請他前往杭州的天竺寺外和自己相見。

　　李源聽了後悲傷不已，而且悔痛萬分，但事已至此，李源只好忍著悲傷為圓澤沐浴更衣。當天傍晚，圓澤圓寂，那位王氏婦人也隨之產下一個嬰兒。

　　三天後李源如約來到王家，嬰兒見到李源，果然露出微笑。李源就將事情的來龍去脈全部告知王氏，王家人聽聞後也很震驚，於是出錢安葬圓澤。

　　十三年後，李源信守約定從洛陽趕到杭州的天竺寺。

　　他剛到寺外就聽到了一陣歌聲，循聲望去，看到一個牧童騎著牛緩緩走來，牧童唱著：「三生石上舊精魂，賞月吟風莫要論。慚愧情人遠相訪，此身雖異性長存。」杭州天竺寺後有一塊三生石，石上銘記著我前世的精魂，趁著賞月吟風的美好時節，那些過去的事就讓它隨風而逝，我們何必要去談起呢？我很慚愧，讓你從那麼遠的地方來看我，雖然今生我容貌已不同，但是那顆心始終沒有改變。

　　李源知道牧童就是圓澤和尚，他非常激動地説：「澤公，您好嗎？」

　　牧童回答：「李公，你真的是一位信守諾言的君子，只是我俗緣未了，暫時不能再接近你了，唯有精進勤懇地修行，到時候我們還會再次相見。」

　　隨即牧童又唱起另一首歌：「身前身後事茫茫，欲話因緣恐斷腸。吳越山川尋已遍，卻回煙棹上瞿塘。」

　　牧童且歌且行漸行漸遠，漸漸地消失在李源的視野中。

　　觀一切法如夢幻泡影，如露亦如電，能觀的這一念心，是如如之智；所觀的這個

理是如如之理，自然就能如如不動。如如不動，是一種自在從容的生命態度，百花叢裡過，片葉不沾身，能觀一切法虛妄不實，行菩薩道時也能夠寵辱不驚。

圓滿《金剛般若波羅蜜經》

六祖大師說：「一切處所、一切時中、念念不愚、常行智慧，即是般若行。」《金剛般若波羅蜜經》即將圓滿，諸位知識，從六祖大師聽聞應無所住而生其心的這一刻，隨著六祖大師來到《金剛經》的世界。

《金剛經》裡，化身為須菩提，聽著佛陀一聲一聲地呼喚：「須菩提，於意云何？」造了金剛經塔，般若之智也隨著經文的薰習、書寫、為人解說，而漸漸地建構起來。

千人寫經、百萬造塔是我們的願心，在緣起緣滅中，保持無念、無住、無為之心。既然是一場夢，做好夢也是夢，做惡夢也是夢，菩薩知道是夢，入夢來大作夢中佛事，以無所著、無所住的心來行一切善，不執著一切善，即得阿耨多羅三藐三菩提。

靜下心來寫經、讀經、聞經，《金剛經》的道理，一字一句地受持、讀誦於心，成為八識田的一部分，也啟發了自性般若。能夠受持、背誦《金剛經》，成為般若的種智，成為金剛種智，生生世世憶持不忘，即不枉費此生與金剛般若相遇。

溫故知新

問題1. 如何保持「如如不動」的心呢？

問題2. 夢、幻、泡、影、露、電這六樣有甚麼共同特質？

金剛經總複習

金　智　般　若　實　相　不　住
剛　強　不　動　自　性　如　如
般　理　分　明　讀　誦　受　持
若　究　降　住　信　解　修　證
波　妄　發　心　菩　提　男　女
羅　境　四　相　空　無　我　法
密　色　無　見　五　蘊　亦　空
經　心　無　著　妙　不　可　得

藉由寫經而信解修證般若智慧

　　這堂課是金剛般若寫禪課程的圓滿總複習。依據的法本為鳩摩羅什所譯的《金剛般若波羅蜜經》，藉由寫經、讀經、聞經，乃至於實踐經典的道理來修煉般若智慧。般若有三，文字般若、觀照般若、實相般若，透過《金剛經》文字般若起觀照，觀一切有為法「如夢幻泡影，如露亦如電」，這是《金剛經》修煉般若的入處，依此修煉，就能照見五蘊皆空及實相之理，回歸到實相，即實相般若。

　　《六祖壇經》談到般若要怎麼修呢？

　　「若欲入甚深法界，及般若三昧者，須修般若行，持誦《金剛般若經》，即得見性。」說明受持讀誦《金剛經》是修煉般若之法，因為《金剛經》的內容為般若的信、解、行、證。讀誦《金剛般若波羅密經》可以明心見性；見性之後，隨時隨地皆能依般若而行，即

為般若行。念念不愚，常行智慧，即是般若行。什麼是般若行？「一切處所。一切時中。念念不愚。常行智慧。即是般若行。」修習《金剛般若波羅蜜經》之人，不管是凡夫還是佛，都念念不愚，常行智慧。佛陀說，一切眾生皆有佛性，皆可成佛，不論先天的條件、後天的遭遇，只要願意修持，都能成就般若行，不管面對什麼人，遇到什麼事，擁有什麼，失去什麼，都能念念不愚，就是般若行。

　　六祖大師教我們持誦《金剛般若波羅蜜經》，本身也是在客棧當中聽到「應無所住，而生其心」這句話的當下如雷貫耳，因此改變了他的人生。正因為自己的經歷就是實踐般若的歷程，因此所有的開示句句見性，也提醒大眾「人人皆能見性」。開設的這一系列課程，就是為了要讓大眾練習「一切處所，一切時中，念念不愚，常行智慧」，寫經是一種方便，透過書寫、受持、讀誦，讓每一個人都能明白自己的心，安住在自性當中。

金剛經之大綱

　　這一堂課總結經文。《金剛經》共有五千三百個字，梁朝昭明太子將其分成三十二個段落並予以標題，清楚列示《金剛經》的脈絡。其中又可分為四大綱領：
　　略明降住——生信分
　　推廣降住——開解分
　　究竟降住——起修分
　　決定降住——成證分
　　此中關鍵字，即「降」和「住」，依此二字衍生「信解修證」四個重點。

序分 -- 降、住二字展開全經論述

〈善現啟請分〉裡，佛陀的弟子須菩提以如來之教：「如來善護念諸菩薩，善付囑諸菩薩」開啟了序分，其重點，就在「降」跟「住」二字。「善男子、善女人，發阿耨多羅三藐三菩提心，云何應住？云何降伏其心？」這兩個問題貫串了整部《金剛經》，「云何應住」就是心要如何安住？論的是真心的安住；「云何降伏其心？」談的則是降伏妄心之法。而誰會關心這兩個問題呢？就是發了阿耨多羅三藐三菩提心的善男子和善女人，這段問話的重點即是：善男子善女人，在發菩提心、行菩薩道的過程中，如何讓自己的心通過一次又一次的考驗（降），以及讓自己的心，得以發揮最大的功能（住）。

生活中的逆境，不外乎就是遇到自己無法降伏的事和人，面對這樣的境，使自己的妄心起伏，根本原因是來自於我相、人相、眾生相、壽者相，因為有「我」，心中才會患得患失，產生許多無謂的煩惱不能降伏。那麼，到底要如何做才能降伏妄心？將心安住？這部經依這兩個問題，展開信、解、修、證四次第之般若圓滿法。

綱領一、略明降住生信分（一〜八分）略明降住生信分，有八分；從〈法會因由分〉、〈善現啟請分〉，到〈依法出生分〉。這八分就是在講「如何降伏其心」、「如何應住」，以及這兩個問題的重點。

綱領二、推廣降住開解分（九〜十六分）從〈一相無相分〉到〈能淨業障分〉，

這八段就是推廣；廣論降伏其心和安住其心。

綱領三、究竟降住起修分（十七～二十四分）究竟降住起修分，從〈究竟無我分〉到〈福智無比分〉有八分，都在談如何徹底地把「降伏其心」以及「安住其心」達到究竟；從佛的角度來談般若之智。

綱領四、決定降住成證分（二十五～三十二分）最後就是「決定降住成證分」。在修證分上，是沒有辦法用思惟或以凡夫之見論斷的，修一切善，卻不執著一切善；讀了這一部經，而不執著讀這一部經，才是修《金剛經》最殊勝的境界，此即無言無説的證境。

依《金剛經》四綱領，可知自己在般若修煉的體悟達到哪一程度與境界？初發心者，剛開始對修行尚未建立信心，先予以循循善誘。經過一番修煉，已能慢慢地將自己的心安住，掌握少分的智慧與定力，最終將菩提心發揮到最極致。修行要走到底，就要從究竟圓滿的角度省察自身的修煉。

綱領一、略明降住生信分（第一～八分）

法會因由分第一

《金剛經》第一分，從如是我聞，佛陀在舍衛國開始説起。佛陀在什麼時候講這一部經呢？是在日常的一個時刻。佛陀每天做哪些事？「世尊食時。著衣持缽。入舍衛大城乞食。於其城中。次第乞已。還至本處。飯食訖。收衣缽。洗足已。敷座而坐。」這一段經

文告訴我們，《金剛經》發生在何時、何地，是在一切時中、一切處所，就在最平常不過的生活中，彰顯穿衣吃飯的日常即是修煉《金剛般若經》的最佳時機。「法會因由」，指法會的因緣從何而來？就在吃完飯、洗完腳，盤腿坐好，全部安頓後，自己的心也很安定了無罣礙，就可以開始好好地聽法。

善現啟請分第二

接下來，須菩提就問「云何應住？云何降伏其心？」這兩個問題，發心的人如何像佛陀一樣呢？「佛言。善哉善哉。如汝所說。」的確就像你所說的，「應如是住。如是降伏其心」。

大乘正宗分第三

佛陀說，降伏其心的方法非常簡單，就是發願。「諸菩薩摩訶薩應如是降伏其心。所有一切眾生之類…，我皆令入無餘涅槃而滅度之」。如何降伏其心？如果知道你是菩薩，就能降伏其心。在面對境界時，第一件事情就要問，是以什麼身份來面對它？如果認為自己是被害者，肯定無法降伏自己的心，因為你把自己定位為受害者，有苦無處說；如果你是復仇者，也不會想要降伏其心，還會強化自己的痛苦，合理化自己的煩惱，才能有憑有據地復仇。由此可知，如果要讓內心起煩惱，一定是把自己定位在能夠起煩惱的角色。所以，要降伏其心很簡單，就是把自己定位成大菩薩，面對所有眾生，菩薩只有一個想法：「我皆令入無餘涅槃而滅度之。如是滅度無量無數無邊眾生。實無眾生得滅度者。」為什麼？如果菩薩不這麼想，他就有我相、人相、眾生相、壽者相，有這四相就是凡夫心而不是菩薩心，如果跟菩薩一樣，發了菩薩心，就沒有

我相、人相、眾生相、壽者相，妄心就被降伏了，這就是降伏其心的方法，直接把自己定位為菩薩，妄心自然降伏。

妙行無住分第四

復次。菩薩要怎麼修行？要行布施。所謂「菩薩於法。應無所住。行於布施。」而布施時，以「不住色聲香味觸法」行之，這樣效果是最好的。如果布施帶有目的，例如想要身體健康、富貴、事業順利、改善人際關係…這些有相布施一定會得到好結果，但也僅此而已，沒有辦法達到不可思量的境界。永嘉證道歌云：「住相布施生天福，猶如仰箭射空」，有相布施能得到果報，但是有限，譬如生天，生天之後，福報享盡還是會墜落，因為有相布施所得到的效益是有限的。

「菩薩於法，應無所住行於布施」，菩薩的發心沒有我相、人相，就是菩薩在行菩薩道時和世間人不同，不會問能獲得什麼？做這件事情有什麼好處？只問能不能發菩提心？世間人每天汲汲營營，無非就是人我是非，出發點就只著眼在「我」能得到什麼而已，而菩薩的心不帶任何目的，只是純粹地行菩薩道，菩薩的心不執著相行布施，其功德與力量當然也是不可思量。這樣「無住」的修行，叫做「妙行」，其果報不可思議，這是真正的妙。

如理實見分第五

在第五分，佛陀以如來之身為例，問：如來之身是三十二相之身？還是無法觀見之身？可以描繪佛陀長什麼樣子嗎？是男，是女，或是三十二相？是印度人，是地球人，或從他方世界來？可以說出具體的長相嗎？須菩提說「不可以」。為什麼？因為「凡所有相，皆

是虛妄。」

　　娑婆世界是我們的心所現之相，並非真實。如果你覺得這個世界不好、這個人不好、這件事我不喜歡，這些都是自己心裡產生的分別，而不是這個人、這件事、這個環境真的如你所說般的不好，如果我們能夠明白這件事，「若見諸相非相，即見如來」。要見到佛，要遠離一切顛倒夢想，不要執著於某一種相，某一種形式，就能真正達到如來之境，「凡所有相，皆是虛妄」，要如理地去認識它，以如實相之理認識這個世界，見地就會有不一樣地提升。

正信希有分第六

　　能相信這件事情的人具有大福報、大功德，因為他不只是在一佛、二佛、三四五佛種善根之人，而是已經在無量千萬佛所種諸善根了。是諸眾生，在經文中聽到「無我相、無人相、無眾生相、無壽者相」，聽到菩薩摩訶薩的心，自己的心很相應；讀到《金剛經》裡面佛陀所有的言行，感覺很相應；喜歡來寫經，覺得心很清淨；讀了《金剛經》，覺得心能在一字一句當中解脫了些許煩惱、化開了某些憂愁…等等，這些都是善根。這些善根，表示已不只一生、兩生與佛有緣所得，而是在「無量千萬佛所種諸善根」。不要小看只是坐在這個地方念這一句《金剛經》，是諸眾生的確是如此不可思議，這叫做「正信希有」。

無得無說分第七

　　讀這部經會契入無為法，「一切賢聖。皆以無為法而有差別。」很多人想要明白

經文裡的字句，就要做很多的研究、比較，甚至推敲意義，事實上《金剛經》很容易懂，回到自己的心，只要有煩惱就發願，以菩薩心超越所有的煩惱，用菩薩的心突破狹隘的心，慢慢地，局限就會越來越少，「我相」就越來越少，一切賢聖皆以無為法而有層次之別。

依法出生分第八

　　《金剛經》是一部非常殊勝的經典，〈依法出生分〉佛陀就說，能夠受持、讀誦這部經，乃至四句偈，哪怕只明白一句，其功德、福報勝過「三千大千世界七寶以用布施」。世間做善事的人很多，然而無論做多、做少，對象為何，都不如讓金剛經流通殊勝，為什麼？因為所有的佛以及諸佛阿耨多羅三藐三菩提法「皆從此經出」。這部經是產出佛陀的一部經，叫做依法出生，依著這部經可以出生所有的佛，而佛是誰呢？就是你和我。我們在聽聞《金剛經》、受持讀誦、書寫這部經、行著這部經，我們即將成佛。

綱領二、推廣降住開解分（第九～十六分）

　　在第一綱領裡，我們對於這部經有了殊勝的信心，接下來就要推廣這個觀念，不斷地回到正見上，從第九分到第十六分就是推廣分。

一相無相分第九

　　佛陀問須菩提，所有的修行中，最基本的聖人有初果、二果、三果、四果，羅漢之所以能成為羅漢，就是因為他沒有「我相」，如果「我」有「我相」，可以說「我」是須菩提、須陀洹、斯陀含、阿那含、或是阿羅漢嗎？這就是用前面無我相、無人相、無眾生相、

無壽者相這四相來觀察自己修證的果位。以為自己修得很好，得到了什麼果位，就表示自己還在我相當中，真相上是「實無有法名阿羅漢」，如果照著經文的道理，慢慢地連一個果位也不執著。

佛陀在過去生的修行當中得到了最高的肯定，所謂最高的肯定是什麼？就是確定可以成佛，當然，最後他也成佛了，但即使是最高榮譽，佛陀都能不以為喜，也不以為勝。佛陀以自己的例子做說明，在過去生中即使然燈佛為他授記的那一瞬間，他的心也是無所得的。

凡夫始終在爭最後那一刻的榮光，所有的努力與汲汲營營也都是在等著被肯定的那一刻，或是得到最高榮譽的那一刻。但有得必有失，為了這個「得」卻不知失去多少，所以佛陀告訴我們，不只是須陀洹、斯陀含、阿那含或阿羅漢，如果你是用有所得的心，很難證到初果、二果、三果、四果，因為有所得這個見解是錯的。我們在世間的所有得失，都是建立在錯誤的見解上，所以最終得到的只有苦。

莊嚴淨土分第十

以「我相」為基礎去努力的一切，都無法達到真正解脫的目的，反而倍增無明痛苦，所以佛陀說，不只是聲聞的修證，連佛陀自己「在然燈佛所，於法實無所得」，這才是沒有我相的真實智慧。

最後要講菩薩「應如是生清淨心。不應住色生心。不應住聲香味觸法生心。應無所住而生其心。」這一句「應無所住而生其心」就是六祖大師聽到的開悟字句，也是佛

陀的真知灼見。

無為福勝分第十一

　　接著佛陀舉例如果能明白不住相生心的道理，福報就會勝過以三千大千世界，甚至如恒河沙數的三千大千世界多的七寶布施，這些都遠遠不如受持、為人解說金剛經中的四句偈，因為這才是最殊勝的福報。

尊重正教分第十二

　　要知道，現在寫經、讀經、學經，甚至行經，無論到哪裡都是在修行，因此「隨說是經。乃至四句偈等。當知此處。一切世間、天、人、阿修羅。皆應供養。如佛塔廟。何況有人盡能受持讀誦。」這個人是「*成就最上第一希有之法。若是經典所在之處。即為有佛。若尊重弟子。*」因此要恭敬自己所寫的塔，不要一邊寫一邊嫌，覺得寫得不夠好，更要非常尊重自己的每一筆、每一畫，字體因人而異，美醜心態不同。而經的道理是天、人、阿修羅都在供養的，把這一部經當成佛，更何況我們還全身心都投入在修煉中。

如法受持分第十三

　　佛陀講《金剛經》是這麼地殊勝，須菩提當然就問應如何奉行？該怎麼來做？其實佛陀在這裡講到的奉行之法非常簡單，就是用「金剛般若波羅密」這幾個字來奉行。

　　其實在金剛般若波羅蜜中，最重要的兩個字就是「般若」，以般若為名，依著這部經的道理來奉行。也許我們沒有辦法背完所有的內容，但是已經開始在寫《金剛經》，總是

知道自己是在修行；或許讀得內容不多，記得也很少，但是只要有這個心，就是開始在修般若之智了。

離相寂滅分第十四

須菩提聽到這裡真的是感激涕零，因為從來沒有聽過這麼殊勝的教法。佛陀說這部教法之所以好用，就是因為它可以讓我們的心圓滿波羅蜜。而這部金剛經的核心談的是般若，般若為六波羅蜜之首，稱為第一波羅蜜，有般若之智，再行布施、持戒、忍辱、精進、禪定，就都能夠達到圓滿。佛陀舉了一個例子，他過去遇到最大的困境就是「被歌利王割截身體」，在被節節支解時，所幸當時已經有了般若智慧，才能面對最大的考驗，以此藉境練心逆勢成長。每個人都會遇到各式各樣的經歷，如果不能選擇環境，也沒有辦法逃避一切，要怎麼不受苦而超越它？唯有佛法教我們的大智慧，才有辦法讓我們歷經所有的滄桑與痛苦，而不動搖自己的道念。

能淨業障分第十六

「千人千般苦，苦苦不相同」佛陀告訴我們，只要有般若智慧，就可以逆轉一切境界，把境界當成是成道的養分，長養慈悲的歷練；把境界變成練心的磨刀石或讓蓮花綻放的沃土，感恩這一切的境，超越這一切的境，不再只是無力地受苦，這是這一部經最殊勝的地方，叫做「能淨業障」。

持經功德分第十五

「往昔所造諸惡業」，這一些「業」化解不了、逃避不掉，但在般若之智中，它

成了成佛的逆增上緣。因為智慧，你的眼睛張開了，所以「若菩薩心住於法而行布施。如人入暗。則無所見。若菩薩心不住法而行布施。如人有目。日光明照。見種種色。」執著於什麼、痛苦於什麼，就將這些境界變成自己般若智慧的逆增上緣，讓心不再因這些外境所苦，反而因有般若之智而得以看清一切。當來之世，善男子、善女人受持此經，必定成佛。從初日分，到中日分，到後日分，「在在處處。若有此經。一切世間、天、人、阿修羅。所應供養。」這是非常非常殊勝的，所以最後〈能淨業障〉。

　　佛陀說在這個時代裡，如果要把受持《金剛經》所得的無量功德說清楚，恐怕很多人就瘋了，因為在大家的心中很難相信有這樣的好事，也不認為這是可信、可行、可能的事。現在這個時代，光是要修一個法就困難重重，我們都不相信就這麼簡單，讀經就好了嗎？誦經就好了嗎？我的問題、我的債務、我的感情、我的生活呢？這些問題真的能有轉機？能有改變？大家都不相信自己能來修行，所以佛陀說「我若具說者」，卻因為眾生福報不夠，狐疑不信就算了，還會毀謗，這樣是得不到這個教法的益處的。能淨業障，是這部經很難得、很殊勝的地方，要相信自己一定可以化解所有的冤、結，但你必須要去了解、受持讀誦。當然這不是這麼簡單就能相信的，你能相信，表示你的善根與福德是深厚的。

綱領三、究竟降住起修分（第十七～二十四分）

　　接下來第三個綱領，《金剛經》到了下半段，變得非常地簡要、再舉例說明。

究竟無我分第十七

〈究竟無我〉：這一切法回過頭來再講一次，就是要闡明發菩提心之人就要發滅度一切眾生之心，但「滅度一切眾生已。而無有一眾生實滅度者。」這在最前面不是講過了嗎？是啊，因為剛剛開始修時，佛陀講一個方向，我們要去行，行了一段時間，就要回頭檢視自己的心，在行菩薩道的過程中，有沒有真的如實地在實踐，你相信了幾分？你又實證了多少？寫經課一個月一次，也藉此回來看看自己現在修得如何？這一個月以來，我的心有沒有更相信、行為更接近佛陀所說？所以下半段就是在複習，佛陀把前面的道理再講一遍，又更加深了深度。前面是剛剛開始「略明」，現在就要進入「究竟」的真理了。從剛剛開始的方向到現在要深入，一步一步地，每一刻、每一瞬間，都要檢查自己的觀念有沒有如實。

一體同觀分第十八

到第十八分，就開始看到你修行的層次了，我們是用肉眼在觀看世間？還是天眼、慧眼？法眼或者佛眼呢？如果我們能知道佛眼中的世界，就會明白為什麼佛陀會如此說法。「所有眾生。若干種心。如來悉知。」佛陀知道眾生的心，因為每一個人都不一樣，所以佛陀說法因應眾生之心，有八萬四千法門之別。其實眾生的若干種心都不是真心，但是眾生卻把自己的心當成真心，為什麼我們會煩惱，因為覺得煩惱很真實；我們很生氣，因為覺得瞋心很真實；我們好想要得到什麼，因為貪心很真實。這一切佛陀都了解，但是他也知道，眾生的苦就苦在把妄心當成真心，可是我們自己卻不知道，更糟的是我們連妄心和真心都分不清楚，一直以妄為真，所以在這裡就要再一次地講「過去心不可得，現在心不可得，未來心不可得。」

　　患得患失是我們的毛病，一次的失敗可能造成心理的陰影，但是我們沒有想到，失敗有時是天時、地利、人和三者沒有俱全，不一定完全是自己的錯，如果我們努力了卻不如人意，不要全部都怪罪自己，或怪罪某個人。我們常常覺得痛苦就是誰造成的，其實不然，這個就是你不了解世間所有的因緣變化，把這一次的失敗當成了自己的錯，同樣地，如果僥倖成功，很多人又會沾沾自喜，覺得不可一世，其實也是相同的錯認。因緣和合而有虛妄之生，因緣別離而有虛妄之滅，成敗得失也都是如此，當我們不了解此理，就會用凡夫之「見」來看待所有的心，這個心其實是非心，過去也好、現在也好、未來也好，渺不可得。當我們能明白《金剛經》所明的菩提心，當下隨時都是具足圓滿的。

法界通化分第十九
　　佛陀告訴須菩提，如果有人布施得到了大福報，你認為福報很多嗎？須菩提說福報很多，因為得到了大福報而能不以為意，知道「福德無故」，所以福報很大。
　　接著，佛陀就舉例說明。

離色離相分第二十
　　佛陀說，具足色身也是如此的。佛陀的三十二相、八十種好是一種圓滿的果報，佛陀具有這樣的相嗎？不是的，佛說「具足色身，即非具足」因為這還是一種虛妄之相。

無法可得分第二十二
　　所以不但是要〈法界通化〉，還要〈離色離相〉，當我們能夠離色離相，連成佛的這個境界都離，就是已經證得阿耨多羅三藐三菩提了，還是「無有少法可得」，才是阿耨多

羅三藐三菩提。

淨心行善分第二十三

接下來總結，此為最重要的一段：「**是法平等。無有高下。是名阿耨多羅三藐三菩提。以無我、無人、無眾生、無壽者。修一切善法。即得阿耨多羅三藐三菩提。**」修一切善，不執著一切善。為什麼不執著？因為沒有能修之人、沒有被供養的對象，也沒有時間的限制，所謂無我相、無人相、無眾生相，無壽者相。

佛陀的修行是無有止境的，就是盡形壽、盡未來際，這叫做無壽者相。所以發心要發無邊之心，如四弘誓願－－「眾生無邊誓願度。煩惱無盡誓願斷。法門無量誓願學。佛道無上誓願成。」要以這種沒有邊際的心來修行，修一切善、無善不修，沒有一件事情不是修行。有些人喜歡挑三揀四，總是挑自己認為有功德的教法或是事情才去修，沒有功德的就跳過，這就不是修一切善法。要知道我們的心本來就是平等的，如果能清楚的認識平等心，就能面對各種不同的人修一切善法。當然，在修法的過程裡，我們會遇到各種因緣，好的、壞的都會遇到，如果聽到有人說我就是因緣不好，遇到這種人、每次都在這種環境、每次都被分配到這種工作，吃力不討好、真倒楣，這就表示《金剛經》讀太少，要多讀幾遍才會知道什麼叫做佛的教法，佛的教法叫做平等法。

福智無比分第二十四

最後，佛陀又再一次強調，所有的布施不如「以此《金剛般若波羅蜜經》，乃至四句偈等。受持讀誦。為他人說。」我們想想看，如果真懂得《金剛經》的道理，我

們的生活真的是快樂得不得了，會覺得每天不管做什麼或沒做什麼都很快樂，因為當下就是阿耨多羅三藐三菩提，而不是要去東求西找，或者是要擁有什麼才會快樂，沒有邊界的心，隨時隨地都圓滿無缺，這是千萬億都買不到的快樂。

綱領四、決定降住成證分（第二十五～三十二分）

最後〈決定降住成證分〉，從二十五分到三十二分，就是將前面所有的觀念做一個總回顧、總結。想想看，當我們對這個世界告別之前，我們要做什麼？要把所有的東西還原。如同《金剛經》之初，佛陀去托缽，回到了精舍，他也是「飯食訖。收衣缽。洗足已。敷座而坐。」該收的要收，該回歸的要回歸，就是「還至本處」。同樣地，在修了一切的菩薩行後，然後呢？

所以，第四個綱領開始談「還原」，回歸到實相。

化無所化分第二十五

在化無所化分中，佛陀說「汝等勿謂如來作是念。我當度眾生。」要還於沒有度眾生之相，否則不是度眾生。凡夫因為有我相，就誤認為「我」在度眾生，或「我」很會度眾生，事實上並沒有能度的我與被度的眾生。所以，要證得圓滿之智，首先要放下「我度眾生」的我相。

法身非相分第二十六、無斷無滅分第二十七：還原如來勝果之相

對於佛陀的果報，凡夫「以三十二相觀如來」，事實上，佛陀具足最圓滿的相是法身實相，實相無相無不相，但凡夫不明白，以為有一個標準的三十二相，便執著此相為實有，成了斷滅相，無法契入實相。佛法是最究竟的教法，不管是人相、法相乃至眾生之相，都能明白諸法空相，所以不要著相，才能具足圓滿之相。

不受不貪分第二十八：還原福德功德之相

到了不受不貪分，則將福德功德之相還原，成就了這麼大的福德、功德，不執著福德、功德之相。

接下來，從如來的正報、依報來談實相。

威儀寂靜分第二十九

若有人說如來有行住坐臥四威儀，其實並未真正認識如來，因為如來者，無所從來，無所從去，故名如來。此處談如來的正報是無相，而回歸實相。

一合理相分第三十：還原對依報世界的執著

同樣地，觀察依報 -- 三千大千世界，有成住壞空。

無常的道理我們都知道，為什麼仍然會感到害怕呢？主要因為我們不想失去，總是希望天長地久，但是我們所認為的天長地久，卻不是我們所想的這麼一回事，因此總是害怕失去。

　　所以不只是正報無住，我們對於依報也不要執著，這就是最究竟的觀念。

知見不生分第三十一

　　如果我們能一一地去還原所有的我見、人見、眾生見、壽者見，連「知見」也不執著，不管是法相還是我相，也能完全還原，就是真的了解《金剛經》。

應化非真分第三十二

　　為什麼心能不動不搖？如如不動？就是因為明白四相本空，且不執著於四相，「一切有為法。如夢幻泡影。如露亦如電。應作如是觀。」這也是《金剛經》的結語，是佛陀在這部經中最後的教導。

諸有緣者皆來聽法而歡喜奉行

　　佛陀說完了這整部《金剛經》，「長老須菩提。及諸比丘。比丘尼。優婆塞。優婆夷。一切世間天人阿修羅。聞佛所說。皆大歡喜。信受奉行。」細心的人會發現，經文一開始，只有佛陀跟一千二百五十位比丘在法會現場，由須菩提請法，為什麼在結尾，卻有比丘尼、優婆塞、優婆夷及天人阿修羅？其實佛陀每一次的開示，法會中都有隱藏版的大眾，經文表面上記載是一千二百五十位比丘，實際上後面還有比丘尼、優婆塞、優婆夷、一切世間、天、人、阿修羅等。踴躍聞法之人，不只是一類群眾，凡是有緣者都會來修行，天也好、人也好、修羅也好，凡是有善根之人，聽聞了這個教法都會歡喜奉行。

總結：妄想如泡影實相不空

　　《金剛經》的修煉，一般人認為是「空」，似乎讀了《金剛經》，所有的一切都會變成「空」，如夢幻泡影，事實上，金剛經談的是實相之理。世間的妄想的確是夢幻泡影，但是菩薩了解心性，既然世間的一切皆如夢幻泡影，了解之後就可以不再追求假相，不再被「我相」所障蔽，反而可以用無我、無人、無眾生、無壽者之心來行阿耨多羅三藐三菩提的一切善。修一切善，卻不執著一切善，即得阿耨多羅三藐三菩提，我們可以這樣子修行。

發心終成佛

　　簡單來說，如果我們發心行菩薩道，這是一條一定會成功的路，因為佛陀已經親身示範給大家看了，他歷經千辛萬苦種種磨難，最後的證明是他成佛了。佛陀回過頭來告訴大眾，每一個人都可以成佛，不管我們是什麼身份，哪怕只是受持金剛經四句偈，功德都是無量的。這是一部根本就沒有門檻的經，即使我們聽完了所有的內容後還是不能了解也沒有關係，你只要知道自己在修《金剛經》就好。六祖大師也沒有懂幾個字，卻能行《金剛經》而成就了一代宗師的修證，典範在夙昔。我們看到祖師大德、佛菩薩的發心，要對自己有信心，每個人都不是這麼簡單就能來學法的，哪怕你只是聽那麼一次，寫那麼一下，你不要停止、不要害怕、不要懊惱、不要沮喪，請繼續下去。

　　尤其在寫經的過程，很多人會說我眼睛不行、我沒戴眼鏡、腰酸背痛、字太難看、

時間不夠、這個字太小、燈光太暗，或是這支毛筆很難寫　這些都是過程，你只要對自己有信心，哪怕你覺得自己拿毛筆好像在拿掃把，都可以寫出一部很厲害的金剛經塔。張大千晚年時，就用掃把來寫書法，因為他認為自己已經是大師了，如果我們覺得自己是大師，你隨便撇兩下，大家也會覺得你真的就是大師之作。只是我們大部分的人「我相」很重，明明已經寫得很好看，當師父請你布施寫得金剛經塔時，馬上就說：「不行啦，太難看了！」為什麼？因為「我相」很重，要把你的「我」拿掉。有人稱讚，謝謝對方的善言善語；有人誹謗，也感謝對方，讓你有藉境練心的機會。這時候稱譏毀譽都不會是一件什麼大事，最重要的是我自己的心能不能如如不動。

修行旅程之印記

這一部經整個結構就是如此地清楚，須菩提的這兩個問題從一開始就貫串全經，到最後讓我們究竟成佛，這是整部《金剛般若波羅蜜經》的重點，希望大眾反覆再反覆地受持讀誦，直到能為人解說，讓它成為遍地撒落的金剛種子。

我們這一生要離開這個世間總是要帶點什麼，大家不要帶著一大堆理也理不清的妄想分別執著走，而是要帶著《金剛經》的祝福，帶著般若智慧的種子，或是帶著《華嚴經》的誦持記錄、《楞嚴經》的開悟印記而去，讓我們不虛此生，不枉費與佛陀相遇。

編後語

編後語

　　本書是金剛經寫禪課時，依進度隨課講說的開示，轉成文字稿而成書。目的是希望成就一本易懂而深入的金剛經解說書，作為小白好樂佛法的入門引路。

　　從謄錄、分段、標題、修潤、校對、編輯...前後歷時二年，匯聚數百人的參與發心，過程正好印證金剛經中降心與住心之法，著實體會到「剛剛好的般若」之重要。成書在即，又廣邀各路好手或小白，試閱並為每一章出題，以助讀者溫故知新，祈請大眾，真的要「好好讀」。

以下參與者數則心得與讀者分享法喜：

　　當初不知道是什麼情況，竟然敢接下這潤修文稿的燒腦差事，這份文稿是見輝法師在《金剛經》寫禪班的開示。學佛的弟子都知道，空性是甚深法教，更何況《金剛經》是佛陀對解空第一的弟子須菩提的開示，當時除了戒慎恐懼這四個字外，大概找不出其他的詞可以形容我的心情。

　　硬著頭皮開始閱讀文稿後，只能說愛不釋手。
所以在修潤文稿前我發了一個願，祈願所有能接觸到、讀到這本書的人都能種下開悟的善根，有朝一日能證悟空性，更有甚者能即身成佛。為了避免自己的淺陋造成錯誤，所以在潤修文稿時，我會先祈請十方三世諸佛菩薩慈悲加被，祈請文殊師利菩薩加持，並持誦文殊心咒七遍，希望能在無錯謬的狀況下完成文稿的修潤，完成後再將福德回

向所有法界眾生，以及供養諸佛菩薩。

　　經過所有人的努力，書終於出版了，感謝見輝法師的慈悲帶領，願這本《金剛經》簡說成為一本長銷書，能幫助更多人了解《金剛經》和佛法；願眾生得飲佛法甘露，點亮心燈，燈燈相傳明光永不輟。

~ 法澈

真的剛剛好～有機會參與試閱，很榮幸！

　　小時候愛攀玩，隔壁小沙彌炫耀著金剛經讀本，滿滿的註記，感到莫名隔閡。

　　年輕時還聽話，幫家人抄金剛經，字字簡明，卻完全不懂意涵，那是堅固難破的障礙。

　　少壯瞎忙打拼，只聽過金剛經降伏妖魔，夢想無敵的庇佑平安。

　　老衰不想權謀，巧遇師父度化，才發現空生妙有的玄奧。

　　回想參與科普教育多年，沒想到三千年前佛陀早已超越量子物理、生物多樣性、無限大數、引導式探究教學、PBL 問題導向學習法...，以八萬四千法門帶領我們重新認識真相。

　　見輝法師在這書中，也是用循序簡明的開示，以及有趣的公案故事，讓我們知道「金剛經就是生活中的智慧」，只要跟著佛法步伐，真真切切的過日子，實實在在的勤修行，就是剛剛好的佛種子發芽。

　　希望大家一起用《金剛經》來灌溉未來，不管你現在多少年歲，都不要錯過這一本改變命運的書。

~ 法格葛子．教育人員

《金剛經》是一部成佛的大乘了義經典，其道理貫串整個內容，是一部很難明白的佛經。

　　如何將它講解到每一個人都能夠明白，也是一件很難的事情。

　　見輝法師以深入淺出的道理，並舉了無數個故事做譬喻，來完成這一部平易近人的書。

　　讓讀此書的人能夠第一時間抓到重點。

　　此書是傳播佛法明燈，拯救眾生生死，成就每一個人法身慧命的書，功德是不可思量。

　　而身為佛弟子的我們有幸參與校稿、提問、總結標題等等工作。

　　在大家努力認真的催化下完成了的目標，其功德亦是不可思量。

　　雖說在《金剛經》裡面講「應無所住而生其心」，但弟子仍然身與榮焉，沾沾自喜．

　　在這凡夫之心的運作下，亦有一片真如感恩的心；

　　感謝師父給予我們這個機會，讓我們深入經藏智慧如海，並為後世留下這個明燈，自利而利他！

　　相信讀此書的人，定能明白金剛經的要義，並且進入佛法的智慧大海之中，任運翱翔。

　　感恩一切的因緣

　　遇到見輝法師

　　　　　　　　　　　　　　　　　　　　　　　　　　～法總．企業商主

感謝見輝師父給予弟子法門參與金剛經的討論，自己也感到很驚訝可以參與，自己沒學歷也沒財富與地位，對於佛法的認知，學佛跟學歷跟財富與地位是沒衝突的，是絕對的平等的不分別的，金剛經的內容可以大眾知道福德與智慧，

也是讓大眾學習能把煩惱轉成智慧，佛法就是日常，日常就是佛法，在日常生活中能運用《金剛經》的精髓而不起煩惱。

讚歎見輝師父的願力推廣《金剛經》讓大眾也能參與也能讓大眾讀到，「剛剛好的般若－好好讀金剛經」。

~ 東謙 . 計程車主

人人本具平等之性 ．

「是法平等，無有高下。」

以前讀到這一句時，總覺得這在日常生活的操作上很難，明明事情就有輕重緩急，怎麼會平等呢，讀了見輝法師的開示之後才豁然開朗，

「是法」，指的是心法。如如不動、了了常知的這念心，是平等、沒有差別的。契悟這念心，無論男、女、僧、俗，一切賢聖，都是平等無差別。

成就如來，成就佛道，不是從「果」上求來的，而是在「因」當中努力所成就。大眾聽法的這念心，就是因，人人都有佛性，這就是平等法界。　真正悟到這念心，才能入平等法界；沒有悟到這念心，所見、所聞、所知，乃至於受、想、行、識，就是眾生的分別法界。

感恩見輝法師提升了我讀經的高度

~ 周春桂（法雨）. 商

喜歡遊戲的法覺從參與複習出題開始，出題也是來考自己的。從試讀順暢、出題與部分標題討論彙整的討論過程中，了知「我相、眾生相」。而讀過被忽略的重點，在討論中被提點，就像心中的金剛光明燈瞬間被加了 50W 的亮度。假使每一次讀書都如同校對般的認真、仔細，必定能夠更深入法義。這過程像是：「如淨器中。除去毒蜜。以諸湯水並雜灰香洗滌其器。後貯甘露。」光明清淨加大了～。加上善說的見輝法師以禪宗公案舉例來對照所說的經文，有趣清晰。值得閱讀的一本書。感恩相遇的因緣。如說能行，如行能說。

～法覺．資訊業

　　《金剛經》是我學佛後認識的第一部經典，很容易誦讀但是完全不懂裡面的義理，也在網路上聽了多位師父的開示卻依然不清楚；一直到見輝師父的《金剛經》誦唸錄音，聽著聽著感覺自己似乎就要懂了，我曾經問師父為什麼他誦念的音聲這麼厲害呢？師父說他是可以講解金剛的人，又一下子扮演佛陀，一會兒扮演須菩提，自然就容易懂啊！

　　後來參加金剛經寫禪的課程，師父會先帶領我們誦念一遍經典然後有半小時的開示，當時覺得實在太開心了，師父講解淺顯易懂，中間又加入很多有趣的故事。

　　這次師父把開示集結成書，我有幸可以參與，過程中我們認為應該要加入幾個問題，讓讀者可以從問題當中再一次去回顧這一分佛陀說的重點。我相信這是一本讓大家更容易親近《金剛經》的書。

～法慶．鋼鐵業

末學很榮幸能參與本書的討論！甚是歡喜！

提到《金剛經》，一般人會都聯想到「佛教經文」，

即使有人嘗試閱讀、持誦，卻很少有人會去深入了解含義！

當你／妳若翻到這本「剛剛好的般若－好好讀金剛經」時，不妨停下腳步，細細品讀一下！一定能夠帶給您，不一樣的見解！與不一樣的感受！

如果現在您，還在茫茫人海中迷失，那麼這本「剛剛好的般若－好好讀金剛經」，就非常剛剛好的～值得入手一探究竟！

讓見輝師父用化繁為簡的本事帶領自己，慢慢地了解佛陀智慧！達到身心靈上最棒的平衡！

～法鏡．學生

見輝師父著的「剛剛好的般若－好好讀金剛經」一書，是一個又一個佛學公案串聯，再以淺白的字句將佛理禪意穿插其中，以深入淺出的方式，帶著我們一分又一分慢慢讀完《金剛經》。師父年紀輕輕就一門深入佛學經典，文學造詣深厚，信手拈來總是引經據典，佳言妙句連連。對愛看故事，又是第一次讀經的我，毫無難度可言。如果你也是跟我一樣是佛法小白，這本書絕對是初讀《金剛經》的第一選擇。

因想了解《金剛經》的義理，而有緣認識見輝師父，也很榮幸有機會略盡棉薄之力，參與「剛剛好的般若－好好讀金剛經」的出書提問與校對。

感恩師父，感恩師兄們！

～法嵐．幼教人員

國家圖書館出版品預行編目資料

剛剛好的般若：好好讀金剛經 = Prajna: the diamond prajna paramita sutra/ 釋見輝作 . -- 初版 . -- [新北市] : 寶嚴國際文教圖書有限公司出版 ; [高雄市] : 社團法人臺灣圓道佛教文化交流協進會發行, 2023.10　面；　公分 . -- (寶嚴雲集 . 秒懂佛經系列)

ISBN 978-986-99613-2-5(精裝)　　　1.CST: 般若部

221.44　　　　112018381

寶嚴雲集 · 秒懂佛經系列

剛剛好的般若 好好讀金剛經

作者：釋見輝
發行人：釋傳塵
發行：社團法人台灣圓道佛教文化交流協進會
法律顧問：永然聯合法律事務所李永然律師
總編輯：寶嚴文化院
文字編輯：寶嚴僧團、郭惠真、張玉白、林妙華
美術編輯：釋星融、邱雅莉
出版單位：寶嚴國際文教圖書有限公司
印刷廠：玖盛彩色印刷股份有限公司 電話 :02-22425730
裝訂廠：精益裝訂股份有限公司
開本：菊 16K
倡印：寶嚴禪寺、財團法人圓道文教基金會

銀行名稱：星展銀行南京東路分行 (銀行代碼 :810)
戶名：財團法人圓道文教基金會
帳號：60228201588
流通處：
台北寶嚴善首講堂 (台北市松山區光復北路 112 號 11 樓) 02-25772978
桃園寶嚴善親學堂 (桃園市龍潭區百年路 41 號) 03-4798285
台中寶嚴歡喜學堂 (台中市北屯區松竹五路二段 27 號) 04-24377011
高雄圓道禪院 (高雄市鼓山區美術東八街 8 號) 07-5224676
網址：https://www.baoyan.org/
公元 2023 年 10 月 初版第 1 刷
ＩＳＢＮ：978-986-99613-2-5
定價：新臺幣 400 元